Christian Gottlob Täubel

Praktisches Handbuch der Buchdruckerkunst für Anfänger

Christian Gottlob Täubel

Praktisches Handbuch der Buchdruckerkunst für Anfänger

ISBN/EAN: 9783743303782

Hergestellt in Europa, USA, Kanada, Australien, Japan

Cover: Foto ©Andreas Hilbeck / pixelio.de

Manufactured and distributed by brebook publishing software (www.brebook.com)

Christian Gottlob Täubel

Praktisches Handbuch der Buchdruckerkunst für Anfänger

Praktisches Handbuch der Buchdruckerkunst

für

Anfänger,

von

Christian Gottlob Täubel,
Buchdrucker in Leipzig.

Zwey Theile.

Leipzig, 1791,
in der J. G. Müllerschen Buchhandlung.

Vorbericht.

Die Absicht, die ich bey diesem Versuche eines praktischen Handbuches der Buchdruckerkunst habe, ist: jungen Anfängern oder Lehrlingen in derselben den Weg einigermaaßen vorzuzeichnen, welchen sie zu betreten haben, wenn sie solche lernen und sich in derselben immer vollkommener machen wollen. — Um ausführlicher und weitläuftiger über alle mehr oder minder wichtige Gegenstände einer regelmäßigen und geschmackvollen Ausübung der Buchdruckerkunst zu reden, war mir, leider! nicht Platz genug eingeräumt. —

Da das Geßnersche Buch: Der in der Buchdruckerkunst wohl unterrichtete Lehrling ꝛc. schon längst vergriffen und nicht mehr zu haben, und doch oft darnach gefragt wor-

worden war; so wünschte die Verlagshandlung statt dieses alten Buches, ein neues auf unser Zeitalter passenderes Handbuch für Anfänger in der Buchdruckerkunst zu haben, das nicht stark und daher nicht theuer werden sollte, damit sich solches auch unvermögende Lehrlinge leichter anschaffen könnten — denn auf Lehrlinge ist hierbey zuerst und hauptsächlich Rücksicht genommen — und diese werden gewiß manches für sie Nöthige und Nützliche darinnen finden.

Es thut mir freylich sehr leid, daß ich in diesem Werkchen über manche wichtige Theile der praktischen Buchdruckerkunst, aus Mangel an Platz, nicht so viel sagen konnte, als ich sagen zu können wünschte und gern sagen wollte! — muß daher das Weitere und Ausführlichere in einem andern Bande vortragen, wenn die Verlagshandlung durch einen guten Absatz dieses Handbuches bald entschädigt wird, und ich von Kennern und Liebhabern einigen Beyfall erhalte.

Es wäre mir leicht gewesen, dieses Buch sehr weitläuftig mit aller typographischen Pracht und artistischem Glanze zu drucken — davon bin wenigstens ich überzeugt. — Aber dieß hätte freylich viel mehr Kosten gemacht, und selbige daran zu wenden, und das Buch für Anfänger viel theurer zu machen, fand die Verlagshandlung für unnütz und überflüßig; und da ich als Verfasser hierbey nichts zu bestimmen mir vorbehalten hatte, so konnte und mußte ich derselben Vorschrift befolgen.

Ueber die Einrichtung, die ich bey diesem Werkchen, in Ansehung des Abdrucks, beobachtet habe, muß ich, um nicht deshalb irrig beurtheilet zu werden, hier etwas sagen. Ich konnte dieses Buch, mancherley unvermutheter Hinderungen wegen, viel später zu drucken anfangen, als ich erst glaubte; und doch sollte es, meinem Versprechen und dem Wunsche der Verlagshandlung gemäß, zur Leipziger Jubilate-Messe erscheinen. Nun war die Zeit so kurz geworden, daß es ein Einziger Setzer allein nicht fertig setzen konnte; ich mußte daher manchmal einen andern Setzer darinnen mit setzen lassen. Um nun das Umbrechen und den daher entstehenden Aufenthalt und andre damit verbundene Unannehmlichkeiten zu vermeiden, die vorzukommen pflegen, wenn zwey oder mehrere Setzer in ebendemselben Werke arbeiten, machte ich dabey die Einrichtung, daß das Ganze in zwey Theilchen getheilt werden konnte, und ließ die zweyte Abtheilung durch einen andern Setzer setzen und mit einer neuen Signatur und Seitenzahl anfangen, welches auch füglich und ohne dem Ganzen im geringsten zu schaden, geschehen konnte. In dem ersten Theile handelte ich mehr von wesentlich typographischen oder praktischen Dingen, und zum Anfange des zweyten Theils nahm ich das typographische Wörterbuch, und auf dasselbe ließ ich noch einige andre dem Buchdrucker=Lehrling zu wissen nützliche und litterarische Sachen folgen, die ihm gewiß auch angenehm seyn werden.

Damit ich nur mehr Platz gewinnen konnte, als mir nach der vom Verleger vorgeschriebenen Bogenzahl zugestanden worden war, und daher dann über manche wichtige praktisch=typographische Gegenstände mehr zu sagen Raum hatte, ließ ich

ich den zweyten Theil aus einer kleinern Schrift und etwas enger ſetzen, welches auch die Beſchaffenheit der Sachen recht gut zuließ. Ich wollte über die Orthographie und über manche andre mit der praktiſchen Buchdruckerkunſt verwandte litterariſche Sachen viel mehr ſagen — aber, wie geſagt, der Platz dazu fehlte, und dieſes Handbuch wäre für Lehrlinge, unter welchen die meiſten unvermögend ſind, zu theuer geworden. Ich werde daher vielleicht zu einer andern Zeit in einem zweyten Bande oder ganz von dieſem verſchiedenen Werke, von manchen hieher gehörigen Dingen ausführlicher reden. —

Mancher blos theoretiſche Buchdrucker wird vielleicht, nach Leſung dieſes Verſuchs, ſagen, daß ich dies und jenes ihm ganz unbedeutend ſcheinende zu weitläuftig abgehandelt habe — allein der wahre erfahrne Praktikus wird ſehr leicht einſehen, was auch dies und jenes vom Inſtrumentur-Weſen, welches jenen ganz unbedeutend vorkommt, wenn es nicht ſo beſchaffen iſt, wie es ſeyn ſoll, oft für Schaden, Verdruß

druß und Aufenthalt beym Arbeiten verursachen kann. —

Die diesem Buche beygefügten Kupfertafeln ließ die Verlagshandlung aus dem Geßnerschen oben erwähnten Werke bloß copiren — ich hätte solche freylich ganz anders geordnet und gezeichnet gewünscht, und da und dort Zusätze gemacht — allein neue und andre Zeichnungen verfertigen zu lassen, hätte dem Verleger wieder mehrere Kosten gemacht, und deshalb mußte ich's hier ganz beym Alten lassen!

Daß jeder Buchdruckerherr dies kurz gefaßte Handbuch seinen Zöglingen, bey ihren etwanigen müßigen Stunden, zum aufmerksamen Durchlesen empfehlen und dieselbigen zum weitern Nachdenken über die darinn enthaltenen Sachen anmahnen möge, wünsche ich sehr. Je mehr ein Buchdruckerherr gründlicher Kenner und Liebhaber seiner Kunst ist, je mehr er praktische Einsichten besitzt, und weis, was zu derselben gehört u. s. w., je mehr wird er seinen Zöglingen dieses Werkchen anzuschaffen und fleißig zu lesen anrathen, und ihnen dabey das, was aus Mangel

an

an Raum, in demselben nur kurz hat berühret werden können, mündlich praktisch weiter bekannt machen, und darüber ausführlichern Unterricht ertheilen, und sie zum weitern Nachdenken über alle Theile der Buchdruckerkunst anleiten und aufmuntern. —

Werde ich künftig bemerken, daß erfahrne Praktiker unter meinen Kunstgenossen es gern sehen, daß ich durch dies Werkchen denen, welche Lehrlinge bilden und unterrichten, dabey hierdurch einige Bequemlichkeit verschafft habe, und ihren Beyfall einigermaaßen erhalte; so soll mich dies sehr freuen, und zu weitern ähnlichen Arbeiten aufmuntern.

Die Eilfertigkeit, mit welcher dieses Buch, wegen damals eingelaufener vieler andern Arbeiten, abgedruckt werden müssen, kann leicht Ursache zu Einschleichung einiger Druckfehler gegeben haben, die aber, wie ich wenigstens vermuthe, nicht so beschaffen seyn werden, daß sie den Leser leicht irre führen können, und die ich daher zu verzeihen bitte. Bis itzt habe ich noch nicht Zeit gehabt, dieses Buch nach geendigtem Abdruck aufmerksam wieder durchzulesen, daher kann ich auch die vielleicht da oder dort eingeschlichenen Druckfehler nicht berichtigen.

Daß ich übrigens bey dieser Arbeit zweckmäßiger zu Werke gegangen bin, als Geßner in seinem oben genannten Buche bekanntermaaßen gethan hat, wird jeder Kenner, der jenes kennt und dieses durchliefet, leicht einsehen, und aufrichtig bekennen müssen, daß ich bey der Herausgabe dieses Versuches nur sehr selten in jenes alte Büchlein geblickt haben kann, aus dem ich nur wenig beybehalten und in meinen Plan aufnehmen konnte, welcher auf unser itziges Zeitalter passender angelegt war. —

Geschrieben in Leipzig den 10. May 1791.

der Verfasser.

Inhalt

des ersten Theils des praktischen Handbuches der Buchdruckerkunst.

Erstes Kapitel.

Uebersicht der Geschichte von der Erfindung der Buchdruckerkunst in Teutschland, und der erstern weitern Ausbreitung derselben in Europa und andern Welttheilen   Seite 1

Zweytes Kapitel.

Vom Schriftsetzen überhaupt; von den Eigenschaften eines Schriftsetzers, und dem Unterrichte eines Setzer-Lehrlings   S. 10

Drittes Kapitel.

Unterricht von den verschiedenen Formaten   S. 127

Viertes Kapitel.

Vom Formenschließen   S. 129

Fünf-

Inhalt des ersten Theils ꝛc.

Fünftes Kapitel.

Vom Corrigiren des Setzers auf den Formen   Seite 140

Sechstes Kapitel.

Von dem, was einem Setzer von der Musik zu wissen nöthig ist   S. 147

Siebentes Kapitel.

Von den verschiedenen Schrift=Gattungen   S. 165

Achtes Kapitel.

Vom Gebrauch der sogenannten Leisten, Vignetten, Finalstöcke, Röschen und andern Zierrathen beym Bücherdruck   S. 173

Neuntes Kapitel.

Vom Unterrichte eines Drucker=Lehrlings   S. 177

Erster Abschnitt.

Uebersicht der Geschichte von der Erfindung der Buchdruckerkunst in Teutschland und der erstern weitern Ausbreitung derselben in Europa und andern Welttheilen.

Ein jeder, der die Buchdruckerkunst zu lernen anfängt, oder ein Gewerbe treibt, welches mit derselben verwandt ist, wird gewiß auch gern wissen wollen, wo, wenn, und von wem dieselbe erfunden worden, und wie sich solche nach ihrer Erfindung nach und nach in der Welt weiter ausgebreitet hat — und da dieses Anfängern zu wissen angenehm und in manchem Betracht nützlich seyn kann, so hielt ich für nöthig, auch hier kürzlich davon zu reden, und das Wesentlichere aus der Erfindungsgeschichte, wovon ich in meinem vor einigen Jahren herausgegebenen orthotypographischen Handbuche für Correctoren ꝛc. ebenfalls gehandelt habe, hier auch anzuführen.

Die sehr merkwürdigen und heilsamen Veränderungen und der große Nutzen, welchen die

die Erfindung der Buchdruckerkunst in der Welt hervorgebracht hat, und welche sie bis ans Ende der Welt hervorbringen wird, reizte ehedem verschiedene Völker, sich die Ehre der ersten Erfindung derselben zuzueignen.

Unter den Schriftstellern, die von dieser Geschichte reden, hat ein gewisser Genebrand vorgegeben, die Buchdruckerkunst sey im Königreiche Mexico in Süd-Amerika erfunden worden, und daß die dortigen Einwohner schon vor der ersten Ankunft der Spanier die Kunst zu schreiben und zu drucken verstanden hätten. Dieses ist völlig ungegründet. Man weis aus glaubwürdigen Nachrichten, daß einer der ersten spanischen Heerführer Namens Cortez, die erste Buchdruckerey in der Haupt- und Residenzstadt Mexico im Königreiche dieses Namens im Jahr 1524. angelegt hat. Die Einwohner des Königreichs Mexico wußten bey der Ankunft der Spanier nicht einmal von unsrer heutigen Schreibekunst, geschweige denn von der europäischen Buchdruckerkunst! Sie theilten einander ihre Gedanken durch eine Art von Bildnißschrift mit, die mit den alten ägyptischen Hieroglyphen einigermaßen verglichen werden kann. Zur Verfertigung ihrer Gedankenbilder bedienten sie sich mancherley bunt gefärbter Federn von verschiedenen bey ihnen

ein-

einheimischen Vögeln. Nach den Berichten neuerer Reisenden, welche die dortigen Gegenden besucht haben, hat man daselbst noch nichts entdeckt, das zu einem Beweise dienen könnte, daß man im Königreiche Mexico, oder sonst irgendwo in Amerika, eher Bücher gedruckt als in Europa.

Mehrere Schriftsteller aber giebt es, welche die Erfindung der Buchdruckerkunst den **Chinesern** zuschreiben. Dieß ist aber ungegründet. Die Chineser haben zwar lange vor der Erfindung unsrer europäischen Buchdruckerkunst Bücher gedruckt, aber auf eine Art, die von der unsrigen gar sehr verschieden ist, und der sie sich noch heutzutage bedienen. Da sie keine Buchstaben oder kein sogenanntes Alphabet haben, womit sie Sylben und Wörter zusammen setzen oder schreiben könnten, wie die Europäer, so wird bey Ihnen jedes Wort oder jeder Begrif durch einen **einzigen Charakter** oder Zeichen angedeutet; weshalb sie bey ihrem Bücherdruck folgendergestalt zu Werke gehen.

Wenn die **Chineser** etwas drucken wollen, so schreiben sie dasselbe, vermittelst Pinseln von Kaninchenhaaren, sehr rein und accurat auf weiße Papierblätter in beliebigem bestimmten Formate, Lieben hernach diese beschrieschriebenen Blätter auf glatte und besonders auf der Oberfläche sehr gerade gemachte Tafeln von Birn- oder Aepfelbaumholz, oder auch von anderm hiezu tauglichem harten Holze, schneiden dann die Formen solchergestalt aus, daß die Figuren oder Wörterzeichen erhaben stehen bleiben, nach der Art unseres Formenschneidens oder Modellstechens. Wenn sie nun eine solche Forme abdrucken wollen, so befestigen sie dieselbe vorher, geben ihr die richtige Stellung, und verfertigen sich dazu eine schwarze Farbe aus folgenden Bestandtheilen: Sie nehmen Lampen- oder einen andern feinen Ruß, reiben solchen sehr fein, und setzen ihn an die Sonne, durchsprißen ihn mit einer geistigen Feuchtigkeit, bis er einem dicken Kleister ähnlich wird; er darf sich aber nicht in Klumpen zusammenformen. Dieses lassen sie über einem Feuer zerfließen, und thun allemal zu zehn Unzen Schwärze ohngefähr eine Unze Rindshautleim und darauf so viel Wasser, bis es dünner wird. Mit dieser Schwärze bestreichen sie dann ihre Figuren oder Formen, vermittelst eines Püschels, der an beyden Enden kann gebraucht werden, doch so, daß die Forme weder zu viel noch zu wenig Farbe bekömmt; denn wenn sie zu viel Farbe darauf trügen, so würden die Züge zu schwarz abgedruckt werden, bestrichen sie solche zu wenig, so würde alles blaß und un-

les-

lesbar erscheinen. Beydes suchen sie eben so zu vermeiden, wie es unsre Drucker thun müssen. Nach Auftragung der Farbe legen sie das Papier auf die Forme so gerade als sie können: hernach führen sie einen andern weichlichen Püschel oder Pinsel über die obere Seite des Papiers weg, drücken es mehr oder weniger stark an, je nachdem sie wissen, daß mehr oder weniger Farbe sich auf der Tafel befindet. Solchergestalt erhalten sie ihren Abdruck. Da aber ihr Papier sehr dünne ist, so können sie solches nur auf einer Seite bedrucken; daher jedes einzelne Blatt in ihren gebundenen Büchern gefalzen ist. Die Falzen befinden sich in denselben an den Rändern, welche sehr gleich gelegt werden, und die Oeffnung am Rücken, wo sie, wider die europäische Gewohnheit, zusammen geheftet und geschnitten werden. Auf diese Falzen nun ist ein schwarzer Strich mit abgedruckt, der, wie die von den Puncturen in unsern Buchdruckerpressen gemachten Löcher, dem Buchbinder zeigt, wie er sie gehörig brechen soll u. s. w. Dieses wird unter andern auch in der Sammlung aller Reisebeschreibungen im 6ten Bande Seite 284. ff. ausführlich erzählt. Aus dieser Beschreibung des chinesischen Bücherdrucks erhellet deutlich, daß die Buchdruckerkunst, von der wir hier reden, nämlich die europäische, nicht zuerst in China erfunden worden.

den. — Die Buchdruckerkunst der Chineser ist viel unbequemer, kostspieliger und viel mühsamer als die unsrige. Wenn sie z. E. ein Buch drucken wollen, welches 100 Bogen enthält, so müssen sie auch 100 hölzerne Formen dazu verfertigen; wollten sie die Bogen auf beyden Seiten bedrucken, wider ihre gewöhnliche Art, so wie wir in Europa zu thun pflegen, so würden sie dazu 200 Formen aus Holz zu schneiden nöthig haben. Dazu wird nun viel taugliches Holz erfordert, und noch mehr Platz, diese vielen Formen aufzubewahren; denn die Chineser drucken sich von einem Buche nicht mehr ab als sie brauchen oder zu verkaufen gedenken. Diese Formen können zu keinem andern Buche sondern nur zu ebendemselben wieder gebraucht werden. Hingegen wir Europäer können die aus unserm Alphabet, das den Chinesern mangelt, zusammen gesetzten Buchstaben, Sylben und Wörter, nachdem die bestellte oder bestimmte Anzahl Bogen abgedruckt worden, leicht wieder ordentlich aus einander legen, und andre Wörter, Zeilen, Seiten und Formen damit setzen und davon abdrucken. — Dieß ist ein grosser Vorzug unsrer europäischen Buchdruckerkunst vor der chinesischen. — Bis jetzt hat man in Europa durch unsre Buchdruckerkunst noch kein Buch in chinesischer Sprache drucken können. Kenner des Stempelschneidens und der Schriftgießerkunst können indessen

wohl

wohl einsehen, daß es möglich ist, die chinesischen Charaktere mit beweglichen Typen nach europäischer Art nachzusetzen und abzudrucken. Daher hat auch Hr. Breitkopf, Buchdrucker zu Leipzig, im Jahr 1790. einen kleinen Versuch gemacht, die chinesischen Charaktere mit gegossenen beweglichen Typen zu setzen, und hat einige derselben auf ein Quartblatt öffentlich durch den Druck bekannt gemacht, und Kennern dieser Sprache zur Beurtheilung vorgelegt. Es ist zu wünschen, daß Herr Breitkopf die Sache nun weiter zu vervollkommnen suchen möchte, wir würden vielnach bald näher mit der Religion, litteratur den Sitten und Gebräuchen dieses in manchem Betracht merkwürdigen Volkes bekannt werden.

Ferner will Anton del Corno in seinen Memoir. Istoriche del Feltri. Venet. 1710. 4. S. 124. uns glauben machen, die Buchdruckerkunst sey in Italien zur Welt gebracht worden. Er giebt vor, ein gewisser Dichter, Pamphilus Castaldi, zu Feltri, einer Stadt in der Venetianischen Mark Treviso, habe im Jahr 1440 die Buchdruckerkunst erfunden, und sie *Fausto Comesburgo*, seinem guten Freunde, offenbaret, welcher solche hernach zu Maynz ausgeführt hätte rc. Allein jeder Geschichtkenner, selbst unter den

Italienern, der Wahrheit liebt, muß diese Behauptung für eine Fabel halten. Glaubwürdige Schriftsteller unter den Italienern bezeugen im Gegentheil, daß die Buchdruckerkunst nirgends anders als in Teutschland erfunden worden. Der bekannte Beroaldus, von Bologna gebürtig, schreibt in seinen Opusc. f. 123. folgendes:

O Germania muneris repertrix,
Quo nihil utilius dedit vetustas,
Libros scribere, *quae doces premendo.*

Laurentius Valla, ebenfalls ein italienischer Philosoph, berühmter Gelehrter, und Dichter, der 1465. starb, sagt:

Abstulerat Latio multos Germania libros,
Nunc multo plures reddidit ingenio.
Et quod vix toto quisquam perscriberet
         anno,
Munere Germano conficit una dies.

Auch in den neuesten Zeiten bestätigen aufrichtige und wahrheitliebende italienische Schriftsteller über diese Materie, daß die Buchdruckerkunst in Teutschland zuerst erfunden sey. Besonders Hr. Franz Xaver. Laire zu Rom sagt in seinem Specimine historico Typographiae Romanae. Seculi XV., welches Buch im Jahre 1778. daselbst im Monaldinischen Verlag herauskam, Cap. I.
pag.

pag. 1. ausdrücklich: Si Typographiae nomen juxta receptum, vulgaremque loquendi usum usurpemus, *Typographicam Artem apud Germanos natam* nemo nisi partium studio abreptus ibit inficias etc. Cap. II. Part. I. p. 16. heißt es gleichfalls: Typographia (ex modo dictis) *in Germania primum nata* in Italiam *deinde invecta est* etc. Pag. 22. cap. 2. sagt er weiter, nach vorhergegangener Untersuchung der darüber von andern geäußerten Meynungen und Nachrichten: Affirmo itaque 1) *Germanos inventa arte typographica* hanc in Italiam sub Pontificatu Pauli II. transvexisse. In Germania natam esse Typographiam jam demonstravi, neque est, quod in hac veritate diutius immutari oporteat etc. Hieraus erhellet deutlich, daß sich kein unpartheyischer Italiener heutzutage einfallen lassen wird, zu behaupten, daß die Buchdruckerkunst in Italien erfunden worden sey.

Ein gewisser Johannes Campanus hat auch ehemals vorgegeben, es habe ein Franzose, Namens Ulricus, die Buchdruckerkunst erfunden. Dies ist aber ganz ungegründet. Dieser Ulricus, von dem Campanus redet, war einer der erstern teutschen Buchdrucker in Rom; nur übersetzte er manchmal seinen Namen, nach damahliger Gewohnwohnheit, ins Lateinische, und schrieb sich öfters: Ullricus Gallus, so viel als Ullrich Hahn, welches sein eigentlicher teutscher Name war. Hr. F. X. Laire erwähnt in seinem obangeführten Buche im 2. Kap S. 27. ebenfalls diesen Ullrich Hahn, als einen der ältern erstern teutschen Buchdrucker, die in Rom Buchdruckereyen angelegt und daselbst gedruckt haben.

Andre geben ferner vor, die Buchdruckerkunst habe ein geborner Franzose, Namens Nicolaus Jenson, zuerst erfunden. Sie beziehen sich deshalb auf die Worte eines alten Correctors Omnibonus, die in der Epistola ad Episcopum Bellunensem enthalten sind, welche derselbe Corrector der Ausgabe des Quintilians, die in Venedig 1541. in Fol. bey Nicolaus Jenson herauskam, vorgesetzt hat. Diese Worte sind: „Accedebant iustae preces *Nicolaus Jenson* Gallici ut vere dicam Daedali, qui librariae artis *mirabilis inventor*, ut non scribuntur calamo libri, sed veluti gemma imprimuntur ac prope sigillo, primus omnium ingeniose monstravit: ut huic viro, qui de litteraria tam bene meruit, ut nemo sit, qui non facere summopere debeat. Idcirco non difficulter impetravit, ut non solum hoc opus (Quintilian.) verum etiam utramque Ciceronis artem

tem corrigerem." Aus diesen Worten erhellet keineswegs, daß dieser Jenson der erste Erfinder sondern nur ein Verbesserer der Buchdruckerkunst gewesen. Man druckte vor ihm noch mit unregelmäßigen unharmonisch und schlecht geformten lateinischen Buchstaben und sogenannter Mönchsschrift. Dieser Jenson aber verfertigte zuerst eine bessere lateinische Schrift, die unsrer heutigen Tertia antiqua etwas ähnelt, welche neue Schriftgattung freylich damals als etwas schönes und bewundernswürdiges angesehen wurde; daher ihn eben Omnibonus mirabilem inventorem (nicht aber primum) nennet. Aus mehrern authentischen Zeugnissen verschiedener Schriftsteller sieht man deutlich, daß schon vor diesem Jenson zu Venedig durch *Johannem de Spyra* Bücher gedruckt worden. Eine Stelle aus einer alten Cöllnischen teutschen Chronik widerlegt dieses auch deutlich mit folgenden Worten: "Dat "eyn wale vyß Vranckrych, genant Nico"laus Genson have alre eyrst dese men"sterliche Kunst vonden, mer dat is NB. of"fenbarlich gelogen. Want Sy syn noch im "leven, die dat getzuigen, dat men boicher "druckte tzo Venedige, ee der vurß Nico"laus Genson dar quame, dair hi began "Schrifft zo synden und bereyden." Man sieht aus dieser Stelle leicht, daß Jenson

in

in Venedig angefangen, Schriften zu schneiden und zu bereiten, oder zu gießen, nicht aber zuerst zu drucken. Dies sey also von dem ungegründeten Vorgeben, daß Italien das Geburtsland der Buchdruckerkunst sey, genug. Mehrere und umständlichere Nachrichten von diesem Jenson hat ein gewisser Hr. von Broze in die Abhandlungen der Pariser Gesellschaft der Wissenschaften einrücken lassen, welche der Liebhaber der Geschichte der Buchdruckerkunst nachlesen kann. Man findet in denselben auch verschiedene merkwürdige Nachrichten von Faust und Schoiffers Buchhandel nach Frankreich, die Hr. von Broze mit vielem Fleiße gesammelt hat, wovon ich an einem andern Orte dieses Buches etwas mehr zu sagen Gelegenheit haben werde. Besonders wird daselbst auch gesagt und bewiesen, daß dieser Jenson Münz-Stempelschneider beym damaligen König von Frankreich gewesen, und daß ihn derselbe auf seine Kosten nach Maynz geschickt habe, um daselbst die dort neu erfundene Schriftschneidekunst und Buchdruckerkunst zu lernen.

Es hat sich auch im Jahr 1440. ein dänischer Gelehrter, Namens Wadskiär, einfallen lassen, zu behaupten, die Erfindung der Buchdruckerkunst gehöre den Dänen zu. Er

Er äußerte solches in der Neuen Copenhagenschen Zeitung von gelehrten Sachen, im Monat Merz desselben Jahres, im 10. Stücke. Dieser Wadskiär giebt vor, oben genannter Nicolaus Jenson sey ein Däne gewesen, und will dies blos aus seinem Namen beweisen, welchen er im Dänischen mit Nil Jenson übersetzt, ohne einen richtigen Grund dazu vorbringen zu können. Allein der Herausgeber der so nöthig als nützlichen Buchdruckerkunst, welche zu Leipzig im Jahr 1741. erschien, hat im 3. Theile derselben diese Meynung des Hrn. Wadskiär im 1. Kap. S. 93 ff. gründlich widerlegt, und bewiesen, daß Nicolaus Jenson ein geborner Franzose und bekanntermaßen einer der ersten Buchdrucker zu Venedig gewesen, wie wir im vorigen schon erzählet haben. Herr Wadskiär hat nur aus übertriebenem Patriotismus seinen Landsleuten gern den Ruhm der Erfindung der Buchdruckerkunst erjagen wollen, aber keinen einzigen richtigen Beweis seines Vorgebens anführen können.

Aus den Zeugnissen der glaubwürdigsten Geschichtschreiber verschiedener Nationen, die von der Geschichte der Erfindung der Buchdruckerkunst entweder absichtlich handeln, oder davon gleichsam im Vorbeygehn Nachricht geben, ergiebt sich, daß man sich diese Sache folgendermaßen vorstellen muß.

Zu Mainz, einer ehemaligen teutschen Reichsstadt, wurde die Buchdruckerkunst zuerst um das Jahr 1440. erfunden und angefangen von Johann Guttenberg, einem teutschen Edelmanne, aus einem alten mittelrheinischen Geschlechte derer von Sorgenloch, genannt Gänsfleisch, zum Guttenberg insonderheit. Dieser Johann Guttenberg also, der vermuthlich oft über die vielen Kosten klagen gehört hatte, die man damals auf das mühsame und langweilige Abschreiben der Bücher verwenden mußte, und vielleicht selbst sich gern dieses oder jenes Buch gewünscht, es sich aber, des theuern Preißes wegen, nicht anschaffen konnte, (denn daß er ein geschickter und wißbegieriger Mann gewesen seyn muß, läßt sich leicht aus seinem Unternehmen schließen); so mag ihn dies angetrieben haben, ein Mittel ausfindig zu machen, wodurch man in kurzer Zeit und mit weniger Kosten die Bücher vervielfältigen und daher wohlfeiler erhalten könnte. — Johann Guttenberg gerieth daher auf den Gedanken, Buchstaben einzeln aus Holz zu schneiden, und damit Sylben und Wörter zusammen zu setzen, und solche anfänglich mit schwarzer Wasserfarbe oder einer Art von schwarzer Dinte abzudrucken. Er machte den Anfang mit den ABC=Tafeln, dann folgte ein kleines Wörterbuch, Vocabularium Catholicon.

licon genannt, und einige andre kleine Bücher, von welchen aber wenig bis auf unsre Zeiten gekommen. Da Guttenberg hernach die Kosten, die zur Fortsetzung seines neuen kostspieligen Unternehmens nicht weiter bestreiten konnte, so sah er sich genöthigt, fremde Hülfe zu suchen. Er ging dann zu Johann Faust und Jakob Faust (oder Fust), die in Maynz damals als reiche Leute bekannt und Brüder waren. Diesen entdeckte Guttenberg seine neu erfundene Kunst, und bat sie um Geldvorschuß zur weitern Fortsetzung und Vervollkommnung seiner Buchdruckerey. Die Fauste thaten dieses auch; hingegen mußte Guttenberg denselben, zur Sicherheit des ihm vorgeschossenen Geldes seine Buchdruckerey zum Unterpfande verschreiben. Johann Faust und Guttenberg machten hernach gemeinschaftliche Sache, und suchten mit einander in der Druckerey alle Instrumente besser einzurichten, und alles dazu gehörige immer mehr zu verbessern und bequemer und zweckmäßiger einzurichten, besonders Buchstaben von Bley oder anderem Metalle zu gießen, und eine bessere haltbarere Druckerfarbe ausfindig zu machen, welches ihnen auch gelang. Diese beyde druckten dann in Gemeinschaft mit einander fort. Guttenberg hatte schon 1450 die lateinische Bibel zu drucken angefangen, und bis 1455. fortgesetzt.

Faust

Fauſt aber brachte ſie 1462 völlig zu Stande. Unterdeſſen trat 1457. der lateiniſche Pſalter mit gegoſſenen Buchſtaben ans Licht. Dieſer iſt eigentlich von Fauſt und Peter Schoiffern der Welt bekannt gemacht worden, nachdem zwiſchen Fauſt und Guttenberg 1455. ein Streit und dadurch eine völlige Trennung dieſer beyden Geſellſchafter entſtanden war, mit welchem es folgende Bewandtnis hatte.

Fauſt gab nämlich vor, er habe mehr Geld zum Druck und Verlag hergegeben als Guttenberg, und wollte nicht eher den Gewinnſt mit ihm in gleiche Theile kommen laſſen, bis Guttenberg das, was Fauſt mehr hergegeben, dieſem vorher erſetzt hätte. Da nun Guttenberg dieſes zu thun noch nicht vermögend war, Fauſt aber darauf drang, ſo kam die Sache endlich vor Gerichte. Die beyden Brüder Jakob und Johann Fauſt verklagten alſo den Guttenberg, und verlangten mitten in der Arbeit das Geld. Guttenberg konnte dieſes freylich nicht gleich ſchaffen. Dann folgte ein Urtheil von der Obrigkeit: „daß, wenn Fauſt eidlich „erhärten würde, daß alles geborgte Geld „blos zum gemeinſchaftlichen Nutzen der Druckerey nicht aber zu ſeinem eigenen, verwendet „worden, ſo ſey Guttenberg gehalten,
„daß

„daſſelbige mit zu erſetzen." Demnach ſchwor Fauſt, und Guttenberg ward gerichtlich angewieſen, Fauſten die Druckerey gänzlich zu überlaſſen. Dieß ſchmerzte ihn ſo ſehr, daß er ſich mit Fauſten weiter nichts zu ſchaffen machte, und zu dem damaligen Churfürſten von Maynz in Hofdienſte gieng, in welchen er auch verſtorben iſt. Nach der Trennung von Fauſt hat doch dem Guttenberg einer ſeiner guten Freunde zu Maynz, D. Conrad Homern, wieder zu Anſchaffung einiger Littern und Druckerey-Inſtrumente verholfen, welche er nach deſſen Tode auch wieder an ſich gezogen hat. Guttenberg muß jedoch damit nichts Beträchtliches haben drucken können, weil nichts von ſeinen Büchern, die er nach ſeiner Trennung von Fauſt, für ſich allein gedruckt haben kann, bis auf unſre Zeiten gekommen iſt.

Meinen jungen Leſern unter den Buchdruckern wird es vermuthlich angenehm ſeyn, hier einige kurzgefaßte Nachrichten von dem Geſchlechte und dem Herkommen des Johann Guttenberg, der die Buchdruckerkunſt zuerſt erfunden, anzutreffen. Das Geſchlechts-Regiſter dieſes merkwürdigen Künſtlers hat beſonders der gelehrte Profeſſor der Geſchichte in Göttingen, Hr. Köler, in einer beſondern Abhandlung über J. Guttenberg, als

Faust aber brachte sie 1462 völlig zu Stande. Unterdessen trat 1457. der lateinische Psalter mit gegossenen Buchstaben ans Licht. Dieser ist eigentlich von Faust und Peter Schoiffern der Welt bekannt gemacht worden, nachdem zwischen Faust und Guttenberg 1455. ein Streit und dadurch eine völlige Trennung dieser beyden Gesellschafter entstanden war, mit welchem es folgende Bewandtnis hatte.

Faust gab nämlich vor, er habe mehr Geld zum Druck und Verlag hergegeben als Guttenberg, und wollte nicht eher den Gewinnst mit ihm in gleiche Theile kommen lassen, bis Guttenberg das, was Faust mehr hergegeben, diesem vorher ersetzt hätte. Da nun Guttenberg dieses zu thun noch nicht vermögend war, Faust aber darauf drang, so kam die Sache endlich vor Gerichte. Die beyden Brüder Jakob und Johann Faust verklagten also den Guttenberg, und verlangten mitten in der Arbeit das Geld. Guttenberg konnte dieses freylich nicht gleich schaffen. Dann folgte ein Urtheil von der Obrigkeit: „daß, wenn Faust eidlich „erhärten würde, daß alles geborgte Geld „blos zum gemeinschaftlichen Nutzen der Druckerey nicht aber zu seinem eigenen, verwendet „worden, so sey Guttenberg gehalten,
„daß

„dasselbige mit zu ersetzen." Demnach schwor Faust, und Guttenberg ward gerichtlich angewiesen, Fausten die Druckerey gänzlich zu überlassen. Dieß schmerzte ihn so sehr, daß er sich mit Fausten weiter nichts zu schaffen machte, und zu dem damaligen Churfürsten von Maynz in Hofdienste gieng, in welchen er auch verstorben ist. Nach der Trennung von Faust hat doch dem Guttenberg einer seiner guten Freunde zu Maynz, D. Conrad Homery, wieder zu Anschaffung einiger Littern und Druckerey-Instrumente verholfen, welche er nach dessen Tode auch wieder an sich gezogen hat. Guttenberg muß jedoch damit nichts Beträchtliches haben drucken können, weil nichts von seinen Büchern, die er nach seiner Trennung von Faust, für sich allein gedruckt haben kann, bis auf unsre Zeiten gekommen ist.

Meinen jungen lesern unter den Buchdruckern wird es vermuthlich angenehm seyn, hier einige kurzgefaßte Nachrichten von dem Geschlechte und dem Herkommen des Johann Guttenberg, der die Buchdruckerkunst zuerst erfunden, anzutreffen. Das Geschlechts-Register dieses merkwürdigen Künstlers hat besonders der gelehrte Professor der Geschichte in Göttingen, Hr. Köler, in einer besondern Abhandlung über J. Guttenberg, als

Buchdr.   B   dem

dem ersten Erfinder unserer Kunst, *) aus bewährten Urkunden bekannt gemacht, aus welcher ich es hier kürzer gefaßt einrücke:

I. Friele zum Gänsefleisch, Rathsherr zu Maynz, lebte um das Jahr 1332—1358. und hinterließ folgende vier Kinder:
   1. Henne Gänsefleisch;
   2. Petermann zum Gänsefleisch, lebte 1342—1379, und setzte mit seiner Ehefrau Nese (Agnese) zum Jungen, Petermanns zum Eselwecke Tochter, das Geschlecht fort.
   3. Claus zum Gänsefleisch, der Stammvater einer andern Linie, Sorgen-

*) Siehe davon: „Hochverdiente und aus bewährten Urkunden wohlbeglaubte Ehrenrettung Johann Guttenbergs eingebohrnen Bürgers in Maynz, aus dem alten adlichen Rheinländischen Geschlechte derer von Sorgenloch, genannt Gänsefleisch, wegen der ersten Erfindung der nie genug gepriesenen Buchdruckerkunst in der Stadt Maynz zu unvergänglichen Ehren der teutschen Nation, und insonderheit der löblichen uralten Stadt Maynz, mit gänzlicher und unwidersprechlicher Entscheidung des darüber entstandenen dreyhundertjährigen Streits getreulich und mit allem Fleiß ausgefertiget von Johann David Köler, Hist. Prof. P. Leipzig, 1741. in Quart, 16 Bogen.

genloch, von welchem Stamme Hr. Professor Köler in dem auf der vorhergehenden Seite unter genannten Buche auch die Geschlechtstafel liefert, die wir aber hier, der Kürze wegen, übergehen.
   4. Grede zum Gänsefleisch, die Ehefrau des Heinzen zum Jungen 1363.

II. Petermann zum Gänsefleisch, Frielens Sohn, zeugte mit seiner Ehefrau

III. Friele zum Gänsefleisch, † 1372. Dessen Ehefrau war Grede von dem jungen Abent zur Laden, mit welcher er erzeugte:
   1. Ketterchen Gänsefleisch, lebte 1372. 1377, deren Ehemann war Peter Lindenfels genannt Schlüssel. † 1407.
   2. Henne zum Gänsefleisch genannt zur Laden, lebte 1372, und verehligte sich mit Ennechin (Anna) von Friedberg genannt Groß, Johann Hartmanns Tochter.
   3. Friele zum Gänsefleisch, von dem hernach
   4. Ottlieb zum Gänsefleisch zur Laden, lebte 1410.

IV. Friele Gänsefleisch, ein Sohn des vorhergehenden Friels, lebte um das Jahr 1400—1411. und verehligte sich mit Else Wyrichin zum Gudenberg, mit welcher er erzeugte:

1. Friele zum Gänsefleisch, wohnhaft zu Eltvil, lebte 1431, und hatte zur Ehefrau Elsechin, Jeckels Hirz Tochter.

2. Henne Gänsefleisch der alte, auch Johann Gänsefleisch, ingleichen Johann Guttenberg genannt, der erste Erfinder der Buchdruckerkunst zu Maynz † 1468. dessen Ehefrau war Rettigin 1450. mit welcher er eine Tochter erzeugte Rettigin 1450.

Man sieht hieraus, wie genau und umständlich der damahlige Professor Köler diese Geschichte untersucht hat. Der Liebhaber findet in seiner genannten Abhandlung alles dahin Gehörige deutlich erklärt, und mit authentischen Documenten belegt und gründlich bewiesen; daher verdient dieser Mann vielen Dank für die genaue Untersuchung und Berichtigung dieser Sache.

Hr. Köler erzählet unter andern auch, daß dem Johann Guttenberg sein Petschirring Anlaß und Gelegenheit gegeben habe, die

die Buchdruckerkunst zu erfinden. Er habe, nach weiterm Nachdenken darüber erst Buchstaben von Holz ausgeschnitten, und solche hernach von Bley und andrer Materie gegossen; und endlich habe er, nach vielen vergeblichen und verdrüßlichen Versuchen, die Buchdruckerfarbe erfunden. Dann habe er 1450. die lateinische Bibel zu drucken angefangen. Als er nun kaum 12 Bogen fertig gedruckt, so waren schon 4000 rheinische Gulden Kosten aufgelaufen, und sein Vermögen nicht mehr hinreichend, den Druck derselben ganz auszuführen. Daher war Guttenberg genöthigt, bey den Gebrüdern Jakob und Johann Faust Geldvorschuß zu den Druck- und Verlagskosten zu suchen, welchen er auch von denselben erhielt, ihnen aber dafür seine Buchdruckerey verschreiben und verpfänden mußte, welche eben Faust nach Endigung des Prozesses, den er mit Guttenberg führte, ganz an sich gezogen hat, wie oben schon erwähnt worden ist. Faust setzte dann die Druckerey fort, und nahm Peter Schoiffern von Gernsheim, der ein kluger und anschlägiger Kopf war, dazu, wie solches alte Nachrichten von glaubwürdigen Schriftstellern bezeugen. Dieser Peter Schoiffer richtete nun in der Buchdruckerey durch seinen erfinderischen Geist alles besser ein, und verfertigte bessere Matricen, aus welchen sie

die

die Buchstaben von Metall abgossen, und vervollkommnete das Schriftgießen immer mehr. Faust gewann ihm daher bald so lieb, daß er ihm seine Tochter Christine aus Dankbarkeit zur Frau gab.

Die durch den Prozeß, den die Fauste wider Guttenberg zu Maynz vor Gerichte anhängig gemacht hatten, entstandene Trennung des ersten Erfinders von Fausten war eben Ursache, daß Guttenbergs Namen auf den von Faust und Pet. Schoiffern zu Maynz gedruckten Büchern nicht mit zum Vorschein kommt, sondern blos diese beyde ihre Namen und die Zeit, wenn sie diesen oder jenen Druck geendigt hatten, mit anzeigten. Daher haben auch einige den Johann Faust für den ersten Erfinder der Buchdruckerkunst gehalten, welche Ehre doch allerdings dem Johann Guttenberg gebühret. Daß aber J. Faust mit Hülfe und Rath seines geschickten und klugen Dieners, Peter Schoiffers, diese Kunst, und besonders das Stempelschneiden und Schriftgießen, weiter ausgebildet und verbessert haben, hat seine Richtigkeit, und stimmt mit den Nachrichten der glaubwürdigsten Geschichtschreiber überein, die von dieser Sache entweder in besondern Abhandlungen oder in andern historischen Büchern, Untersuchungen darüber
an-

angestellt oder davon gelegentlich geredet haben, von denen auch hier noch einige Erwähnung geschehen wird.

Damit sich nun meine jungen Leser, oder auch andre Kunst- oder Geschichts-Liebhaber, von dem, was von der Erfindungsgeschichte der Buchdruckerkunst gesagt worden, desto mehr überzeugen und sich solche deutlich vorstellen können, will ich die vornehmsten Zeugnisse der glaubwürdigsten Geschichtschreiber hierüber gehörigen Orts kürzlich mit anführen.

Da nun Johann Guttenberg von allen gründlichen Kennern der Geschichte der Teutschen für den ersten Erfinder der Buchdruckerkunst gehalten wird, so wollen wir auch die Beweise, welche dieses bekräftigen, zuerst betrachten.

Der vorzüglichste Beweis, daß Johann Guttenberg der erste Erfinder der Buchdruckerkunst sey, ist unstreitig die Stelle in der Dedication an den Kaiser Maximilian, welche Johann Scholffer der Ausgabe des Livius in teutscher Sprache, die er im Jahr 1505. druckte, vorgesetzt hat, in welcher er am Ende derselben den Kaiser mit folgenden Worten selbst anredet:

„Solich Werck, allermächtigster König „(das zu vor an Ewr. Königlichen maje-
stät

„ſtát zu eeren, darzu Fürſten und Herren
„auch gemeinden und ſtetten teutzſcher Na-
„tion, zu nutze in teutſch bracht in der
„löblichen ſtadt Mentz gefertigt und ge-
„truckt iſt.) Wöll Ewr. Kö. M. gnedig-
„lich offnemen, in welcher ſtadt auch an-
„fenglich die wunderbare Kunſt der Trú-
„ckerey vnd im erſten von dem Kunſt-
„reichen Johann Guttenbergk, do man
„zalt nach Chriſti vnſers Herren Geburt
„tauſend vierhundert und funfzig Jahr, er-
„funden, und darnach mit Vlenß Koſt vnd
„Arbeit Johann Fauſt und Peter
„Schoiffern zu Mentz gebeſſert,
„vnd beſtendig gemacht iſt worden.
„Darum dieſelbe ſtadt nicht allein bey teutz-
„ſcher Nation, ſunder auch bey aller Welt
„in ewige Zeit (als wol verdynet) gebreyſt
„vnd gelobt ſolle werden vnnd die burger
„vnnd einwohner daſelbſt des billig genieſ-
„ſen."

Aus dieſer Stelle ſieht man ganz deutlich, daß
Johann Schoiffer dem kunſtreichen
Johann Guttenbergk ausdrücklich
für den erſten Erfinder erklärt, und Johann Fauſt und Peter Schoiffern
nur für Verbeſſerer angiebt. — Da
nun dieſer Johann Schoiffer ein leiblicher Sohn des Peter Schoiffers und
ein

ein Enkel Johann Fausts war, so konnte er am allerbesten wissen, wer eigentlich der erste Erfinder der Buchdruckerkunst gewesen, da er von Jugend auf bey seinem Vater im Hause gelebt, diese Kunst von ihm gelernt, und mit ihm und Johann Guttenberg in der ersten Buchdruckerey täglich umgegangen war, in welcher sie sich gewiß alle dreye oft mit einander über die Entstehung ihrer Kunst unterhalten haben werden. Einige Schriftsteller sagen auch, besonders Trithemius, einer, dem hierinn am meisten zu glauben ist, daß diese drey ersten Buchdrucker in Maynz in einem Hause zusammen gewohnt hätten, welches zum Jungen geheißen und hernach der darinn errichteten ersten Buchdruckerey wegen, insgemein das Druckerhaus genannt worden wäre. Dies ist leicht zu glauben; denn da J. Guttenberg, Faust und Peter Schoiffer ihre Kunst anfangs sehr geheim hielten, so mußten sie, um nicht etwa damit entdeckt zu werden, und alles bequemer mit einander betreiben zu können, nahe beysammen wohnen, damit nicht leichtlich jemand andres etwas von ihren gegossenen Buchstaben oder andern Buchdrucker-Instrumenten zu Gesichte bekommen konnte, wodurch sie hernach leicht in ihrer Werkstätte hätten ausgespähet werden können. An der Wahrheit der Nachricht des

Johann Schoiffers, welche er uns ganz
aufrichtig und deutlich von dem ersten Erfinder giebt, läßt sich auch aus andern richtigen
Gründen gar nicht zweifeln. Denn sollte derselbe in einer öffentlich gedruckten Zuschrift an
einem großen Monarchen damaliger Zeit sich
so dreist Erdichtungen und Lügen erlaubt haben, da doch gewiß zu der Zeit, in welcher
dieser Johann Schoiffer den Livius in
teutscher Sprache druckte, die Geschichte der
Erfindung dieser Kunst schon bekannter seyn
mußte, als in denen Jahren, in welchen die
ersten zwey Buchdrucker noch ganz insgeheim
mit verevdeten Leuten arbeiteten? Allerdings
kann man glauben, daß damals Kaiser Maximilian, als der vornehmste Mann im teutschen Reiche, oder einige seiner Minister, unter denen gewiß einige Gelehrte waren, von
dieser wichtigen Erfindung von Maynz schon
gute Nachrichten gehabt haben mußten, ehe
Johann Schoiffer ihm seinen in teutscher
Sprache gedruckten Livius dedicirte. Dieser
gesteht also in derselben Zuschrift öffentlich
und deutlich vor aller Welt gedruckt, daß dieser erste Erfinder Johann Guttenberg
ein kunstreicher Mann gewesen sey — und
sagt nirgends, daß J. Faust und Peter
Schoiffer, die ersten Erfinder gewesen
wären, sondern daß diese beyde die Kunst nur
gebessert und beständig gemacht hätten. —

Die-

Dieses wurde dem Faust auch leichter, da er ein reicher Goldschmidt gewesen seyn soll, welche Kunst, wie Kenner wissen, sehr nahe mit der Stempelschneidekunst verwandt ist, die, so zu reden, die Seele oder den Grund unserer Buchdruckerkunst ausmacht, von welcher wir auch in diesem Buche an gehörigem Orte ausführlicher reden werden.

Daß Johann Guttenberg der erste Erfinder der Buchdruckerkunst, ein teutscher Edelmann gewesen, hat unter andern Herr Prof. Köler in Göttingen in seinem S. 18. dieses Kapitels unten in der Anmerkung genannten Abhandlung gründlich dargethan. Er wurde daher auch beständig Junkher Hannß genennt, welches genannter Verf. weitläuftig erzählet und beweiset. Guttenberg hätte also, als ein bloßer Privat-Edelmann, der sich bey seiner Muße vielleicht oft mit Bücherlesen und Wissenschaften gern unterhielt, und nicht reich war, zur Vervollkommnung seiner neuen Kunst, keinen schicklichern Unterstützer aufsuchen können, als den reichen und angesehenen Goldschmidt Faust. Denn bey der Goldschmiedekunst, die bekanntlich sehr alt ist, und dabey werden beständig mancherley Figuren sowohl in Formen von feinem Sande als auch von andern schicklichen Massen abgegossen, und hernach durch Grabstichel, Punzen und andre

stäh-

stählerne oder eiserne Instrumente weiter ausgearbeitet und gegraben, theils erhaben, theils vertieft, je nachdem es die Natur oder die Bestimmung des Kunstwerks erheischt, das der Goldschmidt liefern soll. — Der Hr. Prof. Köler, in seiner zu Leipzig 1741 herausgegebenen „Ehrenrettung des Joh. Guttenbergs 2c." erzählt auch, daß dieser bey Betrachtung eines Petschirrings Anlaß bekommen, über die Erfindung der Buchdruckerkunst nachzudenken. Da dergleichen Ringe die Goldschmiede meistens verfertigen, so ist es leicht glaublich, daß Guttenberg endlich, da er hernach, als er zu drucken angefangen und sein ganzes Vermögen daben zugesetzt hatte, sich an den reichen Goldschmidt wendete, und ihm seine Erfindung entdeckte, Geldvorschuß von ihm verlangte, und mit ihm über die bessere Einrichtung des Buchstabengießens zu Rathe ging. Faust muß sich daben doch nicht gleich nach Wunsch in allem, was Guttenbergen zur Erleichterung der Ausübung seiner Kunst dienen konnte, zu helfen gewußt haben, weil er, seinen Diener, Peter Schoiffern, den er ben sich im Hause hatte, zu Hülfe gerufen, und sich, wie die Geschichte sagt, seines klugen Raths, Hülfe und Beystands in dieser Sache bedient hat. Aus verschiedenen ben der Betrachtung der Geschichte der Erfindung der Buchdruckerkunst vorkommenden Umstän=

ständen ist auch zu vermuthen, daß Johann Guttenberg und Faust anfänglich ihre Buchstaben vielleicht aus kleinen Förmchen von feinem Sand, nach der Art unserer heutigen Gürtler, Goldschmiede und anderer Metallkünstler abgossen, und diese unvollkommene Abgüsse hernach mit dem Messer vollends zurechte schnitzelten und ausbesserten. Peter Schoiffers kluger und anschlägiger Kopf aber scheint zur ordentlichen Ausbildung der Stempelschneidekunst das Meiste beygetragen und bessere und dauerhafte Matricen oder Buchstabenförmchen verfertigt zu haben, wie solches der 1457. von ihm und Fausten gedruckte lateinische Psalter ausweiset. Die Unvollkommenheit der Schriftgießerkunst des ersten Erfinder mag auch wohl Ursache seyn, daß es mit dem ersten Bücherdruck so langsam hergegangen, und daher Guttenberg sein Vermögen dabey zusetzen und hernach Fausts Schuldner werden müssen — Dabey ist auch noch zu bedenken, daß damals, als Guttenberg die Buchdruckerkunst erfand, die Papiere in Teutschland rar und viel theurer waren als jetzt, und die ersten drey Buchdrucker auf Pergament viel gedruckt haben welches auch nach Faust und Schoiffern von manchen Buchdruckern noch geschehen ist. Das Exemplar von dem lateinischen Psalter, welches sich in der jetzigen Stadtschul-Bibliothek zu Freyberg im Chur-

Chursächsischen Erzgebirge befindet, und Faust und Peter Schoiffer 1457 zu Maynz fertig gedruckt haben, ist auf Pergament gedruckt, woselbst auch noch jetzt verschiedene andre seltene Bücher, die Faust und Peter Schoiffer von Gernsheim in Maynz gedruckt haben, aufbewahrt werden, von welchen und einigen andern ächten Ueberbleibseln des ersten alten Druckes von Maynz wir weiter unten Erwähnung thun werden. Es ist auch leicht zu erachten, daß Guttenberg zu seinem angefangenen ersten Bibeldruck nicht so geschwind so viel Pergament auf einmal damals zu kaufen kriegen oder sogleich auffinden können, so wie heutzutage die Buchhändler gleich große Parthieen von Druck- und Schreibpapieren an vielen Orten vorräthig finden — und daß er auch keine sehr kleine Auflage bey dem ersten Bibeldruck wird haben machen wollen, da er, als ein Mann, der nachdenken konnte, ganz unfehlbar gewiß glauben mußte, daß er seine ganze Auflage nach der Fertigung in kurzer Zeit verkauft haben würde, und wenn ihm die Fertigung derselben auch weit mehr als sein Vermögen betrug, kosten sollte, er doch hernach bald ein reicher Mann werden und alles noch dazu geborgte Geld leicht wieder bezahlen könnte. — Dies wäre auch gewiß geschehen, und J. Guttenberg hätte gewiß einst die Belohnung für seine Erfindung, seinen Aufwand

wand und seinen anhaltenden Fleiß eingeärndtet, wenn ihm nicht der gewinnsüchtige Fust seine Druckerey gerade zu der Zeit, in welcher sich solche der Vollkommenheit zu nähern anfing, auf eine solche Art abproceßirte, daß der kunstreiche Guttenberg darüber gänzlich verarmen mußte, — und sich genöthigt sah, bey dem damaligen Kuhrfürsten Adolph von Maynz in Hofdienste zu treten, welcher ihm, seiner Verdienste um die Erfindung der Buchdruckerkunst wegen, einen Jahrgehalt aussetzte, den er auch bis zu seinem 1468 erfolgten Tode genossen hat. Es scheinet, als wenn Guttenberg nach seiner Trennung von seinem heidischen Gesellschafter nicht viel wichtiges gedruckt habe, weil man bis jetzt noch kein Buch auffinden können, auf welchem er sich als Drucker nennet. Vermuthlich war auch die kleine Druckerey, die ihm sein guter Freund, D. Conrad Homery, wieder in Maynz anschaffen half, zu geringfügig, und Guttenberg dann gar zu arm durch den Verlust des bekannten Prozesses mit Faust der 1455 von der dasigen Obrigkeit geendigt wurde, so daß er nachher allein kein beträchtliches Buch fertig drucken können, das sich bis auf unsre Zeiten erhalten hätte. — Die Geschichtschreiber, die von J Guttenberg reteden, sagen ausdrücklich, er habe sich, nach dem für ihn so unglücklich abgelaufenen Proceß

ceß aus Verdruß darüber von Fauſt getrennt. — Wenn man alle Umſtände in der Geſchichte Fauſts und Guttenbergs überdenkt, und die damalige Lage des letztern bey obwaltenden Prozeß betrachtet, und Fauſts Umſtände und ſein Verfahren gegen Guttenberg beleuchtet, ſo erſcheint Fauſt's Charakter in gar keiner vortheilhaften Geſtalt — Obgleich Fauſt ſehr gut wußte, daß Guttenberg damals unmöglich bezahlen konnte, ſo verklagte er ihn doch öffentlich bey der Obrigkeit, vermuthlich in der geheimen Abſicht, Guttenbergen um die Druckerey zu bringen, um künftig den großen Nutzen, den er ſich davon leicht voraus berechnen konnte, allein oder mit ſeinem Schwiegerſohne, Peter Schoiffern, einſammeln zu können; — denn dieſes P. Schoiffers kluger Rath, Hülfe und Fleiß in der Druckerey, beſonders bey Verbeſſerung des Schriftgießens, gefiel Fauſten ſo herzlich wohl, daß er ihm ſeine Tochter, Chriſtina, zur Ehe gab, und ſich dadurch ſeiner Treue, beſtändigen Hülfe und Verſchwiegenheit verſicherte. — Ob nun gleich Fauſt's unfreundliches Verfahren gegen Guttenberg ſeinen Ruhm als Miterfinder der Buchdruckerkunſt in etwas verdunkelt, ſo verdient er doch, wegen ſeiner unermüdeten Betriebſamkeit in der Fortſetzung und Verbeſſerung der Buchdruckerey, und der Thätigkeit, mit wel-

welcher er den Buchhandel so wohl in seinem Vaterlande, als auch außer Teutschland, zu betreiben anfing, alles lob. Denn nachdem er mit dem Drucke seiner erstern Bücher zu Stande war, so reisete er auch bald darauf mit einer Anzahl gedruckter Exemplare nach Paris, und verkaufte solche sehr theuer. Da er nun sahe, daß seine neue Waare daselbst so schnellen und guten Absatz fand, so suchte er unter seinen und seines Gesellschafters, Peter Schöffers Namen, beym damahligen Könige von Frankreich Erlaubniß, in verschiedenen Gegenden dieses Königreichs Commissionaire anzustellen, die auf ihre Rechnung ihre gedruckten Bücher verkaufen sollten. — Der König willigte auch in sein Gesuch, und gestattete ihm verschiedene Freyheiten, welches der gelehrte Hr. von Broze in den Abhandlungen der Pariser Akademie der Wissenschaften ausführlicher erzählt; und die dahin gehörigen aufgefundenen historischen Urkunden als Beweise erwähnter Erzählung mit abdrucken lassen, auf welche ich die Liebhaber der alten Geschichte der Buchdruckerkunst und des Buchhandels, die mehr davon lesen wollen, weisen muß. — Faust kann also, in Ansehung seiner Thätigkeit und Betriebsamkeit in seinem Bücherverschleiß manchen neueren Buchdruckern und Buchhändlern zum Muster dienen, welche gewiß von manchem guten Buche öfters

Buchdr.   C   meh-

mehrere Exemplare verkaufen würden, wenn sie bey der Bekanntmachung desselben nicht so saumselig und karg zu Werke gingen u. s. w. —

Herr Westenrieder, der Herausgeber des Historischen Kalenders, von 1790, der in München im lindauerschen Verlage herauskömmt, liefert auch S. 134 ff. eine Erzählung der Erfindung der Buchdruckerkunst zu Maynz, in welcher derselbe unsern Johann Guttenberg wohl als den ersten Erfinder der Buchdruckerkunst zu Maynz angiebt, aber zwischen diesen und dem Johann Gänsefleisch in Maynz macht er einen Unterschied, und stellt solche als zwey besondere Personen vor, und begeht hierinnen einen Irrthum, indem er S. 137. sagt: „Verschiedne, „als Lorenz Küster zu Harlem, und Johann „Gänsefleisch zu Maynz scheinen zur Hebung „jener Mängel (beym Bücherdruck mit aus ganzen Tafeln geschnittnen Formen) „Versuche „gemacht zu haben; aber der Mann, der je„ne zwo Unvollkommenheiten (von denen Hr. W. vorher redet) „zuverläßig zuerst verbessert, „und durch diese Verbesserungen den Namen „des wahren Erfinders der Buchdruckerkunst „verdient hat, war Johann von Gut„tenberg in Maynz." — Hr. W. hätte aber nur des oben erwähnten fleißigen Geschichtforschers, Herrn Kölers, Abhandlung we-

wenigstens nachlesen sollen, wo er sich aus authentischen Urkunden der Maynzer Archive, die Hr. Pr. Köler sorgfältig und mühsam sammelte und mit abdrucken ließ, genugsam hätte überzeugen können, daß seine genannten zwey Personen nur Eine und Ebendieselbe gewesen, welche Hr. Köler in der Geschlechtstafel des ersten Erfinders, die wir S. 18 ff. auch angeführt haben, unter dem Namen Henne Gänsefleisch der alte, auch Johann Gänsefleisch, ingleichen (oder insgemein) Johann Guttenberg genannt, der erste Erfinder der Buchdruckerkunst. — Da Kölers sichtlich ächte Urkunden aus den Maynzer Archiven gezogen sind, so verdienen solche allen Glauben.

Zum Beweis dessen, was bisher über den ersten Erfinder der Buchdruckerkunst und seiner nachherigen Mitgehülfen gesagt worden, und etwa im Folgenden noch zu sagen ist, müssen wir das, was uns die glaubwürdigsten Geschichtschreiber davon aufgezeichnet haben, ins Kurze gefaßt, anführen, und noch einige nützliche Bemerkungen und Erklärungen beyfügen.

Unter den Geschichtschreibern, welche von dieser Sache Nachricht geben, verdient besonders Trithemius den meisten Glauben, weil er nicht lange nach Erfindung der Buchdruckerkunst gelebt, und selbst über diese Sache mit

mit Peter Schöffern geredet hat, von welchem er gewiß die sichersten Nachrichten bekommen hatte. Trithem sagt in seinen Annal. Hirsaugiens. T. II. p. 421. ad Annum 1450. Monast. St. Galli, 1690 sq.: „Um die„se Zeit (nämlich von 1440 bis 1450) ist in „der Stadt Maynz am Rhein, und nicht in „Italien, wie einige fälschlich geschrieben, die „bewundernswürdige, und zuvor noch uner„hörte Kunst, Bücher zu drucken, von Jo„hann Guttenberg, einem Bürger zu „Maynz, erfunden worden. Nachdem er „nun beynahe sein ganzes Vermögen darauf „verwendet, und dennoch, wegen vieler „Schwierigkeiten, bald an diesem, bald an je„nem Mangel litte, dergestalt, daß er selbige „aus Verzweiflung fast liegen lassen wollte; „so hat er doch selbige durch guten Rath und „Vorschuß eines andern Maynzischen Bür„gers, Johann Fausts, endlich glücklich „zu Stande gebracht. Anfänglich haben sie „die Buchstaben auf hölzerne Tafeln ordent„lich geschnitten, und ein allgemeines Wör„terbuch, Vocabularium Catholicor. genannt, „gedrucket. Weil sie aber mit diesen Formen „weiter nichts mehr drucken konnten, indem „die Buchstaben unbeweglich und in hölzerne „Tafeln eingeschnitten waren, so haben sie „es künstlicher angegriffen, und eine neue Art, „alle Buchstaben des lateinischen Alphabets

„zu

„zu gießen erfunden, welche sie Matrices
„genennet, vermöge welcher sie hernach die
„Buchstaben von Erz oder Zinn gegossen, so
„viel sie deren nöthig hatten, nachdem sie sol-
„che vorher mit dem Messer zurecht schnitten:
„Und in der That, diese Kunst zu drucken
„hat im Anfang sehr viel Schwierigkeit ge-
„habt, wie mir vor dreyßig Jahren Peter
„Schöffer, sonst Opilio von Gerns-
„heim, ein Bürger zu Maynz, und des er-
„sten Erfinders Eydam (Schwiegersohn) selbst
„erzählet hat. Denn da sie die Bibel druck-
„ten, hatten sie schon über 4000 Gulden dar-
„an gewendet, ehe sie noch die dritte Qua-
„terne (d. i. den 12ten Bogen in Folio) abge-
„druckt hatten. Dieser Peter Schöffer
„aber, erstlich ein Diener, hernach des ersten
„Erfinders Johannis Fausts Eydam,
„ein kluger und geschickter Mann, hat eine
„leichtere Art vom Schriftgießen erfunden,
„und die Kunst, wie sie gegenwärtig ist, zu
„Ende gebracht. Diese drey haben eine Zeit-
„lang diese Kunst heimlich gehalten, bis sie
„durch ihre Diener, ohne deren Hülfe sie sel-
„bige nicht verrichten konnten, erstlich nach
„Strasburg und hernach zu allen andern Völ-
„kern gebracht worden ist." Hier schaltet
Trithemius einige Verse zum Lobe der
Buchdruckerkunst ein, und sagt dann hievon
noch folgendes: „Und dies sey genug von der-

„bewundernswürdigen Buchdruckerkunst, de-
„ren erste Erfinder Maynzische Bürger gewe-
„sen. Es wohnten aber diese drey ersten Er-
„finder, nämlich Johann Guttenberg,
„Johann Faust und dessen Eydam Pe-
„ter Schöffer, zu Maynz in einem Haus
„zum Jungen genannt, welches hernach
„das Druckerhaus genennt worden ist."
Auch will ich ein Zeugniß von Peter Schöffers, des Schwiegersohns Fausts, anführen,
welches er am Ende des *Trithemii* Compen-
dium de origine regum et gentis Francorum
mit angedruckt hat. In teutscher Sprache
die Worte so: „Gegenwärtiges historisches
„Werk ist gedruckt und zu Ende gebracht
„worden im Jahr Christi 1515. an St. Mar-
„garethen Abend in der edlen und berühm-
„ten Stadt Maynz, der ersten Erfinder-
„inn der Buchdruckerkunst, durch Johann
„Schöffern, einen Enkel des weyland eh-
„baren Mannes, Johannes Fausts,
„Bürgers zu Maynz, als vornehmsten Er-
„finders vorhergedachter Kunst; welcher end-
„lich aus eigenem Kopf und Nachsinnen selb-
„sten zu drucken angefangen im Jahr 1450.
„Unter der Regierung des Römischen Kaisers
„Friedrichs des Dritten, da auf dem heiligen
„Stuhl zu Maynz saß der hochwürdigste Va-
„ter in Christo, Herr Dietrich Schenck
„von Erpach, Churfürst. Er hat aber
„sel-

„selbiges durch göttlichen Beystand und nöthi-
„ger Hülfe und Erfindung seines Dieners,
„Peter Schöffers von Gernsheim
„1452. zur Vollkommenheit gebracht, wel-
„chem er zur Dankbarkeit an Kindes Statt
„angenommen und seine Tochter Christina
„Faustin zur Ehe gegeben hat. Beyde jetzt
„angeführte Männer, Johann Faust und
„Peter Schöffer, haben diese Kunst
„sehr heimlich gehalten, indem sie ihre Die-
„ner und Hausgenossen durch einen Eyd zum
„Stillschweigen verbunden. Endlich ist sie
„aber doch 1462 durch ihre Bedienten in ver-
„schiedene Länder ausgebreitet worden, und
„zu großem Wachsthum gediehen."

Ob nun gleich Peter Schöffer in dieser Stelle nichts von J. Guttenberg erwähnt, und J. Fausten den Namen eines
vornehmsten Erfinders der Buchdruckerkunst beylegt, so heißt dies doch noch nicht,
daß P. Schöffer seinen Schwiegervater ausdrücklich für den ersten Erfinder erklärt,
wie einige Schriftsteller aus Irrthum haben
behaupten wollen. — Denn dieses Peter
Schöffers leiblicher Sohn, Johannes
Schöffer, klärt es uns ganz aufrichtig und
hell auf in seiner Dedication an dem Kaiser
Maximilian, die er seinem teutschen Livius
selbst vorgedruckt hat, die wir S. 23 fg. dieses

pitels angeführt haben, wo er ausdrücklich sagt: „daß die wunderbare Kunst der Trucke„rey, vnd im ersten von dem Kunstrei„chen Johann Guttenbergk, do man „zalt nach Christi Geburt tausent vierhundert „und funfzig Jahr, erfunden, vnd darnach „mit Vleyß Kost und Arbeit Johann Fausten „und Peter Schöffers zu Mentz gebesserth „vnd bestendig gemacht ist worden u. s. w." Mit diesem aufrichtigen Geständnisse des Enkel J. Fausts stimmen auch die Zeugnisse anderer glaubwürdiger Schriftsteller überein, aus deren Betrachtung gegen einander klar zu ersehen, daß Johann Guttenberg, gebohren zu Maynz, die Buchdruckerkunst zuerst in dieser Stadt erfunden hat, und Johann Faust und Peter Schöffer solche daselbst, in Gesellschaft des J. Guttenbergs, nur verbessert, vervollkommnet und weiter ausgebildet haben. —

Da man bis jetzt noch kein gedrucktes Buch aufgefunden, worauf J. Guttenberg angezeiget hat, daß er dasselbe gedruckt habe, und auf den zuerst gedruckten Büchern in Maynz nur Johann Faust und Peter Schöffer sich dabey allein als Drucker derselben genannt haben, so wollen einige Schriftsteller dem Johann von Guttenberg die Ehre der ersten Erfindung streitig machen, und solche dem

dem Johann Faust beylegen. Allein dies ist gar kein hinlänglicher Beweis. Erstlich ist hieben zu bedenken, daß alle die drey ersten Buchdrucker ihre Kunst mit einander ganz in Geheim zu Maynz ausübten, und Guttenberg, nachdem er dem Faust seine neu erfundene Kunst entdeckt hatte, zu ihm deshalb ins Haus zog, und hernach mit Peter Schoiffern, den Faust schon vorher bey sich als Diener im Hause hatte, in Gesellschaft in demselben heimlich arbeiteten — wie alle glaubwürdige Geschichtschreiber erzählen, und Faust und Peter Schoiffer in ihren ersten gedrckten Büchern ausdrücklich selbst bezeugen. Das erste uns bekannte Buch, welches zu Maynz ordentlich mit einzeln zusammengesetzten gegossenen Buchstaben ans Licht trat, ist bekanntlich vom Jahr 1457. Nun war zu dieser Zeit Johann Guttenberg schon von Johann Fausts Gesellschaft völlig getrennt — denn der bekannte Prozeß derer Gebrüder Faust, welchen selbige bey der Maynzer Obrigkeit wider Guttenberg anhängig gemacht hatten, ging schon 1455. zu Ende, wobey eben Guttenberg durch das darüber gefällte Endurtheil seine Druckerey verlor, und von der Obrigkeit gezwungen wurde, solche seinem unbilligen und undankbaren Freunde zu überlassen — denn er hatte sein ganzes Vermögen bey der Herstellung derselben

ben aufwenden müssen, und war gar nicht im Stande, Fausten baar Geld zu schaffen — welches Fauſt recht gut wußte — Denn da dieſe drey Geſellſchafter bis 1455. noch kein Buch mit einander fertig gedruckt hatten, durch deſſen Verkauf Guttenberg hätte baares Geld mit löſen können, ſo konnte Fauſt ſich leicht einbilden, daß wenn er den Guttenberg, ſeiner Forderung wegen, öffentlich verklagte, er gewiß deſſen Druckerey nebſt den dabey befindlichen halb oder theils abgedruckten Büchern an ſich bekommen würde, zumal da dieſelbe ſich in eben dem Hauſe befand, wo Fauſt mit wohnte. Weil nun während der Zeit, in welcher Guttenberg mit Fauſt und P. Schöffern arbeitete, keines ihrer zu drucken angefangenen Bücher fertig geworden, ſondern ſelbige J. Fauſt und P. Schoiffer erſt über ein Jahr nach der Trennung von Guttenberg geendigt haben, ſo iſt dies Urſache, daß Guttenbergs Name, als Drucker und Mitverleger, auf den erſten öffentlich erſchienenen Büchern nicht mit zum Vorſchein kömmt, und Johann Fauſt und Peter Schöffer hernach Gelegenheit nahmen, ſich am Ende des erſten von ihnen vollends fertig gedruckten Buches, des lateiniſchen Pſalters 1457, allein zu nennen, und Johann Fauſten für den erſten Erfinder auszugeben — welches aber Fauſts Enkel, der wahrheitsliebende Johann Schöffer,

bald

bald darauf öffentlich gedruckt widerlegte, wie aus dessen Dedication seines teutschen livius an den Kaiser Maximilian deutlich erhellet, welche wir schon S. 23. dieses Kap. wörtlich angeführt haben. Selbst Peter Schöffer hat dem bekannten Geschichtschreiber Trithemius mündlich erzählt, daß Johann Guttenberg, ein Bürger zu Maynz, diese vorher unerhörte Kunst erfunden habe — welches aus Trithems eignen Worten klar zu erkennen, die wir ebenfalls S. 36. angezeigt haben.

Es bleibt also eine ausgemachte Sache, daß unser Johann von Guttenberg ein Bürger in Maynz, ein teutscher Edelmann, und geborner Maynzer, der erste Erfinder der Buchdruckerkunst in Maynz gewesen, und daselbst 1468. gestorben ist. Dies bezeugen selbst seine ersten Mitgehülfen, Gesellschafter und Nachfolger seiner von ihm gegründeten ersten Buchdruckerey in Maynz, und alle authentische unpartheyische Geschichtschreiber und glaubwürdige öffentliche historische Urkunden.

Wir können hier auch nicht unberührt lassen, daß auch einige Geschichtschreiber sagen, die Buchdruckerkunst sey in Straßburg erfunden worden, und zwar von Johann Mäntelin oder Mentel, einem Bürger

zu

zu Straßburg, welcher daselbst am Frohnhof zum Thiergarten gewohnet habe.

Um aber dieses Vorgeben desto besser und geschwinder beurtheilen zu können, wollen wir die bekanntesten Historiker, die bey der gelehrten Welt einiges Ansehn haben, hier kürzlich selbst reden lassen, und unsre Meynung über diese Behauptungen mit wenigem hinzusetzen.

Daß die angesehene und berühmte Stadt Strasburg im Elsaß in Teutschland der Geburtsort der Buchdruckerkunst sey, sagt erstlich Jakob Wimpheling in Epit. rer. Germ. c. 65 mit folgenden Worten: „Im Jahr 1440 „hat Johann Guttenberg, ein Straß„burger, unter der Regierung Kayser Fried„richs III., der ganzen Welt eine große ja „göttliche Wohlthat durch seine neu erfunde„ne Schreibart erwiesen. Denn dieser hat „zuerst in Straßburg die Buchdruckerkunst er„dacht, welche er hernach zu Maynz glücklich „zur Vollkommenheit gebracht hat. Unter„dessen hat sich Johann Mäntel in kur„zer Zeit großen Reichthum erworben, nach„dem er zu Straßburg diese Kunst angefan„gen und viele Werke sauber abgedruckt hat." Dieser Wimpheling ist im Jahr 1443. geboren. Aus seinen Worten erhellet nur, daß Mäntel in Straßburg zuerst angefangen,

Bü-

Bücher zu drucken, und davon in kurzer Zeit reich geworden wäre — und daß J. Guttenberg ein Straßburger und in Straßburg zuerst die Buchdruckerkunst erdacht ꝛc. Daß dieses wider die historische Wahrheit sey, haben wir oben schon einleuchtend dargethan, und ächte Gegenbeweise angeführt. —

Ferner berufen sich die Schriftsteller, welche **Straßburg** zur Geburtsstadt der Buchdruckerkunst machen wollen, auf zwey geschriebene Chroniken, welche in dem dasigen Stadt-Archiv vorhanden seyn sollen. In D. Schilters Königshovenschen Straßburgischen Chronik, die 1689. daselbst in 4. von Josias Städel gedruckt worden, und sich auch in meiner historischen Büchersammlung befindet, lautet die Stelle des einen geschriebenen Chronikons, dessen Verfasser seinen Nahmen gänzlich verschweigt, also: „Anno 1440., als zum „drittenmal von der Küfferzunft zum Ammei„ster erwählet worden, Herr Claus Schan„litt, und Stettmeister gewesen sind, Wal„ther Spiegel, Burckhard von Müllerheim, „Cuno zum Treubel, Hans Balthasar von „Endingen, ist die herrliche und sehr nützliche „Kunst der Buchdruckerey erstlichen offenbar, „und zwar allhier zu Straßburg an Tag ge„bracht worden, durch **Johann Mentelin**, „welcher am Fronhoff zum Thiergarten wohnete,

„nete, der hatte einen Diener mit Nahmen
„Hans Genßfleisch, von Menz bür-
„tig, diesem vertraute er seine neue Inven-
„tion, weil er ihn sehr anschlägig und scharf-
„sinnig befand, verhoffend durch ihn noch
„weiter zu kommen: Er wurde aber von ihm
„schändlich betrogen, dann dieser jetzt gemeld-
„te, Genßfleisch mit Johann Gut-
„temberg Kundschaft machte, so ein an-
„sehnlicher reicher Mann war, und auch et-
„was Wissenschaft um des Mentelins Kunst
„hatte, dem offenbarte er alle Heimlichkeit,
„und weil sie in Hoffnung stunden, mit die-
„ser Kunst groß Geld und Gut zu erwerben,
„und aber allhie in Straßburg vor dem Men-
„telin die Sach nicht wohl würden können ins
„Werk richten, schlugen sie an, sich von dan-
„nen nach Menz zu begeben, als dann auch
„geschehen." Und ein wenig darunter: „Aber
„Gott, der keine Untreu ungestraft läßt hin-
„gehen, strieff endlich den Genßfleisch also,
„daß er seines Gesichts beraubt und blind
„wurde, ꝛc." In dem andern geschriebenen
Chronikon, das in Straßburg sich befinden soll,
wie D. J. Schilter S. 442. der erwähnten
von Königshovenschen Straßb. Chron. sagt,
heißt es davon auch: „Anno 1440. Da-
„mahlen ward die herrliche Kunst, die Buch-
„druckerey zu Straßburg erfunden, durch
„Johann Mentele am Fronhoff zum
„Thier-

„Thiergarten, sein Schwager Peter Schöf-
„fer und Martin Flach verlegten solches, aber
„sein Diener Johann Genßfleisch, als er ihme
„die Kunst hatte genugsam abgestohlen, flohe
„er in sein Heimath gen Maintz, da hat er
„solches durch den Guthenberger, welcher
„reich was, alles besser in Ordnung bracht,
„über dessen Untreu bekümmert sich der Men-
„tele so hart, daß er starbe vor leyd, ward
„zu Ehren der Kunst ins Münster begraben,
„und ein Trucker-Preß auff sein Grabstein
„gehauen, Hernach strieffe GOtt seinen Die-
„ner den Genßfleisch auch, daß er biß an sein
„End ist blind worden, ich habe die erste
„Preß, auch die Buchstaben gesehen, waren
„von Holtz geschnitten, auch gantze Wörter
„und Syllaben hatten löchle, und fasst man
„an ein Schnur nach einander mit einer Na-
„del, zoge sie darnach den Zeilen in die län-
„ge, es ist schad, daß man solches Werk,
„welches das allererste in aller Welt gewesen
„ist, hat lassen verloren werden."

Jeder Kenner der teutschen Geschichte wird
leicht einsehen, daß obiger Bericht über Johann Mentelin falsch, und meistens entweder Irrthum oder gänzliche Erdichtung ist.
Der Verfasser dieses geschriebenen Chronikon
ist Daniel Specklin, ehemaliger Baumeister in Straßburg, wie Schilter in der

oben-

Seite 45. dieses Kap. genannten von Königshovenschen Chronicke von Straßburg auf der 442. Seite meldet. Der Verfasser des andern geschriebenen Chronikons, aus welchem wir S 45. eine sogenannte Beweisstelle angeführt haben, hat seinen Namen ganz verschwiegen — es weis denselben auch niemand anzuzeigen. Auch weis man zu Straßburg nicht zu sagen, zu welcher Zeit der andere scheinbare Gewährsmann, Dan. Specklin, gelebet habe — Weil derselbe aber vorgiebt, er habe Mentelins erste Presse und Druckart gesehen, wäre es scheinbar, daß er auch zu Mäntelin Zeiten am Leben gewesen seyn müsse. Dies ist aber nicht glaublich, weil die deutsche Schreibart seines Chronikons weit neuer und besser Teutsch ist, als andre gleichzeitige Urkunden der dortigen Rheingegenden. Kenner der teutschen Sprachgeschichte wissen, daß man um das J. 1440. daselbst ganz anderes Teutsch schrieb, als dieser Hr Specklin sich bedient hat. Diese beyden geschriebenen Chroniken sind auch nicht auf öffentlichen Befehl niedergeschrieben sondern von zwey Privatpersonen willkührlich abgefaßt worden, welche denn freylich manche Unwahrheit, entweder aus Mangel an dazu nöthiger Beurtheilungskraft, oder absichtlich aus Partheylichkeit u. dgl. mit eingewebt haben. Nach Dan. Specklins Vorgeben, soll Johann Genßfleisch mit Johann
Gut-

Guttenberg Kundschaft gemacht haben — Welcher Irrthum! es ist ja bekannt, und aus authentischen Maynzischen Documenten genug bewiesen, daß Johann Guttenberg und Johann Gensfleisch nur eine und ebendieselbe und nicht zwey ganz besondere Personen gewesen, wie obbemeldtes Chronikon behaupten will. — Johann Gänsefleisch zu Maynz, hatte den Beynamen Guttenberg, welchen er wegen seines in Maynz gelegenen Hofes zum Gudenberg, (lateinisch: *Domus boni montis*), führte, wie solches besonders der oben erwähnte geschickte Alterthumsforscher, Prof. Köler, bewiesen hat:

Die zwey erwähnten geschriebenen Chroniken, die sich im Straßburger Stadt-Archive befinden sollen, sagen unter andern Erdichtungen, daß Gott dem Hanß Gensfleisch, weil er Menteln seine Kunst abgstohlen, mit Blindheit bis an seinen Tod geschlagen hätte! — Welcher Traum! welche Erdichtung! Kein einziger Geschichtschreiber, der bey Kennern nur einigermaaßen Glauben verdient, weis etwas von dieser großen Wundergeschichte, ob man gleich zu Specklins Zeiten noch sehr stark an Wundererscheinungen und listig erdichtete Mährchen glaubte, — und daß Johann Gensfleisch oder Johann von Guttenberg, welches bekanntlich einerley Person gewesen,

Buchdr.   D   in

in Maynz, als ein Stockblinder, unmöglich die Figuren seines Pitschirrings erkennen und davon Anlaß zur Erfindung der Buchdruckerkunst nehmen können — Alle historische Dokumente und Nachrichten von glaubwürdigen Schriftstellern sagen uns von Genßfleischens Blindheit kein Wort — weil sie der Nachwelt weder offenbare Lügen noch erdichtete Mährchen für authentische historische Nachrichten aufschwatzen wollten — welches freylich ein solcher sich widersprechender Fabeldichter, wie der Baumeister Daniel Specklin gewesen seyn muß, zu thun sich nicht gescheuet hat. — Specklins Chronikon sagt ausdrücklich: Johann Mentel habe die Buchdruckerkunst in Straßburg im J. 1440 erfunden, und gleich darauf habe ihm Hanß Genßfleisch seine Kunstgeheimnisse abgestohlen — und darüber habe sich Mentel so hart bekümmert, daß er vor Leid starb — — Ey, der gute Mentel! der hat sich lange gegrämt! über 29 Jahre! denn es ist unwidersprechlich bewiesen, daß J. Mentel in Straßburg erst im J. 1478 gestorben ist — denn Guttenberg hat schon ganz allein zwischen den Jahren 1440 und 1448 in Maynz Versuche gemacht, und bey Betrachtung seines Petschirrings Anlaß genommen, die Buchdruckerkunst zu erfinden. Was brauchte er in diesem Zeitraume von so vielen Jahren mit vielen schweren Kosten und

Zeit-

Zeitverlust noch Versuche zu machen, wenn er Mentelin im J. 1740 schon alle seine Kunstgeheimnisse abgestohlen hatte, und damit heimlich in seine Heimat gen Mentz geflohen war?! wie Specklins Chronikon fabulirt. — Hätte der kunstreiche Guttenberg von Mäntelin zu Straßburg schon so vollkommen einzelne Buchstaben aus Holz schneiden oder von Bley gießen und davon Sylben und Wörter zusammensetzen lernen, so hätte er gewiß in Maynz anfänglich sein ABC=Buch, sein Catholicon, u. s. w. nicht im Ganzen oder in ganzen Formen=Tafeln mühsam ausgeschnitten, so wie schon lange vor Guttenberg die alten teutschen Kartenmacher und Bilderdrucker ihre Formen durch Formenschneider verfertigen ließen, oder auch selbst verfertigten, auf welchen öfters auch ganze Zeilen und Wörter im Ganzen ausgeschnitten vorkommen — wie dies auch heutzutage in manchen Spielkarten=Fabriken noch geschieht, auch bey Abdrücken von Heiligen Gnaden= und Wunderbildern in Römisch=Katholischen Ländern noch angewandt wird. *)

Gut=

*) Hr. Nikolai in Berlin hat noch vor einigen Jahren auf seinen Reisen durch Teutschland ꝛc. in Holz geschnittne Abdrücke von solchen heiligen Gnaden= und Wunderbildern mit aus dem Ganzen in Holz geschnittenen Wörtern und Zeilen gesammelt, und einige

der=

Guttenberg würde nicht nöthig gehabt haben, in Mainz erst viele Versuche und sich dadurch erst so arm zu machen, daß er, zur fernern Verbesserung und Fortsetzung seiner erfundenen Kunst endlich gar genöthigt wurde, bey Fausten Geld zu borgen, und ihm dafür seine Buchdruckerey zu verschreiben, ihm seine Kunstgeheimnisse zu entdecken, und mit ihm hernach deshalb gar gemeinschaftliche Sache zu machen — Der vorsichtige reiche und kluge Johann Faust würde Guttenbergen gewiß nicht 800 Gulden geborgt und sich nicht zu noch größern Geldaufwand entschlossen haben, wenn er Guttenbergs erfundene und ihm von diesem entdeckte Kunst, Bücher zu drucken, nicht für neu und künftig sehr einträglich befunden hätte. — Es läßt sich daher gar nicht denken, daß Johann Guttenberg mit dem Beynahmen Genßfleisch, von Menteln in Straßburg die Buchdruckerkunst mit beweglichen einzeln zusammengesetzten Buchstaben abgelernt habe, da außer dem, was von den zwey erwähnten

---

derselben in sein. Reisebeschr. (Berl. 1783-85.) mit abdrucken lassen. S. auch Hrn. Breitkopf's Versuch über den Ursprung der Spielkarten, die Einführung des Leinen-Papiers und den Anfang der Holzschneidekunst in Europa zu erforschen." 4. 1784. mit Kupfern. Leipzig, bey Ebendemselben.

ten geschriebenen Chroniken, die man in der Straßburgschen Kanzley aufbewahrt finden soll, davon geträumt und gedichtet worden, kein einziger ächter Beweis aufzufinden, daß Johann Mäntel zu Straßburg die Kunst, mit beweglichen Littern Bücher zu drucken, zuerst im J. 1440 erfunden habe. Denn eine höchstunwahrscheinliche Erzählung eines alten Manuscripts, dessen übrige ganze Beschaffenheit, Inhalt, Sprache, Vortrag, Ton u. s. w. von Straßburgschen Historikern bis itzt dem Publikum noch nicht bekannt gemacht worden, ist noch lange kein ächter Beweis des Vorgebens. Der berühmte ehemalige Straßburgsche Lehrer der Geschichte, Schöpflin, hatte zwar versprochen, die Documente, worauf sich die dortigen Sagen von Guttenbergs Aufenthalt in Straßburg vor 1440 gründen, drucken zu lassen. Allein er muß sie, bey genauer Untersuchung, doch nicht für ächt und für wichtig genug gehalten haben, um jenes Specklinsche Mährchen damit zu erweisen — denn es ist bey seinem Leben und bis heute noch nichts davon öffentlich gedruckt erschienen. — Gründliche Geschichtskenner wissen aber schon voraus, daß Straßburgsche gedruckte Dokumente für Menteln, Guttenbergs Ruhm nicht verdunkeln und ihm die Ehre des ersten Erfinders der Buchdruckerkunst nicht werden benehmen und J. Menteln mit Grunde beylegen

kön-

können. — Selbst der gelehrte Schöpflin, der doch in Straßburg lebte, giebt in seinen beliebten historischen Schriften den Johann Mentel nicht für den ersten Erfinder aus, und giebt denen seinen Beyfall, die den Johann Guttenberg in Maynz dafür erklären. — Alles, was geschickte Alterthums- und Geschichtsforscher bis itzt in der Buchdruckerey-Geschichte von Straßburg haben auffinden und beweisen können, läuft einstimmig dahin aus, daß der vermeynte erste Erfinder, Johann Mentel, einer der ersten Buchdrucker in Straßburg gewesen, und 1473 daselbst gedruckt habe. Das erste Buch, das in Straßburg von Mentel gedruckt worden, führt Maittaire an, nämlich: Vincentii Beluacensis Speculum, per Io. Mentel, folio, X. Volumina, 1473. ohne Benennung des Druckortes. Hingegen soll Heinrich Eggestein (oder Eckstein) schon im J. 1471 in Straßburg gedruckt haben, wie ebenfalls der fleißige historische Kritiker Maittaire sagt. *) Marchand führt auch in seiner *Histoire de l'ori-*

---

*) Der berühmte Bücherkenner Maittaire zeigt in seinen Annal. Typogr. T. I. p. 305. an, daß es derselbe in Straßburg gedruckt hat, nämlich: Gratiani Decretum una cum apparatu Barthol. Brixiensis, per vener. virum Henricum Eggestein, Art. Liberal. Magistr. ciuem Argentinae, 1471. S. auch V. Ernst Löscher's Stromateum Sect. VII. p. 149. u.

l'origine et des premières de l'imprimerie p. 35. eine Bibel an, die Mentel gedruckt hat, bey welcher am Ende gedruckt zu lesen: Explicit liber iste Anno Domini millesimo quadragintesimo sexto formatus arte impressoria per venerabilem virum Johannem Mentell in Argentino, welche in Folio gedruckt ist. Kurz, es ist noch gar nicht erwiesen, daß Guttenberg wirklich eine Zeitlang und mit Menteln vor 1440 in Straßburg gelebt hat. Das Denkmal, welches dem Mentelin im Münster zu Straßburg nach seinem Tode errichtet worden, hat die Aufschrift:

Obiit Dominus Io. Mentelius Impressor, Sabato post conceptionem Virginis Mariae, Anno MCCCCLXXIIX. Et factus est el pulsus cum campana magna dominica sequenti.

woraus keinesweges zu erkennen, daß er der erste Erfinder sondern nur ein Buchdrucker in Straßburg gewesen, welches auch niemand geläugnet hat. Selbst ältere Straßburgische Schriftsteller sagen nur, daß Mentel die erste Buchdruckerey in Straßburg nebst Heinrich Eggestein errichtet und in Maynz die Kunst vorher erlernet habe. Einige, welche den J. Menteln die Ehre der ersten Erfindung unserer Buchdruckerkunst zueignen wollen, berufen sich auch auf ein Wapen, welches Kaiser Friedrich der Dritte demselben geschenket habe, in dessen Umschrift er der erste Erfinder

der genennt würde. Allein die Umschrift ist von einem Anhänger der Mentelschen Familie erdichtet, und ist nicht kaiserliche Vorschrift, so wie es auch noch gar nicht erwiesen ist, daß Mentel in den Adelstand erhoben worden. Der gelehrte Mallinkrot drang gegen die, welche dieses behaupten wollten, besonders darauf, daß man das sich darauf beziehende Diplom Kaiser Friedrichs III. drucken lassen solle — aber man schwieg — und auch bis jetzt ist davon noch nichts ans Licht getreten. —

Aus dem bisher Erzählten ist nun zu erkennen, daß Mentel wohl der erste Buchdrucker in Straßburg, keineswegs aber der erste Erfinder dieser Kunst gewesen seyn kann.

Da sich nun auch verschiedene Schriftsteller bestreben, die berühmte Stadt Harlem in Holland zum Geburtsort der Buchdruckerkunst zu machen, und die Erfindung derselben einem ehemaligen dasigen Küster, (Kirchner, Kirchendiener, Meßmer, Glöckner) Namens Lorenz Koster, zuschreiben. Eigentlich soll er den Beynamen Koster oder Küster deswegen geführt haben, weil seine Familie lange Zeit das Amt eines Küsters oder Kirchendieners verwaltet hätte. Damit es nun nicht das Ansehen haben möge, als wenn wir jenen Behauptungen insgeheim unsern

Bey-

Beyfall gäben, oder davon gar nichts wüßten, so können wir diese Sache nicht gänzlich mit Stillschweigen übergehen. Diejenigen, welche den Lorenz Koster aus Harlem für den wahren Erfinder der Buchdruckerkunst ausgeben, gründen sich gemeiniglich und hauptsächlich auf eine Stelle eines alten Cöllnischen Chronikons, und auf den bekannten Geschichtschreiber, Hadrian Junius, der davon ausführlich redet. Beyde Hauptbeweisstellen der Vertheidiger Lorenz Kosters müssen wir hier, zur geschwindern Beurtheilung dieses Vorgebens, aus den Urschriften anführen.

Das erwähnte alte Cöllnische Chronikon redet hievon mit folgenden Worten:

„Weil die Kunst is vonden tzo Mentz, als
„vurss vp de Wyse, als dan nu gemeynnig=
„lich gebraucht wird, so is doch die eyrste
„Vurbyldung vonden in Holland ayss
„den Donat."

Allein aus diesen Worten ist weiter nichts zu erkennen, als daß der Erfindung der Buchdruckerkunst zu Maynz, die Donate, welche man vorher in Holland in Holztafeln ausgeschnitten und gedruckt hätte, voran gegangen wären. — Es behaupten nämlich einige Geschichtschreiber, Lorenz Koster habe vorher,

ehe

ehe Guttenberg in Maynz die Buchdruckerkunst erfunden, in Harlem schon Donate und das *Speculum Salutis humanae* in Holz geschnitten und gedruckt, von denen man einige in Bibliotheken in Holland und vielleicht auch an einem andern Ort aufbewahrt. Hierbey ist aber auch noch zu bedenken, daß unpartheyische Geschichtsforscher, welche Exemplare davon in Holland gesehen haben, sagen, daß der Name des Lorenz Kosters nicht mit auf oder in dem Buche gedruckt erschiene, sondern allemal hinein geschrieben vorkäme. — Bekannt ist's, daß es in Teutschland schon vor Kostern oder vor 1440 Formen- und Bilderschnitzer, Spielkarten- und Bilderdrucker gegeben, worüber Liebhaber, die vor einigen Jahren herausgekommene Abhandlung des Hrn Breitkopfs *) nachlesen können. Wenn es

---

*) Man sehe Dessen: „Ueber die Geschichte „der Erfindung der Buchdruckerkunst. Bey „Gelegenheit einiger neuern darüber geäußer-„ten besondern Meynungen u. s. w." Leipzig, 1779. in 4. 6 Bogen. Man hatte eben kurz vorher in Italien und in den Niederlanden versucht, den Teutschen die Ehre der Erfindung der Buchdruckerkunst streitig zu machen. — Herr Breitkopf zeigt an, daß in drey verschiedenen Orten drey Abhandlungen über diesen Gegenstand erschienen wären, in welchen drey verschie-

es aber auch je erwiesen werden sollte, daß Lorenz Koster in Harlem die oben genannten zwen Bücher in Holztafeln ausgeschnitten und gedruckt habe; so läßt sich daraus nicht einmal folgern, daß er der Erste Formenschneider, geschweige der erste Buchdrucker gewesen — da man schon vor L. Kostern in Teutschland Spielkarten, Bilder mit ganzen Wörtern und Zeilen und andern Figuren in hölzerne Tafeln ausgeschnitten und abgedruckt hat. Unstreitig ist's auch, daß die Chineser, lange vor Erfindung der Buchdruckerkunst in Maynz, auf

verschiedene Meynungen wider den ersten wahren Erfinder der Buchdruckerkunst enthalten sind. Erstlich in „Idella prima pro„mulgazione de libri in Firenze, lezione isto„rica di *Domenico Manni etc.*" Zwentens in einem Schreiben des D. Ludov. Coltellini zu Cortone, welches derselbe unterm 15. Juny 1761, in das Florentinische gelehrte Journal hat einrücken lassen. Drittens: In des Herrn *Vernazza* „Lezio„ne Sopra la Stampa," das in Cagliari in der Königl. Buchdruckerey 1778. herausgekommen. Und endlich auch in einer Abhandlung des Herrn de Roches, beständigen Sekretairs der k. k. Societät der Wissenschaften, welche er über diesen Gegenstand vor einigen Jahren in der Versammlung derselben vorgelesen hat. Herr Breitkopf hat aber jene Meynungen der angeführten Verfasser sämmtlich gründlich widerlegt.

auf eben die Art, wie Koster in Harlem, und unsre heutigen Formenschneider noch thun, Formen verfertigen und abdrucken, wie S. 3 f. dieses Kapitels beschrieben worden. Ein anderes ist aber Lorenz Küsters Kunst, in hölzerne Tafeln ganze Zeilen und Seiten auszuschneiden und abzudrucken, — und ein anderes ist die Kunst, aus Holz mehrere Buchstaben einzeln auszuschneiden, oder die Kunst, Buchstaben einzeln von Bley oder einer andern metallischen Zusammensetzung zu gießen — und mit denselben Sylben, Wörter und ganze Seiten einzeln zusammen zu setzen, welche man, nachdem solche abgedruckt worden, einzeln wieder aus einanderlegen und daraus andere oder neue Wörter und Zeilen zusammen setzen kann. — Der Unterschied zwischen der letztern Kunst und Laurenz Kosters ist zu groß, als daß ich hier nöthig hätte, dieses Kennern unsrer zu Mayntz erfundenen heutigen Buchdruckerkunst weitläuftig zu beweisen.

Das zwente vorzüglichste historische Zeugniß, auf welches sich die Vertheidiger Lorenz Kosters berufen, ist in *Hadriani Junii* Histor. Batav. S. 254 ff. enthalten, welches diesem andre Schriftsteller, die Kostern für den Erfinder der Buchdruckerkunst erklären, fleißig nachgebetet haben. Denn dies thun Petrus Pertius, M. Z. Boxhorn, A. Miräus, M. Quadus,

Quadus, Th. Schrevelius und andre bekannte holländische Geschichtschreiber, denen es entweder an Gelegenheit gefehlt hat, sich den großen Unterschied zwischen Kosters Bücherdruck und den in Maynz erfundenen begreiflich machen zu lassen, oder die aus Partheylichkeit es nicht erkennen und untersuchen wollten. Es ist auch für jeden, der kein Buchdrucker ist, schwerer, gewiß zu bestimmen, ob mancher Schriftabdruck von einer aus dem Ganzen geschnittnen hölzernen Forme gemacht worden, oder ob solcher von einer mit einzelnen von Holz geschnittenen, oder von Metall gegossenen Buchstaben zusammen gesetzten Forme abgedruckt worden. — Die oberwähnte Stelle lautet so:

„Vor hundert und acht und zwanzig Jahr," schreibt Junius, „hat Lorenz Johann „Küster, oder Coster, zu Harlem in „einem ansehnlichen Hause auf dem Markt „gewohnet, wie solches die bis diese Stunde „daselbst befindliche Druckerey bezeuget. Er „wurde deswegen Küster genannt, weil „seine Familie dieses Amt gleichsam erblich be„sessen und verwaltet hatte. Dieser Mann „verdiente billig einen Lorbeerkranz wegen der „erfundenen Buchdruckerey, ob sich gleich „andere die Ehre unbillig angemaßet haben. „Als er einsmals in dem bey der Stadt ge„legenen

„legenen Lustgarten spaziren gieng; so schnit-
„te er auf büchene Rinden einige Buchstaben,
„druckte solche hernach umgekehrt auf Papier,
„und verfertigte also seinen Enkeln zum Be-
„sten einige Verse. Es gieng ihm dieses glück-
„lich von statten, daher dachte er der Sache
„weiter nach. Vor allen Dingen sahe er sich
„genöthiget, eine dickere und zähere Dinte
„ausfindig zu machen, weil die ordentliche
„Schreibdinte zu flüßig war und viele Ma-
„ckel verursacht. Er hat auch solche mit sei-
„nem Eydam, Thomas Peter, erfun-
„den. Hierauf schnitte er ganze Columnen
„auf hölzerne Tafeln, und druckte selbige
„auf Papier ab, jedoch nur auf einer Seite
„des Blattes, die andere blieb ledig, welche
„er alsdann zusammenpappete. Ich habe,
„fährt er fort, ein dergleichen von ihm gedruck-
„tes Buch gesehen; welches von einem unge-
„nannten Verfasser in holländischer Sprache
„verfertigt war, und folgenden Titel hatte:
„Speculum nostrae Salutis. Diese hölzerne
„Figuren und Littern verwandelte er hernach
„in bleyerne oder zinnerne, wie dieses
„seine Statue beweiset, so noch in dem Kü-
„sterischen Haus zu sehen. Diese neue Kunst
„fand viele Liebhaber, dahero auch seine
„Waare viele Käufer. Derowegen muste
„er sich einige Leute annehmen, welche ihm
„an die Hand giengen. Unter diesen war
„auch

„auch einer mit Nahmen Johannes,
„und zwar, wie man muthmaßet, Johan-
„nes Faust. Es liegt mir aber nicht viel
„viel dran, ob es dieser oder jener gewe-
„sen. Ein jeder, der mit an dieser Kunst
„arbeiten half, muste schwören, daß er die-
„selbe nicht ausplaudern wollte. Nachdem
„nun dieser Johann ebenfalls den Eyd
„der Treue und Verschwiegenheit geleistet,
„und alles, was er zur Druckerey nöthig hat-
„te, gelernt hatte; so sahe er sich eine gelege-
„ne Zeit aus, packte alle Littern und die
„zur Druckerey gehörigen Instrumente ein,
„und gieng in der Christnacht, mit noch ei-
„nem andern Dieb, auf und davon. Erst-
„lich gieng er nach Amsterdam, von da auf
„Cölln und endlich nach Maynz, allwo die
„Früchte von seinen Diebstahl sicher einge-
„erndtet hat. Wie es denn eine ausge-
„machte Sache ist, daß daselbst in ei-
„nem Jahr darauf, nehmlich 1442. des Ale-
„xandri Galli Doctrinale, oder Grammatica
„mit Petri Hispani Tractatibus mit eben der-
„gleichen littern, als sich Küster vorhero
„bedienet, zum Vorschein gekommen ist.
„Und dieses ist es ohngefehr, was ich von
„einigen glaubwürdigen Männern
„gehört habe, welche diese Erzehlung im-
„mer einer auf den andern fortgepflanzet ha-
„ben. Ja, ich erinnere mich auch, wie mir

„mein

„mein Lehrmeister, Nicolaus Galius,
„ein mit gutem Gedächtniß begabter Mann,
„erzehlet hat, daß er in seiner Jugend diese
„Sache eben also von einem alten Buch-
„binder, mit Namen Cornelius, ge-
„hört habe, welcher es niemals ohne Thrä-
„nen erzehlen können, weil er sich über den
„begangenen Diebstahl so sehr geärgert, und
„die Nächte allemal verfluchet habe, die er
„ehedessen etliche Monate lang mit dem
„angegebenen Dieb in einem Bette zuge-
„bracht hatte. Und diese Nachricht kommt
„mit derjenigen beynahe überein, welche mir
„der Bürgermeister Quirinus Talesius
„erzehlet, welcher solche ebenfalls von diesem
„alten Buchbinder gehört hat."

Ein Jeder, der nur wenige Kenntnisse
von der wahren Geschichte der Erfindung der
Buchdruckerkunst besitzt, wird es dieser angeführten Erzählung des Hadrian Junius
gleichsam gleich vom weiten ansehen, daß sie
verdreht, verwechselt und absichtlich mit Erdichtung verflochten und ganz partheyisch abgefaßt ist — worüber man sich aber eben nicht
sehr verwundern wird, wenn man bedacht hat,
daß dieser Junius in Harlem gebohren
war. — Um seiner Vaterstadt und seinem
lieben Landsmann, Lorenz Kostern, die
Ehre der Erfindung unsrer heutigen Buch-
„drucker-

druckerkunst gern zueignen wollte. — Allein hierinn ist seine Partheylichkeit für hieher gehörige Geschichtskenner gar zu sichtbar, als daß selbige seinen Nachrichten, die sich doch auf bloßes Hörensagen gründen, wie Hadrian Junius selbst deutlich gesteht, glauben könnten. —

Wir wollen indessen doch einige dreiste Behauptungen aus diesem Berichte des patriotischen Junius kürzlich beleuchten.

Es heißt unter andern: Koster habe beym Spazierengehen in dem Walde bey Harlem auf büchenen Rinden einige Buchstaben ausgeschnitten. Da nun Kenner der phisikalischen Beschaffenheit von Holland sagen, daß der Boden um die sonst sehr durch Kunst verschönerte berühmte Stadt Harlem herum sehr moorig und feucht sey; und wem ist nicht das große Harlemer Meer bekannt, das in neuern Zeiten, zum Verdruß der dasigen Bewohner, so groß geworden, daß es alle Hydraulifer für unmöglich halten, dasselbe ganz abzuleiten und auszutrocknen. Da nun die Buche nur in Gebirgsgegenden, und gern auf Anhöhen und trocknern Boden wächst, und in leimigten nassen Boden gewiß nie wild gewachsen angetroffen wird, so ist auch schon aus diesem Grunde des Junius

Buchdr.   E   Erzäh-

Erzählung sehr unwahrscheinlich. Man trifft zwar, wie Kenner sagen, in Holland da und dort einige kleine Wälder und Büsche an, allein diese haben ihre Entstehung meist blos der Industrie und der Kunst der Einwohner zu danken, wie auch aus der symmetrischen und geraden Stellung der Bäume solcher Wälder erkennen sey.

Ferner wird in obiger Nachricht ein gewisser Johannes den weder Junius selbst noch irgend ein andrer Mensch in der Welt kennt, und von welchem sich unser holländischer Gewährsmann nur zu vermuthen getraut, daß er Faust (warum nicht gar Flausenmacher) geheissen! beschuldigt: „er habe in der Christnacht (in welchem Jahre „denn?) seinem lieben Prinzipal, dem Lorenz „Koster in Harlem, alle Littern und zur „Druckerey gehörige Instrumente zusammen„gepackt, und, nebst noch einem andern „Diebe, genommen, und damit auf und davon „gegangen." — Ey, ey, Herr Junius, wenn Sie im Ernste haben wollen, daß Ihnen ihre Holländische und übrige ganze Welt eine solche derbe Lüge glauben soll, so müssen Sie erst beweisen, daß eines Buchdruckers sämmtliche littern und Druckerinstrumente in ein paar Schnupftücher oder Rocktaschen gepackt werden können, sonst wäre es ja allen Menschen

unbe-

unbegreiflich, daß selbige ihr unbekannter Hanß und der andre Dieb so leicht in der Christnacht hätten zusammenpacken und damit fortlaufen können! Wie tief muß nicht alles in Hrn. Kosters Haus in der Christnacht geschlafen haben! wo doch sonst in den meisten Häusern die Leute, der Christmetten wegen (denn damals war Holland auch noch katholisch), wach blieben. — Herr Junius, warum ist nun der Dieb, Hanß und Consort, erst so herumflankirt mit seiner großen schweren Beute? warum erst nach Amsterdam, nach Cölln zurück am Rhein (nicht auch) gen Jerusalem? gen Boston?) und endlich erst herüber nach Maynz? Herr Junius, wenn einst jemand eine Kritik über die holländischen Dichter herausgeben würde, so wird er allem Vermuthen nach von Ihnen sagen:

„Die historischen Dichtungen des berühmten Hadrian Junius sind nichts weniger als natürlich ꝛc."

und der kluge Erasmus von Rotterdam würde sagen, wenn er ihre Erzählung von Kostern lesen sollte: Ey, ey, Herr Landsmann! wie können Sie nun ihren Nachkommen solche Nasen aufziehen! schämen Sie sich doch, und sagen lieber gar nichts davon, vom Hörensagen wird man auf's Maul geschlagen — und das alte Cöllnische Chronikon würde gar sagen:

„vnndt dat is NB. offenbarlich gelo-
„gen." *)

Wir wollen um nicht noch weitläuftiger zu reden, wider die parthenische und verfälschte Erzählung des Gabr. Junius, weiter keine Gegenbeweise anführen, denn ein jeder, der seinen Bericht von dieser Sache aufmerksam durchlieset, und von der Geschichte der Erfindung unsrer heutigen Buchdruckerkunst einen richtigen Begriff hat, wird sogleich einsehen, daß diese ganze Erzählung blauer Dunst ist, und dem ersten wahren Erfinder nichts von der ihm gebührenden Ehre und Ruhm benehmen kann. Holland ist also keinesweges das Geburtsland der Buchdruckerkunst, von der wir hier reden, und heut zu Tage wird sich vermuthlich auch kein unpartheyischer und wahrheitsliebender holländischer Geschichtschreiber erlauben, dem Johann Guttenberg einem gebohrnen Maynzer, abstreiten zu wollen, daß derselbe in seiner Vaterstadt Maynz diese preißwürdige damals noch nicht erhörte Kunst, wie Johann Schöffer sagt (Siehe Seite 24 dies. Kap.) zuerst erfunden und mit Hülfe Johann Fausts und Peter Schöffers (oder Schäfer) von Gernsheim gebessert und beständig gemacht habe.

Ob

*) Siehe Seite 11. dieses Kap.

Ob nun gleich Holland in Ansehung der ersten Erfindung unsrer Buchdruckerkunst sich keine Verdienste erworben, und Teutschland vor, bey und gleich nach Kosters leben Formenschneider gehabt, so muß doch jeder unpartheyische Hochteutsche gestehen, daß sich die Holländer in den neuern Zeiten durch schönen und correcten Druck auf schönes und gutes Papier mit scharfen und guten Littern bey den Gelehrten, und Kennern der Buchdruckerkunst sehr hervorgethan haben, und es ist zu wünschen, daß jeder Buchdrucker die Accuratesse ihrer alten Elzevire nachahmen möchte. —

Wir wollen nun die Betrachtungen über die Geschichte der Erfindung der Buchdruckerkunst schliessen, die um deswillen nicht gut kürzer gefaßt werden konnte, weil es auch leicht kommen kann, daß einst auch dieser oder jener Gelehrte oder andre Liebhaber, welcher noch gar nichts von dieser merkwürdigen Geschichte weis, dieses von Buchdruckerey handelnde Buch in die Hand nimmt, um daraus sich von dieser Sache Nachricht holen und sich davon einen etwas vollständigern Begriff machen zu können.

Wir wollen nun noch von der Ausbreitung der Buchdruckerkunst von Mainz aus, reden.

Zwar

Zwar übten die ersten Buchdrucker, Guttenberg, Faust und Peter Schöffer zu Maynz ihre Kunst anfänglich ganz heimlich aus, und wohnten deshalb in Einem Hause beysammen, und ließen sich von ihren Gesellen und Mitarbeitern einen Eyd schwören, von ihrer Kunst niemanden etwas auszuplaudern, so ist selbige doch einige Zeit nachher weiter in der Welt ausgebreitet worden.

Der Krieg war hauptsächlich Ursache, daß die Buchdruckerkunst sich von Maynz aus weiter ausbreitete. Denn Bischoff Adolph kam den 27ten Oktober 1462 des Nachts in die Stadt. Zwey niederträchtige, verrätherische Bürger waren Ursache, welche ihn durch einen sichern Ort mit 100 Mann seiner Soldaten in die Stadt verhalfen, die hernach ein Thor öffneten, und immer mehrere von ihren Kammeraden hineinließen, und dann die Stadt an etlichen Orten anzündeten! Die Bürger wehrten sich zwar sehr tapfer, mußten aber endlich der großen Uebermacht weichen, um Frieden bitten, die Waffen niederlegen, und dann insgesammt aus der Stadt ziehen, nachdem von ihren Mitbürgern 4 bis 500 Mann beym Ueberfall und unter dem Gefecht ihr Leben eingebüßt hatten! Während der Abwesenheit derselben ließ dieser bischöfliche Unmensch die Stadt plündern, die Soldaten
durften

durften stehlen und allen Muthwillen treiben, der ihnen gutdünkte. Nachdem nun dieser saubere geistliche Krieger die Stadt wieder mit seinen Soldaten wohl besetzt hatte, ließ er die Bürger wieder in die Stadt zurück kommen, welche er vorher, damit seine Soldaten mit mehrerer Muße rauben, sengen und brennen konnten, wohlbedächtig entfernt hatte. Die braven Bürger entsetzten sich nicht wenig, als sie bey ihrer Rückkunft ihre Häuser leer, die Ihrigen geschändet, die Stadt ihrer Freyheiten beraubt, vom Reiche abgerissen und dem Erzstifte unterworfen fanden! Dies schmerzte und verdroß sie so sehr, daß die meisten sich von Maynz wieder weg begaben, und sich in andern Ländern häuslich niederließen, von denen sie glaubten, daß mehr für's allgemeine Beste und Vermehrung der allgemeinen Glückseligkeit gesorgt würde. — Durch diese abscheuliche Geschichte wurden dann auch die Buchdrucker, die bey Johann Faust und Peter Schöffern gearbeitet hatten, da- und dorthin zerstreut, und wurden überall, wo sie hinkamen, mit Freuden aufgenommen und willig, zur Errichtung neuer Buchdruckereyen, von großen Herrschaften und reichen Privatpersonen unterstützt.

Wir wollen ein Land nach dem andern und in jedem Lande, den Ort, wo die Buchdruckerdruckerkunst zuerst hingekommen, anzeigen. Bey manchem Lande, wo von mehrern Städten angezeigt wird, zu welcher Zeit sich daselbst der erste Buchdrucker niedergelassen, selbige nach alphabetischer Ordnug nennen, und das Jahr hinzusetzen, in welchem daselbst zuerst gedruckt worden, so wie auch den Titel des daselbst zuerst gedruckten Buches und den Namen des Buchdruckers, der zuerst in dieser oder jener Stadt gedruckt hat, nennen, wenn solcher aufgefunden worden. Zuerst wollen wir sehen, wie sich die Buchdruckerkunst ausgebreitet hat in

Teutschland.

Augspurg. Im Jahr 1464. druckte Johann Bemler oder Beumeler daselbst eine teutsche Bibel in Folio, die sehr rar geworden. — Bamberg. Hier wurde schon 1461. gedruckt. Ein Buch, das in diesem Jahr daselbst gedruckt ist, und mancherley Fabeln und Gleichnisse enthält, soll sich in der Wolffenbüttelschen Bibliothek befinden. — Berlin. 1484. Ottonis von Passau biblische und andere Historien in platteutscher Sprache soll das zuerst daselbst gedruckte Buch seyn, wobey sich jedoch der Buchdrucker nicht genannt. — Blaubayern im Schwäbischen Kreise. 1475. — Cöln. 1469. Hier wurde 1473. auch Werneri Rolewincii
Fasci-

Fasciculum temporum gedruckt, in welchem Buche die ganze Geschichte von einem Frauenzimmer, von welcher den Laien weis gemacht worden, daß es eine Mannsperson sey, und welche zum Papst gemacht wurde, damit einige Cardinäle mancherley schändliche und niedrige Absichten erreichen konnten — Dieses verheimlichte Frauenzimmer ist daher in der Geschichte unter dem Namen der Päbstinn Johanna bekannt. — Costniz. 1498. Hier wurde eine lateinische Bibel und das güldene Buch von zwey Verliebten in 4. aus dem Bocatio in diesem Jahre lateinisch gedruckt. — Eslingen. 1474. Conrad Finer druckte zu der Zeit daselbst. — Frankfurt am Main. 1459. Johann Petersheim, der bey Faust und Schoiffern Geselle gewesen, ließ sich in diesem Jahre hier nieder. — Frankfurt an der Oder. 1567. — Freyberg. Conrad Kachelofen zog 1495. von Leipzig hieher, und druckte für dem Bischof von Meissen ein Missale. Er begab sich aber hernach wieder nach Leipzig, von wannen er sich, der einreissenden Pest wegen, weg begeben hatte. Dann kam 1556 wieder Wolff Meyerbeck als Buchdrucker dahin. 1570. erging ein Befehl in Sachsen, daß keine Druckerey an solchen Orten, wo keine hohen Schulen wären, geduldet werden sollten; daher wurde der Buchdrucker daselbst

E 5   auch

auch in Anspruch genommen, und wollte man ihm seine Nahrung stören und nehmen, welches wirklich sehr unbillig und wider alle gute Politik war. Allein der Stadtmagistrat, der zur Errichtung einer Buchdruckerey in **Freyberg** allen ihm möglichen Vorschub gethan, nahm sich seiner eifrig an, und brachte es vermittelst des berühmten gelehrten D. Hieronymus Weller bey Sr. Durchlaucht, dem Churfürsten von Sachsen, bald dahin, daß man ihn seine Kunst gehörigermaaßen sich, dem gemeinen Wesen und der Stadt zum Nutzen, ohne die geringste Hinderung forttreiben laßen mußte. Der dasige Magistrat schenkte auch 1540. einem Michael Schafhirten die Baustelle vor dem Donatsthore an der Mulda, zur Errichtung einer Papiermühle, und nahm solchergestalt sich des Aufkommens der Buchdruckerkunst und des Buchhandels sehr rühmlich an. — **Freyburg.** 1493. — **Hagenau.** 1493. — **Halle** von 1520. weis man hier gedruckte Bücher, ausserdem wenig gewisses von den hiesigen ersten Buchdruckern. — **Hamburg.** 1491. Johann und Thomas Borchard druckten zuerst hier. — **Hanau.** 1475. **Heidelberg.** 1485. 1494. Heinrich Knobhölzer. 1514. druckte hier Hanß von Laudenbach. Dieser hatte vorher schon in Rom gedruckt, und ließ sich hernach hier nieder. Vor der letzten

letzten Zerstörung dieser Stadt fand man im Augustinerkloster von ihm folgende Grabschrift:

„Hanß von Laubenbach ist mein Nahm
„Die ersten Bücher druckt ich zu Rom,
„Bitt für mein Seel, Gott geb dir Lohn,
„Starb 1514. uff Sanct Steffan."

Ingolstadt. 1492. — Königsberg in Preussen. 1481. — Laugingen im Pfalzneuburgschen. 1473. — Leipzig. 1480. Conrad Kachelofen — Lübeck die Hanseestadt im Holsteinschen 1475. 1484. Stephan Andres. — Löwen. 1473. — Lüneburg. 1493. Johannes Luce. — Magdeburg. 1491. — Memmingen. 1483. Merseburg. 1473. — Münster. 1486. — Nürnberg. 1471. Johann Sensenschmidt. Offenbach.* 1496. Hier wurden in diesem Jahre 59 lateinische Fastenreden des Roberti de Licio gedruckt. — Oppenheim im Churpfälzischen. Das lateinische Buch von der Seligkeit Aristotelis ist 1498. hier gedruckt. — Pforzheim. 1503. — Regensburg in Bayern. 1490. Jakob von Gouda. — Reutlingen. 1469. Johann von Auerbach — Rostock im Mecklenburgschen. 1476. Ludovicus
Dieß

Dieß ist hier der erste Buchdrucker gewesen. Er hat auch hernach 1533 zu Lübeck gedruckt. — Speyer. 1465. Conrad Hist. — Straßburg. 1470. Johann Mentel. — Tübingen. 1488. Fredericus Meynberger. — Ulm. Johann Zainer oder Zeiner 1473. Hier hat schon ein Formenschneider, Namens Ludewig, vor Erfindung der Buchdruckerkunst ein Buch in ganzen Tafeln in Holz geschnitten unter dem Titel: Die Kunst zu sterben ins Teutsche übersetzt. Leonhard Holl hat hier Ptolemaei Geographia zuerst lateinisch mit illuminirten Tabulis oder Landkarten gedruckt, die aber in Holz geschnitten waren und noch schlecht aussahen. Die Wörter in den in Holz geschnittenen Landkarten setzte man aus Schrift zusammen, und steckte solche in die in der Holzforme hiezu gemachten Löcher. — Wien 1481. Nicolai de Clemangis Buch wurde in diesem Jahre hier gedruckt. — Wittenberg. 1505. —

Italien.

Aquila. die Hauptstadt in Aprutio inferiori. Hier druckte zuerst 1482 Adam von Rottwill. — Bononia. 1472. Hugo Rugerius, und Bertochus Rugiensis. — Consenza, die Hauptstadt in Calabrien. 1478. Octavianus Salomonius von Manfredonia. — Cremona. 1494. Casp. a Dar-

Darſeriis. — Ferrara. 1471. Andreas Gallus, Laurentius de Rubeis von Valenz gebürtig, brachte die Druckerey hieher. — Florenz. 1468. — Genua. 1474. Matthias Morawus, von Ollmütz in Mähren, und Michael von München. — Maynland. 1470. Anton Zaroth und Chriſtoph Baldarfer oder Valdarfer. — Mantua. 1472. Gregorius und Paulus, zwey Teutſche. — Modena die Reſidenz. 1477. Balthaſer de Struciis. — Mirandola; 1486. — Pavia. 1491. Chriſtoph von Hund (de canibus). — Parma in Savoyen. 1473. Stephan Coralus. — Peruſia. 1481. Stephan Arns. — Pignerol in Piemont. 1475. Jacob de Rubeis. — Plazenz. 1475. Johann Peter von Feratis, ein Cremoneſer. — Reggio. 1482. Barth. Battanus, ſonſt Bruſchius. — Rivini in Romagna. 1485. iſt hier des Rabbi Joſeph Albo Buch von den Gründen der jüdiſchen Religion wider die Chriſten gedruckt worden. Er nennt es auf dem Titel: den gepflanzten Baum. — Rom, hieher kam die Buchdruckerkunſt ſchon vor dem Jahre 1467. durch zwey Teutſche Arnold Pannarz und Conrad Schweinheim. Treviſo. 1467. — Turin in Piemont. 1474. — Venedig. 1469. Johann de Spira. — Bergamo.

gamo. 1498. — Brescia. 1472. Ant. Moretus. Hier ist auch gedruckt: Biblia Hebraica per Gersonem Ben Mose Soncinatem 1490. in fl. 8. welcher hebräischen Bibelausgabe sich der seel. D. Luther ehemals bey seiner teutschen Bibelübersetzung bedient. Das Exemplar, welches er dazu gebrauchte, wird in der Berlinschen Bibliothek sorgfältig in einer Kapsel aufbewahrt. — Padua. 1472. — Verona. 1468. In diesem Jahre wurde hier Plinii Historia nat. Libri XXXVII. gedruckt, ohne Namen des Buchdruckers. — Vincens in der Venetianischen Lombardey. 1475. Johann Rennens und Hermann Lichtenstein von Cöln. — Neapolis. 1471. Sixt. Rusinger. Sicilien. 1477. Andreas von Worms.

Schweiz.

Basel. 1475. Bernhard Richel. — Sonst befinden sich in Bern, Schaafhausen, Zürch, Lucern und andern Canton- und ansehnlichen Städten des Schweizergebiets längst auch Buchdruckereyen.

Frankreich.

Abbeville. 1486. Jean du Pré und Pierre Gerard. — Avignon. 1497. — Bourges in Orleans. 1490. — Caen, die Universität in der Normandie, nahm 1480.
die

die zwey Buchdrucker M. Jac. Durondas und Egidius Quijove auf. — Dijon. 1491. — Lyon. Jodocus Badius, welcher hernach zu Paris druckte, und 1535. daselbst starb. — Nantes an der Loir in Bretagne. 1488. Etienne Larcher. — Pampelone. 1496. Guil. de Brocario. — Paris. 1478. Ulrich Geringer, ein Teutscher. — Pignerol in Dauphine. 1474. Jac. de Rubeis, ein gebohrner Franzose. — Poictiers in Jsle de France. 1579. — Rouen in der Normandie. 1488. Johann von Bourgois. — Tolosa. in Languedoc. 1484. — Vienne in Dauphine. 1484. Peter Schenk. —

Engeland.

Oxfort. 1460. Friedrich Corsellis, der bey Guttenberg zu Mainz Geselle gewesen seyn soll, hat hier die erste Buchdruckerey angelegt. König Heinrich VI. von Engeland schickte ihn auf Ansuchen des Thom. Bourchier, Erzbischofs von Canterbury, nach Teutschland. Es wurde ihm auch Herr Will. Caxton, ein englischer Kaufmann, beygesellt, welcher auch 1481. zu London eine eigene Buchdruckerey angelegt und daselbst The. last siege conquest of Jerusalem in Westmünster gedruckt hat. Die Buchdruckerkunst

kunst hat sich in der folgenden Zeit in England sehr ausgebreitet, so daß man in London jetzt eine große Menge Buchdruckereyen und mehr als zu Paris antrifft. Es befinden sich auch daselbst einige Druckereyen, wo auch Teutsch gedruckt wird.

Irland.

Dublin. Hier befinden sich ebenfalls einige Druckereyen, in welchen meistentheils Bücher, die in London heraus kommen, nachgedruckt und wohlfeil verkauft, aber auch herzlich schlecht gedruckt werden; man gebraucht in Dublin bey solchem Nachdrucke nicht einmal Correctoren, um Kosten zu ersparen, und druckt die Bogen so ab, wie sie aus der Hand des Schriftsetzers kommen — welches oftmals verursacht, daß die abscheulichsten Druckfehler häufig stehn bleiben.

Schottland.

Edinburg. Hier befinden sich bereits auch verschiedene starke Druckereyen, in welchen ebenfalls, so wie in Dublin in Irland, viel in London gedruckte Bücher nachgedruckt werden. Es wird damit ein großer Handel nach England getrieben. Manche Verleger in England, besonders in London, lassen auch hier viele ihrer Verlagsbücher drucken, weil sie da wohlfeiler wegkommen, denn die Lebensmittel

mittel und der Arbeitslohn, und einige andre zum Bücherdruck nöthige Materialien sind zu Edinburg viel wohlfeiler als in London, und manchen andern großen Städten Englands, wohin sie die Bücher zu Wasser von Schottland aus leicht ohne große Kosten schaffen lassen können. — Zu Glasgow wurde ebenfalls eine sehr wichtige Druckerey angelegt und daselbst sehr viel und sehr schön nachgedruckt, und ein sehr ausgedehnter Handel mit Büchern getrieben, welches den Edinburgern vielen Schaden that. — Aber die zwey Errichter dieser ansehnlichen Druckerey, fielen hernach auf einmal auf die Gedanken eine große prächtige und schätzbare Gemäldesammlung und Galerie anzulegen, worauf sie sehr viel Geld wandten, und nahmen sich der Druckerey und des Buchhandels dann nicht mehr so an, nachdem sie durch ihre ausgebreiteten Geschäfte ziemlich viel gewonnen hatten. — Ihr Unternehmen sank hernach zusehends zum Nutzen der Edinburger zurücke. —

Die Niederlande.

Aelst. 1474. Theodor Martini, ein gelehrter Buchdrucker und vertrauter Freund des bekannten Erasmus von Rotterdam. — Antwerpen. 1480. — Audenarde im spanischen Flandern. 1480. Johann Cäsar. — Brügge im spanischen Flan-

Buchdr. F

Flandern. 1475. Colaerd Manision. — Brüssel. 1476. — Delft in Süd-holland. 1477. — Deventer. 1481. Rich. Paffroed. — Gent im spanischen Flandern. 1485. — Goude in Süd-holland. 1478. — Leiden. 1490? 1497. — Utrecht. 1473. Löwen in Brabant. 1474. Johann aus Paderborn in Westphalen.

Schweden.

Stockholm 1483. Johann Snell druckte damals in dieser Hauptstadt: Dialogus Creaturarum moralizatus, von welchem Buche in Arnae Magnaei Büchersammlung zu Copenhagen noch ein Exemplar gefunden worden — Wedstena, Süderköping, Upsala und Strengräs hatten schon im Jahre 1480. Buchdruckereyen. Die ersten Sachen, welche man in denselben druckte, waren Missalen, sogenannte Breviarien, Ablaßbriefe, Psalter Dav ds in lateinischer Sprache, Gersons Betrachtungen und dergleichen. Dies war damals die Gelehrsamkeit daselbst, und gereichte der neu angelegten Upsalischen Universität zur grossen Unterstützung.

Dänemark.

Arhuß 1647. Copenhagen. 1493. Gottfried von Ghemen war hier der erste Buchdrucker.

drucker. — Helsingör. 1534. — Ripa. 1504. — Wiburg. 1528. — Sorbe. 1627. —

Norwegen.

Christianstadt. 1656. Michael Thomäus oder Thomasonius.

Rußland.

Moskau. In diesem Kaiserthume hat zuerst der Czaar Iwan Basilewitsch (Johann Basilius) eine Buchdruckerey anlegen lassen. Die ersten Buchdrucker daselbst waren: Iwan Hoderson und Peter Timosioffon. Jetzt sind daselbst mehr Druckereyen und Buchhandlungen; eine unter den letztern beziehet die Messe zu Leipzig zu Ostern jährlich selbst. Der Besitzer ist Hr. Nowak. — Petersburg, die jetzige Residenz des Czaars. Hier befinden sich seit dem 16. Jahrhundert ebenfalls Buchdruckereyen. Nebst der Kaiserlichen Hof-Buchdruckerey und der, welche die Akademie der Wissenschaften dort hält, befinden sich auch noch einige andere daselbst, welche Privat-Buchdruckern oder Buchhändlern zugehören.

Livland und Curland.

Zu Riga in Livland und Mitau in Curland befinden sich ebenfalls Buchdruckereyen,

ckereyen, so wie auch zu Reval und noch einigen Orten des Russischen Reichs. Von Riga aus bezieht auch die Hartknochsche Buchhandlung die Leipziger Messen jährlich einmal, welche nebst andern Büchern in lettischer, russischer, esthnischer und andern dortigen Landessprachen auch viel nützliche und theils sehr beträchtliche Bücher in teutscher und andern Sprachen auch verschiedene Musikalische Werke verlegt, und sich dadurch bey der gelehrten Welt verdient gemacht hat.

Preussen.

Königsberg. 1481. Dominicus de Nivaldis druckte in diesem Jahr daselbst Esopi Fabulae lateinisch.

Oesterreich, siehe: Teutschland.

Pohlen.

Cracau. Johann Haller fing zu Ende des funfzehnten Jahrhunderts hier an zu drucken Jetzt sind in Pohlen auch noch an mehrern Orten Druckereyen, als: in Thorn, Danzig, Elbing, (preussisch) Zenni, Panjowitz, Kalisz, Dobromil, Osmiana, Jaroslow, Baronow, Pohlnisch = Lissa, Kiow, Slucka, Fraustadt, Schlichtingsheim, Sendomir, Czenstochow, Zolkiew, Suprasl, Lublin, Sambor, Zomoscie, Brescia, Luck lawitz,

lawitz, Pinczow, Kozmin, Wengrow, Zaslaw, Losko, Poznan, Grodzisko, Nieswiez, Racow, Vilna, Ostrog, Reußisch-Lemberg, Lubiecz und Laszovia.

Spanien.

Burgos in Altkastilien. 1493. — Complut. 1495. — Grenata. Hier kam 1496. des *Francisci Ximenii* christliches Leben lateinisch im Druck heraus, welcher ein großer Freund der Buchdrucker gewesen. — Madrit. 1494. — Salamanca im Königreich Leon. 1495. — Sevilla. 1485. — Toledo 1500. Peter Hagenbach, ein Teutscher.

Portugal.

Leiria. 1494. Lissabon. 1491.

Böhmen.

Kuttenberg. 1480. — Prag. 1484. Zu Przibram führte im Anfange dieses Jahrhunderts auch ein Hr. Kinelly eine Buchdruckerey, in welcher damals viele Kalender in böhmischer und teutscher Sprache gedruckt wurden, welche aber, wie ich auf meinen Reisen durch Böhmen und Mähren 1779. erfuhr, wieder liegen geblieben. Zu Neuhaus, Leutomischel, Leutmeritz, Brix, Glaz, Jung-Bunzlau, Königgratz und Eger befinden sich auch Buchdruckereyen.

Mähren.

Mähren.

Ollmütz. Hier befinden sich ebenfalls einige Druckereyen, wie auch in Brün und Znaim.

Ungarn.

Ofen. 1472. Andreas Heß, ein Teutscher, wurde in diesem Jahr vom Könige Mathias dem Ersten durch den damaligen Probst zu Ofen, *Ladislaus Geréb*, aus Italien nach Ungarn gerufen, um zu Ofen die erste Buchdruckerey anzulegen. Es ist von den Büchern, die er gedruckt, nur noch das Chronicon Budense übrig geblieben. — Debreczin. 1562. Michael Török druckte zu der Zeit daselbst die Bücher des Petri Melii. — Raphael Hofhalter druckte daselbst auch 1565. Samuelis et Regum Libros a Petro Melio in Hungaria Sermon. conversos. Neusatz, in der Batscher Gespanschaft, Peterwardein gegenüber, an der Donau, im vorigen Jahre (1790.) errichtete Herr Jankovits daselbst eine neue illyrische oder servische Buchdruckerey, wozu er die Instrumente und servischen Lettern in Wien verfertigen ließ, und daselbst verschiedene Buchdruckergesellen in Sold nahm, und mit denselben nebst allen, was zu seiner Druckerey gehörte, zu Schiffe nach Neusatz abreiste. Dieser Herr Jankovits hatte vorher auf

dem

dem evangelischlutherischen Gymnasio zu Preßburg in Ungarn studirt, und dann verschiedene Reisen durch Teutschland, Italien und die Schweiz gethan, und auch in Halle eine Zeitlang gelebt, und daselbst besonders dem medicinischen Studien obgelegen, nebenbey auch der Mathematik und Physik und andre nützliche Wissenschaften. Er ist willens, nicht allein nützliche teutsche Bücher in seine illyrische oder servische Muttersprache zu übersetzen, als auch selbst gute Bücher in derselben abzufassen, und in seiner neuen Druckerey zu drucken, und dadurch unter seinen Landsleuten und Glaubensgenossen Künste und Wissenschaften nach und nach ausbreiten zu helfen, und selbige mit der Litteratur der aufgeklärtern Ausländer bekannt zu machen. Gewiß, ein sehr nützliches Unternehmen, wofür ihm alle seine gutgesinnten Landsleute danken werden. Er hatte vor ein paar Jahren schon das Schauspiel: die Kaufleute, aus dem Goldoni, ins Servische übersetzt, welche er auf seine Kosten bey mir in Leipzig drucken ließ, wie auch eine Sammlung physikalischer Abhandlung in eben dieser Sprache, welche beyde recht gut gerathen, und von Kennern dieser Sprache mit Beyfall aufgenommen worden sind. Er ist ein junger thätiger Mann, und mein guter Freund, von dessen Fleiß und Liebe zur Gelehrsamkeit und Ausbreitung der Wissenschaften künftig viel Gutes zu hoffen ist, und der viele Sprachkenntniße und Wissenschaften besitzt. Die erste Papiermühle in Ungarn legte der Stadtphysicus, Samuel Spillenberg, in dem Dorfe Klein-Töplitz, oder nach slawischer Mundart, Teplitschka, an.

Croatien.

Zu Agram befindet sich ebenfalls eine Buchdruckerey, welche in diesem Jahrhunderte mit einer damit verknüpften Buchhandlung daselbst errichtet worden, indem unter dem dasigen Adel und Militair oft auch Teutsch gesprochen wird, und besonders unter letzteren viel Teutsche sich befinden; auch die Künstler und Handwerker, wie überhaupt auch in vielen ungarischen Städten, meistens Teutsche sind. Der Eigenthümer davon ist der Edle Herr von Trattner zu Wien, welcher solche durch einen Factor verwalten läßt.

Sclavonien.

Eßegg, eine Kaiserliche Gränzvestung an dem türkischen Gebiet, am Draweſtrom. Auch hier wurde von den dasigen Kapuzinern ohngefähr in der Mitte des jetzigen Jahrhunderts eine Buchdruckerey angelegt, in welcher aber diese Mönche meistens nur ihre Liturgien und einige andre kleine Accidenzarbeiten druckten. — Hernach kaufte diese Druckerey Herr

Herr Diewalt, welcher vorher als Schriftsetzer zu Wien in Oesterreich, als seinem Geburtslande, practicirt hatte, der solche auch jetzt noch fortführt. In Jahr 1779. wurden daselbst auch verschiedene geographische und historische Werke in rhäzischer oder servischer Sprache mit lateinischen Lettern gedruckt, denn es sind in keiner Offizin in den K. K. Staaten servische oder illyrische littern anzutreffen, außer in Wien bey dem Herrn von Kurzböck, welcher k. k. illyrischer orientalischer Hofbuchdrucker ist, und viele Bücher in servischer Sprache für die illyrische Nation gedruckt und verlegt hat; und unterhält eine starke Buchdruckerey, in welcher öfters 15 Pressen im Gange sind, und treibt auch, nebst Herrn von Trattner, einem ausgebreiteten Buchhandel.

Siebenbürgen.

Cronstadt. Johann Honterus, der Stifter der evangelischlutherischen Kirche in Siebenbürgen, führte zuerst die Buchdruckerkunst hier ein. Dieser hatte in Cracau in Pohlen studirt, und hernach zu Wittenberg, wo er bey dem sel. D. M. Luther fleißig Collegia hörte, und sich hernach eine Zeitlang in Basel aufhielt, und daselbst auch die Buchdruckerkunst bey Johann Reuchlin lernte, von da ging er zurück nach Cronstadt in Siebenbürbürgen, als seiner Vaterstadt, und brachte auf seine eigene Kosten eine Buchdruckerey mit allem Zubehör mit dahin, um vermittelst derselben protestantische Bücher desto leichter und schneller unter seinen Landsleuten auszubreiten, und sie aufzumuntern, daß päpstliche Joch, das sie schon so lange gedrückt, bald muthig abzuschütteln. Der Stadtrath zu Cronstadt, und besonders zwey gelehrte und rechtschaffene Männer, Herr Johann Fuchs, und Johann Benckner, unterstützten ihn dabey sehr. Letzterer ließ eine neue Papiermühle bauen und das Papier darinnen zum Gebrauch der Honterschen Buchdruckerey verfertigen. 1557. ist ein griechisches Testament mit Erasmi lateinischer Uebersetzung zu Cronstadt gedruckt worden. Im XVI. Jahrhundert ist auch daselbst ein griechischer lutherischer Katechismus gedruckt worden, den der dasige Rector, Valentin Wagner, welcher der griechischen Sprache sehr kundig gewesen, verfertigt hat, damit die sich damals häufig zu Cronstadt aufhaltenden griechischen Kaufleute lutheri reine Lehre daraus lernen könnten. Zu Hermannstadt sind auch einige Buchdruckereyen im Gange.

Europäische Türkey.

Constantinopel. 1490. Der griechische Patriarch Cyrillius Lucaris hat hier zuerst

erst eine Druckerey angelegt. Diese wurde aber hernach von den Türken, durch die List der Jesuiten, die sich aus Haß gegen die Griechen hinter jene steckten, und solche dagegen noch mehr aufhetzten, da diese die Buchdruckerey ohnedem sehr haßten, wieder vernichtet, woran die deshalb aufrührischen vielen türkischen S ch r e i b e r auch viel Schuld hatten, weil sie glaubten, daß sie dadurch alle ihre Nahrung verlieren und deswegen umkommen würden. — 1728. aber ist die Buchdruckerkunst daselbst wieder öffentlich eingeführt worden, und zwar durch einen ungarischen Renegaten. Jetzt sollen sich 5 Druckereyen daselbst befinden, und schon verschiedene Schriften aus dem Französischen ins Türkische übersetzt darinnen gedruckt worden seyn, worunter auch das Buch: Lebensbeschreibung der vornehmsten Prinzen in Europa sich befinden soll. (S. die Hamb. Corresp. 1785.) der vorige Mufti schien den Wissenschaften günstig zu seyn. Ob der jetzige die Buchdruckerey daselbst und durch diese die Gelehrsamkeit im türkischen Gebiethe weiter verbreiten helfen wird, muß die Zeit lehren. Sein Charakter wird indessen in öffentlichen Blättern eben nicht vortheilhaft geschildert. — Mahomed verbot, Künste und Wissenschaften bey den Türken einzuführen, weil er glaubte, daß die Leute dadurch klüger und vernünftiger werden, und seine

ne lügen, die er in sein Religionssystem ge-
webt hat, dann bald nicht mehr glauben würden. Eben deshalb fand die Buchdruckerkunst
bey den Türken Anfangs so vielen Widerstand
ausser dem Neid der Schreiber.

Asien.

Trankenbar oder Tranquebar,
auf der Küste von Koromandel. Um das
Jahr 1711. wurde die Buchdruckerkunst daselbst zuerst, auf Veranlassung der teutschen
Evangelisch-lutherischen Mission zu Halle
im Magdeburgschen, mit Hülfe des Königl.
dänischen Hofes und der bekannten englischen
Gesellschaft de promovenda cognitionis Christi eingeführt. Diese Gesellschaft sandte von
London aus eine lateinische und portugiesische
Buchdruckerey mit allem Zubehör durch Herrn
Fink, einem Teutschen, der daselbst an der
teutschen Schule vorher gedient hatte, dahin
ab, wozu sie die Kosten gesammelt und selbst
bestritten hatte. Dieser starb aber auf der
Reise. Man fand hernach einen andern Teutschen im Dienst der Compagnie zu Trankenbar, der die Buchdruckerkunst gelernt hatte;
diesen nahmen die Missionaren zu Führung
dieser Druckerey an. Er hieß Johann Heinrich Schlöricke, und war aus Löbegün bey
Halle gebürtig. Es war auch unter den dasigen Compagnie-Soldaten ein teutscher Buch-
bin-

bindergeselle, den man zum Einbinden der zu druckenden und schon aus Europa mitgebrachten Bücher in Dienste nahm. Das erste portugiesische Buch, welches aus dieser Druckerey kam, war: die Ordnung des Heils, welche 1712. in Duodez im Oktober fertig wurde. Die Buchdrucker, die von Halle aus nach Trankenbar mit der malabrischen Druckerey abgingen, hiessen: Herr Johann Berlin, und Herr Johann Gottlob Adler, der auch zugleich Stempel zu schneiden verstund, und diese Kunst in Indien hernach mit ausübte, nebst seinem Bruder, einen Knaben von 14 Jahren. Sie kamen den 30sten Juny zu Madras, und den 16. Sept. zu Trankenbar an. Das erste Buch, welches malabarisch gedruckt wurde, war: Vom verdammlichen Heidenthum von Herrn Ziegenbalg, welches den 25. Sept. 1714. fertig wurde. Der 2te Factor der Trankenbarschen Missionsdruckerey hieß Meisel, und war ebenfalls ein Teutscher. Nach dessen Tode bekam ein gewisser Schawritaien die Aufsicht darüber; dieser war ein Eingeborner, und hatte Setzen und Drucken gelernt, sich gute Erkenntnisse im Christenthum und Rechnen und Schreiben und dergl. erworben, und einen aufgeweckten und erfinderischen Kopf. Er schnitte auch verschiedene grosse Anfangsbuchstaben aus einer Art indianischen Holzes

zum

zum Gebrauch der Missionsdruckerey, die sauber ausgefallen. Er starb den 23sten Octob. 1771. Die Druckerey geht übrigens jetzt immer noch gut fort. Zu Colombo auf der Insel Ceylon haben die Holländer ebenfalls die Buchdruckerey eingeführt, ja auch zugleich eine Schriftgiesserey angelegt, denn ich weis aus sichern Nachrichten, daß daselbst malabarische Schriften gegossen worden, die aber in Ansehung der Form oder Gestalt von denen malabarischen Lettern, welche sich in Halle in der Waisenhausbuchdruckerey befinden, und die ehedem Herr Christoph Heinrich Gollner daselbst gegossen hat, einigermaaßen abweichen, welches einen ungeübten Leser dieser Sprache öfters stutzig machen und ihn verführen kann, wenn er gar nichts von der Sprache versteht, es für eine andre Sprache zu halten. Die Römischkatholischen Missionaren halten auch zu Manila eine Druckerey, in welcher aber bis jetzt wenig Beträchtliches oder Nützliches gedruckt worden. — Zu Madras befindet sich ebenfalls eine englische Buchdruckerey. Der jüngere Herr Kiernander hat daselbst auch eine portugiesische Buchdruckerey angelegt, welche von Halle durch einige ihm ehemals bekannte Freunde auf dem dasigen Waisenhause dahin abgesandt wurde, die deshalb von ihm den Auftrag zu der Herstellung derselben erhalten hatten.

ten. Der Errichter derselben war ehemals selbst gegen vier Jahre in Halle, und studirte nebst seinem Bruder auf dem dasigen königlichen Pädagogio, wo er Gelegenheit hatte, die Waisenhaus-Buchdruckerey oftmals mit zu besehen, und daselbst öfters schon viel Vergnügen darüber bezeugt, und große Liebe zur Buchdruckerkunst geäußert hatte. —

Afrika.

In diesem Welttheile ist die **Buchdruckerkunst**, so viel wir wissen, bis jetzt noch nicht öffentlich eingeführt worden. Weder in **Marokko, Algier, Tunis, Tripolis,** und andern Afrikanischen Staaten, findet man Buchdruckereyen, und eben daher auch den größten Mangel an Gelehrsamkeit, Künsten und Wissenschaften — obgleich Afrika den aufgeklärten Europäern viel näher liegt, als Asien und Amerika, wo die Buchdruckerkunst schon lange Fuß gefaßt hat, und sich weiter ausbreitet. Die Ursache, wegen welcher in den barbarischen Staaten die Buchdruckerey noch nicht hat eingeführt werden dürfen, mag wohl seyn, weil die meisten Bewohner der Afrikanischen Küsten und Ländereyen Mahomedaner sind, und der Lügen-Prophet Mahomed die Einführung der Künste und Wissenschaften in seinem Gesetzbuche (Koran) seinen

nen Anhängern verboten hat, weil er, als ein
verschmitzter listiger Kopf, sich leicht berechnen
konnte, daß wenn seine Glaubensgenossen in
Zukunft einst aufgeklärter und gelehrter werden sollten, denken und regelmäßigere Schlüsse machen lernen würden, sie seine unsinnigen
Schwänke und theologischen Betrügereyen einsehen und nicht mehr glauben würden; eben
so wie jetzt gelehrte und aufgeklärte Römisch-
katholische sich von Rom aus keinen päbstlichen
Religionssand mehr in die Augen werfen lassen, seitdem viele unter ihnen regelmäßig denken und vernünftige Schlüsse machen lernen,
und da und dort die Bestimmung des Menschen einsehen, und den ächten Geist der wahren Christus-Religion besser kennen und von
allgemein schädlichen Menschensatzungen im
Religionswesen unterscheiden lernen. —

Amerika.

Nachdem die Europäer diesen Welttheil
entdeckt und größtentheils unter ihre Both-
mäßigkeit gebracht hatten, und hernach in verschiedenen Gegenden desselben ansehnliche Han-
dels- und Pflanzstädte entstunden, so wurden
auch in denselben bald hernach Buchdruckereyen
errichtet. Einer der erstern spanischen Ero-
berer, Namens Cortez, legte schon im Jahr
1524 in der Hauptstadt Mexiko im Königreiche

che dieses Namens, in Südamerika, eine europäische Buchdruckerey an. In den neuern Zeiten hat sich die Buchdruckerkunst besonders in Nord-Amerika ausgebreitet. Es sind in Boston, Neu-York und andern großen Städten des neuen Frey-Staates mehrere Buchdruckereyen. Besonders aber blühen in Philadelphia unter andern die Wissenschaften mehr als in manchen andern der breyzehn vereinigten Staaten. Doch fangen die übrigen auch an, Pensylvanien hierinn nachzuahmen, und nützliche Künste, Wissenschaften und Gelehrsamkeit in ihrem Innern mehr zu befördern, auszubreiten und gemeinnütziger zu machen. — Man trifft jetzt in Philadelphia, der Hauptstadt im Staate Pensylvanien in Nord-Amerika, 11 Buchdruckereyen an, deren Besitzer zugleich auch mit Büchern handeln, und meistens Englisch drucken. Bey Hrn. Cist und Hrn. Melchior Steiner daselbst wird jedoch das mehreste Teutsche gedruckt, besonders viel Kalender und Zeitungsblätter, welche letzteren die freyen Nord-Amerikaner besonders gern und sehr häufig lesen. — In Philadelphia kommen alle Wochen 8 bis 10 Zeitungsblätter in groß Folio heraus; — denn ein jeder Buchdrucker kann deren so viele und so mancherley schreiben, drucken, verlegen und verkaufen, als er nur will — ohne Privilegio, und ohne alle etwanige besondere Abgaben, son-

Buchdr. G dern

dern einzig und allein, weil er ein Buchdrucker und jene Beschäfftigung ein ihm zugehöriger Nahrungszweig ist — und weil in Nord-Amerika jeder rechtschaffene Patriot alles das öffentlich treiben und thun kann, was der Vernunft und Gerechtigkeit gemäß und allgemeinnützig ist. — Die Freyheit der Presse ist eins von den Grundgesetzen, welche die neuen Freystaaten bey Bekanntmachung ihrer Unabhängigkeit ausdrücklich und nachdrücklich festgesetzt haben! — Dies ist ein großes Glück für diese neue Republik, wodurch sich seine neue vortreffliche Constitution immer mehr befestigen wird, da jeder Patriot und Menschenfreund bey allen Gelegenheiten seine Meynung öffentlich sagen darf. — Die Buchdrucker in Philadelphia lassen ihre Lettern und Farbe meist aus Europa kommen, auch das meiste Papier, was sie verbrauchen, ob sie gleich die rohen Materialien dazu eben so gut in Nordamerika haben und erzeugen können wie in Europa. Aber der Arbeitslohn bey Fabriken ist in Europa wohlfeiler als in Amerika, wo es noch an vielen Arbeitern fehlt, und die Menschen viel leichter beym Ackerbau, der Viehzucht und dem Handel ihr Brod verdienen können, und daher weniger zu stäten anhaltenden oder mühsamen Fabrik-Arbeiten in Städten geneigt sind als die Europäer, von welchen sie Kunst- und Fabrikwaaren gegen ihre rohen Natur-

pro-

producte leicht eintauschen können. Es wird jetzt in Nord-Amerika kaum so viel Papier gemacht, als zum Druck der Zeitungsblätter gebraucht wird; alles übrige wird aus Europa geholt. Man hat auch jetzt in Kentucken im Staate von Virginien eine Buchdruckerey angelegt. Der Bruder eines Buchdruckers in Philadelphia wurde auf öffentliche Kosten mit einer Presse und anderen nöthigen Instrumenten frey dahin abgesandt, um besonders Zeitungen und andre nützliche öffentliche Blätter daselbst zu drucken. Hierüber können Liebhaber des Hrn. Joh. David Schöpf's musterhafte „Reise durch einige der mittlern und süd„lichen vereinigten Nordamerikanischen Staa„ten ꝛc. in den Jahren 1783 und 1784. in 2 „Theilen", nachlesen, welche in Erlangen im Jahr 1788. in 8. gedruckt erschienen, und von Kennern mit vielem Beyfall aufgenommen worden sind. Siehe auch: „Briefe eines nord„amerikanischen Landmannes ꝛc. in 3 Theilen, „in 8. aus dem Englischen übersezt. Leipzig, in „der Crusiusschen Buchhandlung. 1789." — in welchen beyden Werken man mehrere wichtige und angenehme Nachrichten von dem Zustande der Gelehrsamkeit, der Künste und Wissenschaften im freyen Nordamerika antrifft.

Wir wollen nun die Erzählung von der Erfindung und Ausbreitung der Buchdruckerey

rey schließen, und zur Betrachtung der practischen Theile dieser allgemeinnützigen Kunst fortschreiten. — Wir wünschen nur noch, mit jedem wahren Menschenfreunde, daß Gott die Buchdruckerkunst, wodurch dem ganzen Menschengeschlechte, seit ihrer Erfindung, schon so großer Nutzen erwachsen ist, ferner in vollem Wachsthum erhalten möge! daß diese edle Mutter und Pflegerinn aller andern nützlichen Künste, sich täglich immer mehr vervollkommne, sich immer mehr in alle Theile der Erde ausbreite, die wahre Auffklärung immer mehr befördere, und dadurch immer mehr wahre Glückseligkeit und vernünftiges Vergnügen über alle Menschen bringen möge! Jeder Patriot, jeder Christ, jeder rechtschaffene Mann, jeder vernünftige Mensch wird gewiß herzlich wünschen, daß die Buchdruckerkunst, dieses herrliche Geschenk Gottes, unter alle Völker der Welt sich verbreiten und nie aufhören möge, das tausendköpfige Ungeheur, den Despotismus, die Tyranney, Unwissenheit, Bosheit, den Aberglauben u. s. w. aufs eifrigste zu bekriegen, und endlich ganz in den Abgrund hinunter stürzen möge! Jeder wahre Gelehrte und rechtschaffene Buchdrucker rufe aus: Gott erhalte dem menschlichen Geschlechte die Buchdruckerkunst bis an der Welt Ende! — —

Zwey-

Zweytes Kapitel.

Vom Schriftsetzen überhaupt; von den Eigenschaften eines Schriftsetzers, und dem Unterrichte eines Setzer-Lehrlings.

Wer ein Schriftsetzer werden will, muß kein zu phlegmatisches schläfriges Temperament und gesunde Gliedmaßen haben; besonders muß er von Krankheiten und Fehlern an den Füßen völlig frey seyn, weil die Setzer-Arbeiten meistens stehend verrichtet werden müssen, und nur sehr selten dem Setzer anhaltende Arbeit aus einerley Schrift zu setzen vorkömmt, die er sitzend ruhig verrichten könnte. Träge und unwissende Personen sind zu Schriftsetzern nicht tauglich, diese nehmen nur den Platz in den Officinen ein, stehen andern fleißigen und geschickten Arbeitern mehr im Wege, hindern solche nur, und bringen selten etwas Brauchbares und Regelmäßiges zu Stande. Leichtsinnige flatterhafte Jünglinge sind ebenfalls zur Schriftsetzerey nicht gut zu brauchen, weil solche zu oft Fehler begehen, leicht Schriften vermischen, und selten und schwer zur anhaltenden Aufmerksamkeit angewöhnt werden können, welches doch eine Haupteigenschaft eines Schriftsetzers seyn muß. Scharfsichtigkeit und gesunde Augen muß ein Setzer hauptsächlich besitzen, ohne welche er gewiß ein elender und schlechter Arbeiter werden wird. Wer die Schriftsetzkunst lernen und dabey einst brauchbar und sich und dem gemeinen Wesen gehörig nützlich werden will, muß vorzüglich seine teutsche Muttersprache gründlich verstehen, die Orthographie derselben gut inne haben, damit er sich bey vorkommenden zweifelhaften Fällen, bey schlecht geschriebenen Handschriften, leicht zurechte weisen kann, und nicht nöthig hat, die Zeit mit vielem Spindisiren oder langem Nachdenken zu verbringen, oder seinen geschicktern und unterrichtetern Neben-Collegen mit öfterem Fragen beschwerlich zu fallen, oder sich von ihnen auslachen zu lassen. — Dann wäre es auch gut, wenn alle Schriftsetzer lateinisch verstünden, freylich nicht so gut als es jener berühmte Römer, M. T. Cicero verstund, doch aber den Syntax, und so viel, daß sie im Stande wären, manchen leichten classischen oder neuern lateinischen Schriftsteller ins Teutsche zu übersetzen. Man findet zwar da und dort manchmal erfahrne Setzer, die nicht allein lateinisch sondern auch andre alte und neuere Sprachen verstehen, und verschiedene wissenschaftliche und mancherley nützliche Kenntnisse besitzen, welches ihnen bey der Ausübung ihrer Kunst viel Bequemlichkeit, Nutzen und Vergnügen gewährt. Allein dergleichen Setzer sind heutzutage sehr selten geworden, obgleich jeder Buchdruckerherr mit mir wünschen wird, daß ihre Zahl noch groß seyn mögte!

Ein

Ein Setzer braucht zwar kein Gelehrter, Philolog oder Polyhistor zu seyn; dies wäre zu viel verlangt, und das ist auch nicht nöthig. Es ist aber freylich besser, wenn er sich einige fremde Sprachkenntnisse erworben, und mancherley nöthige Wissenschaften gesammelt, und sich viele nützliche Begriffe durch aufmerksames Lesen guter Bücher beygebracht hat, wozu ein wißbegieriger Lehrling in einer Buchdruckerey leicht Gelegenheit finden kann, und seine Erholungsstunden großentheils dazu anwenden soll; er wird sich dadurch viele angenehme und nützliche Kenntnisse erwerben, und sich bey seiner Berufsarbeit viel Erleichterung und dazu immer geschickter machen. Freylich sollten alle Handschriften, welche dem Setzer zu setzen übergeben werden, leserlich und deutlich geschrieben seyn, zumal in fremden Sprachen; allein dies ist leider selten! Einmal hat der Autor keine Zeit zum Reinschreiben, einmal einen schlechten Abschreiber, und zum nochmaligen Durchsehen und Berichtigen vor dem Abdruck keine Zeit u. dergl. Mancher Autor fehlt im Manuscripte, in Ansehung der Orthographie oder Grammatik, aus Eilfertigkeit, mancher aus Unwissenheit. Viele setzen auch voraus, der Setzer sey ein Gelehrter, und werde die etwanigen Fehler in seinen äußerst nachläßig hingesudelten Manuscripte beym Setzen schon verbessern und berichtigen.

Dies

Dies heißt aber dem Setzer Functionen zugemuthet, wozu er eigentlich gar nicht verpflichtet ist. Der Autor braucht sein Manuscript eben nicht schön und zierlich geschrieben dem Buchdrucker zu überliefern, aber rein und leserlich muß er das schreiben, was der Setzer setzen soll; — und des Setzers Schuldigkeit ist eigentlich nur, genau nach dem Manuscripte zu setzen, dasselbe aber zu verbessern oder zu berichtigen ist seine Pflicht gar nicht, und dazu haben auch nur wenige Setzer Fähigkeiten und kritische Kenntnisse, zumal in fremden Sprachen und wenig bekannten Wissenschaften. Da nun aber leider immer noch überall viele schlecht geschriebene Manuscripte in die Buchdruckereyen kommen, so sehr sich auch die Buchdrucker mit allem Rechte darüber beklagen; so ist es allemal klug gehandelt, wenn ein Setzer sich Wissenschaften zu erwerben sucht; dadurch wird er sich bey schlecht geschriebenen Handschriften leicht zu rathen wissen, sich beym Arbeiten weniger hindern, und in seinem künftigen Leben sich leichter gutes Fortkommen bey seiner Kunst verschaffen, wenn er sich durch mehrere Kenntnisse und mehrere Gründlichkeit und Fertigkeit in seinem Fache auszeichnet, und sich rühmlich von andern hölzernen, unwissenden und maschinenmäßigen Kunststützen unterscheidet; ein solcher wird allezeit eher Arbeit und Unterkommen finden als

Stüm-

Stümper und Faullenzer — welche bey etwa entstehendem Arbeitsmangel gewiß leicht Abschied bekommen, wo fleißige, ordentliche und geschickte Arbeiter immer eher Condition behalten. —

Was bey dem Unterricht eines neuangehenden Setzer=Lehrlings zu beobachten, müssen wir hier kürzlich anführen, und das, was Hrn. Casp. Müllers wohlmeynender Unterricht Wahres und Gutes hierüber enthält, mit nöthigen Verbesserungen und Erklärungen beybehalten, und es auf eine für unser Zeitalter brauchbarere Art vortragen.

Man muß einen neuen Setzer=Lehrling anfänglich nicht leicht in ein Werk stellen, in welchem vielerley Schriften unter einander vorkommen, weil er solche noch nicht unterscheiden gelernt, und daher leicht schädliche Vermischung der Schriften verursacht, welches wieder zu berichtigen auch Kennern viel Mühe macht. Es ist auch besser, wenn man einem Anfänger zuerst ein geschriebenes Exemplar zu setzen giebt als ein schon gedrucktes, ob es gleich anfänglich dabey mit manchem Neulinge etwas schwer hergehen wird. Denn dabey wird er gleich Anfangs zur Aufmerksamkeit angetrieben, in der Rechtschreibekunst geübet, und er kann nicht leichtlich viel frembe

Gedanken hegen, und wird eher auf sein Manuscript merken. Der Schriftkasten, an welchem ein solcher Anfänger seine meiste Arbeit verrichtet, muß so gestellt werden, daß er mit seinem Ellbogen gleich steht. Ist der Kasten höher oder tiefer gestellt, so wird ihm das Setzen sauer, und er kann sich keinen ordentlichen Griff angewöhnen, auf welchen doch bey einem Setzer sehr viel ankommt. Sonst wird diese Stellung der Kästen bey denen, welche die Kästen schon gewohnt sind, so genau nicht genommen, weil dies nicht in allen Officinen immer leicht so eingerichtet werden kann. Man muß darauf sehen, daß er bey der Arbeit allezeit mit dem Körper gerade vor seinem Kasten stehe, und die Füße nicht weit aus einander und mehr auswärts stelle; man muß auch nie zugeben, daß er beym Arbeiten mit einem Beine ruhe, und auf dem andern allein stehe, welches öfter zu geschehen pflegt, wenn der Anführe-Gespan nicht darauf mit Acht hat, und ihm die schädlichen Folgen, welche künftig für seinem Körper daraus entstehen müssen, erkläret. Wenn die ganze Last des Körpers auf einem einzigen Beine oder Stütze, ruht, so wird dasselbe durch das ganze Gewicht des Körpers, das es allein tragen muß, leicht schief oder krumm, zumal bey noch sehr jungen Knaben, wo der Knochenbau noch nicht viel Festigkeit erlangt hat. Wird manchem

chem solchen jungen Menschen anfänglich das
anhaltende Stehen etwa sauer, so muß man
ihn nicht gleich ganze Tage lang unaufhörlich
am Kasten stehen lassen, sondern lieber manchmal eine andre Arbeit aufgeben, welche er sitzend verrichten kann. Anfänglich läßt man
ihn nicht ganze Tage lang am Kasten stehen,
zumal wenn er vorher eine mehr sitzende Le-
bensart beobachten müssen; nach und nach
wird er das Stehen gewohnt. Man giebt
Acht, daß er sich beym Setzen oder Greifen
nach den Buchstaben keine seltsamen Gebär-
den oder Umschweife angewöhne, und sich mit
dem Kopfe oder ganzen Körper nicht so stark
bald hinterwärts bald vorwärts neige, weil er
dadurch beym Arbeiten leicht ermüdet, und
sich versäumt. An ein jedes Fach des Schriftkastens klebt man ihm ein klein Zeddelchen an,
auf welche der Buchstabe geschrieben oder gedruckt stehet, der in demselben Fache liegt;
hat er dann einige Tage oder Wochen aus einem solchen Kasten gesetzt, so wird er hernach
die Fächer in andern ähnlichen Kästen, wo
solche nicht angezeichnet sind, leicht zu finden
wissen. Dann zeigt man ihn, wie er mit der
linken Hand den Winkelhaken geschickt halten
soll, damit beym Setzen mit der rechten Hand,
nicht leicht ein oder mehrere Buchstaben wieder heraus fallen können. Man darf auch
nicht zugeben, daß er die Augen zu lange und

zu

zu oft aufs Manuscript richte; denn er wird dadurch sich nicht allein die Augen verderben, sondern auch oft falsch und verkehrt setzen, weil er bey dem vielmaligen und anhaltenden Hinsehen auf das Manuscript, gemeiniglich gleichsam blindlings in die Fächer tappet. Er muß währendem Setzen die Buchstaben gleich also anfassen, daß solche im Winkelhaken gleich so zu stehen kommen, daß die Signatur auswärts steht oder ihre richtige Stellung bekommt. Ein Setzer muß beym Ergreifen der Buchstaben nicht blindlings in die Fächer tappen, sondern fleißig nach der Signatur sehen, damit er nicht nöthig hat, die Buchstaben im Winkelhaken erst zu drehen und richtig zu stellen. Die Hand muß mit dem ergriffenen Buchstaben in gerader Linie nach den Winkelhaken eilen, wobey sich der Setzer keine Umschweife zu machen angewöhnen darf. Die linke Hand geht mit dem Winkelhaken der rechten Hand, welche die Buchstaben aus den Fächern holt, immer nach, damit die rechte Hand allezeit mit dem gegriffenen Buchstaben baldigst zum Winkelhaken gelangen kann. Indem die Hand den Buchstaben im Fache faßt, und damit zum Winkelhaken fährt, muß das Auge des Setzers schon den schicklich liegenden folgenden Buchstaben in seinem Fache aussersehen und gefaßt haben, damit er ihn mit den Fingern gleich so ergreifen kann, daß die Si-

gnas

gnatur im Winkelhaken gleich recht zu stehen kommt. Die Setzer, welche sich beym Greifen nicht nach der Signatur zu sehen gewöhnen, sondern nur so gleichsam blindlings nach den Buchstaben in die Fächer tappen, werden allemal viel mehr Zeit über einen Bogen zu setzen verbringen, als die, welche sich beym Setzen fleißig ins Fach nach der Signatur zu sehen gewöhnt haben, und den Buchstaben gleich im Fache liegend so anfassen, daß er beym Hineinsetzen in den Winkelhaken gleich mit der Signatur so zu stehen kommt, wie er stehen soll, und nicht erst in demselben lange gedreht oder gewendet zu werden braucht. — Einen Anfänger muß man also scharf anhalten, sich währendem Setzen, fleißig nach den Signaturen zu sehen angewöhnen. Freylich können nicht alle Fächer der Schriftkästen von Setzern, die klein von Person sind, ganz übersehen werden, so daß sie überall die Buchstabe nach ihrer Signatur-Lage so ergreifen könnten, daß sie nicht nöthig hätten, solche erst in dem Winkelhaken zu drehen, zu wenden und richtig zu stellen. Allein die vordersten größten Fächer, die am oftesten gebraucht werden, können gewiß leicht von jedem Setzer überblickt werden. Jünglinge von sehr kleiner Person müssen nicht zum lernen als Setzer angenommen werden, wenn nicht besondere Umstände es nöthig machen. Denn kleine

ne Knaben, denen die Schriftkästen höher stehen als ihr Ellbogen, müssen kleine Bänkchen unter die Füße bekommen, damit sie in alle Fächer des Schriftkastens reichen und die nähesten Hauptfächer überblicken können. Allein zur Stellung solcher Bänkchen ist nicht in allen Druckerey-Zimmern Platz genug übrig; und es kann sehr leicht geschehen, daß nebenstehende Setzer, beym Hin- und Hergehen, oder auch Drucker beym Formentragen, an solchen Hütschgen oder Bänkchen mit den Füßen hängen bleiben, dadurch hinfallen, sich sehr beschädigen, und zeitlebens zum Kröpel machen können, wie solches mancher erlebt haben wird. — Beym Setzen muß man einen Anfänger einprägen, sich beym Hinblicken aufs Manuscript jedesmal so viel ins Gedächtniß zu fassen, als er zu merken fähig ist, und solches dann ordentlich nach einander aus den Fächern heraussetzen; und wenn er ja währendem Setzen des in den Sinn Gefaßten an etwas zweifelt, so kann er wohl noch einen geschwinden Blick auf das Mspt. thun, während der Zeit, in welcher er nach Spatien greift, bey denen er nicht nach den Signaturen zu sehen nöthig hat. Man muß es fast gar nicht merken, daß der Setzer auf das Mspt. siehet. — Die so sehr oft darnach blicken, und sich nicht wenigstens einige Worte, oder von Comma zu Comma merken, zeigen, daß sie entweder
ihre

ihre Gedanken nicht auf ihre Arbeit richten, oder kein gutes Gedächtniß haben, und flatterhaft und leichtsinnig geartet sind. Solche Setzer aber machen nicht allein wenig fertig, sondern auch häufige und mancherley Fehler, wodurch, wegen des nachherigen vielen Corrigiren, viel Zeit verschwendet und leicht Buchstaben zerstochen und ruinirt werden, welches dem Herrn der Offizin am meisten schadet! — Bey schlecht und unordentlich geschriebenen Manuscripten ist es etwas anders; da muß auch der geübte Setzer oft genug drauf gucken, wenn er den richtigen Wortverstand herausbringen will!

Wenn nun ein neuer Setzer-Lehrling alle Buchstaben in seinem Kasten gleichsam auswendig zu finden weis, so muß man ihn nach und nach auch zur Geschwindigkeit im Setzen anhalten. Damit er nun nicht leicht Buchstaben, Wörter oder ganze Zeilen beym Setzen auslasse, muß man ihm wohl einprägen, daß er alle Wörter, die er in den Winkelhaken gesetzt, heimlich im Sinne nachbuchstabire, und nachdem er eine Zeile des Manuscriptes abgesetzt hat, das Divisorium wieder um eine Zeile weiter fortrücke; rückt er es um mehrere Zeilen fort, wird er allemal leichter auslassen, und, zumal wenn in den nahen Zeilen einerley Wörter öfter vorkommen, gar leicht

leicht aus einer Zeile des Manuscriptes in die andre irren, und daher öfters gar einige Perioden auslassen — welches hernach beym Corrigiren viel Versäumniß und wohl gar manchmal Uebelstand veranlaßt, zumal wenn alles sehr enge gesetzt ist ꝛc. Ein neuer Anfänger im Setzen darf sich nicht gewöhnen, unter dem Divisorio zu setzen, sondern allezeit über demselben; denn man findet wenige Setzer, die unter dem Divisorio setzen, die nicht fast in jedem Bogen auslassen. Setzer aber, die über dem Divisorio zu setzen sich angewöhnt haben, werden weit seltner etwas auslassen. Währendem Ausschließen der Zeile muß man dieselbe mit den Augen flüchtig mit überlaufen, und die dabey auffallenden etwanigen falsch gesetzten Buchstaben oder Wörter mit verbessern, damit hernach nicht viel in den Formen zu corrigiren ist, welches beschwerlicher ist, weil man sich dabey bücken muß, und solche Fehler dann langweiliger und mühsamer verbessert werden können. Der Anführegespan muß seinem Zöglinge hauptsächlich anfänglich zum accuraten Ausschließen der Zeilen anweisen, und genau darauf sehen, daß er dabey nicht gleichgültig zu Werke gehe; denn dieses ist beym Setzen eines der wichtigsten Dinge. — Es muß eine jede Zeile der Columne aufs genaueste so breit seyn als die andre, und nicht eine stark im Winkelhaken ge-

preßt

preßt und die andre wieder locker oder weniger strenge ausgeschlossen seyn. Durch das zu starke Ausschließen oder zu starke Hineinpressen der Zeilen in den Winkelhaken wird dieser leicht verdorben, verbogen und ungleich gemacht. Jede Zeile muß gemächlich und ohne merkliche Anstrengung aus dem Winkelhaken gehoben werden können. Sind nun die Zeilen sehr gepreßt ausgeschlossen, so sind solche schwer aus dem Winkelhaken zu bringen, welches beym Arbeiten aufhält. Ist eine Zeile stark und die andre wieder schwach ausgeschlossen, so fallen beym Ausheben der Zeilen aus dem Winkelhaken die schwach ausgeschlossenen Zeilen leicht heraus, entweder in die untersten Fächer des Schriftkastens oder auf den Fußboden — und dann giebts was aufzulesen und abzuputzen! Und wenn es auch dem Setzer gelingt beym Ausheben solcher ungleich ausgeschloßnen Zeilen, glücklich damit bis ins Schiff zu gelangen, so werden dennoch beym Ausschießen der ausgebundnen Columne auf das Setzbret, oder nachdem er die Forme geschlossen, beym Aufheben derselben, die zu schwach ausgeschlossenen Zeilen größtentheils heraus fallen — Man muß einem Anfänger auf einmal nur eine Zeile im Winkelhaken auszusetzen und auszuheben erlauben; denn da werden die Zeilen in der Columne eher eine wie die andere ausgeschlossen ausfallen, weil die Winkelhaken, wenn sie auch noch so alt, vorn abgenutzt und verbogen sind, doch meistens im tiefen Winkel noch egal geblieben. Setzt ein Neuling auf einmal mehrere Zeilen in dem Winkelhaken aus, und der Winkelhaken ist nicht durchaus recht accurat, so werden die Zeilen nicht allein ungleich ausgeschlossen erscheinen, sondern ihm auch leicht beym Hineinheben ins Schiff aus den Händen fallen. Nach und nach aber lernt er freylich mehrere Zeilen auch in schlecht beschaffnen Winkelhaken egal ausschließen und zusammen auf einmal ins Schiff heben, wenn man ihm gewiesen, wie er solche, so wohl mit als ohne Setzlinie, mit den Fingern von allen vier Seiten egal zusammen pressen, gut fassen und aus dem Winkelhaken herausheben soll ꝛc.

Man muß einem Setzer-Lehrlinge auch anweisen, daß er beym Ausschließen der Zeilen die dazu noch nöthigen Spatien nicht an einen Ort stecke, sondern solche gehörig und möglichst gleich eintheile. Geht manche große Sylbe nicht noch in die Zeile, so muß der Setzer zwischen jedes Wort noch ein Spatium stecken; ist dies geschehen, und die Zeile wird noch nicht voll, so muß derselbe die dann immer noch an der Zeile fehlenden Spatien zwischen die Wörter ordentlich eintheilen, wobey zu merken, daß allenfalls bey einem Versal- oder Anfangs-Buchstaben weniger Raum seyn

seyn kann als zwischen einem andern Worte, das sich mit einem gemeinen Buchstaben anfängt, weil sich schon dadurch das Wort genugsam vom andern unterscheidet. Im Nothfall kann auch nach einem Distinktionszeichen weniger oder gar kein Spatium gesetzt werden, wenn nämlich alles sehr enge gehalten werden muß; zwischen jedes Wort aber muß allezeit wenigstens ein Spatium gesetzt werden. Ordentlicherweise und nach der allgemeinen Regel, werden zwischen jedes Wort zwey Spatien gesetzt; nach einem Comma ein Halbgeviertes, und wenn Platz da ist, wird auch zwischen das Comma und dem Worte, nach welchem es folgt, ein Spatium gesetzt; dies geschieht auch beym Kolon und Semikolon. Bey einem Punkt nach Endigung eines ganzen Rede-Satzes wird ein Ganzgeviertes gesetzt. Nach einem Ausrufe- und Fragezeichen wird ebenfalls ein Ganzgeviertes gesetzt, es wäre denn, daß viele Ausrufungen und Frag-Sätze hinter einander vorkämen, in welchem Falle auch ein Halbgeviertes gnug Platz dazwischen macht. Wenn aber aus mancherley Ursachen alles sehr enge gesetzt werden muß, so muß der Setzer im Nothfall auch hier weniger Spatium setzen. Es ist freylich unmöglich, zwischen jedes Wort bey fortlaufenden compressen Zeilen genau so viel Raum zu setzen als zwischen das andere, weil die Buchstaben, Sylben und Wörter von sehr verschiedener Größe und Breite sind. — Der Setzer muß aber doch beym Ausschließen der Zeilen nicht etwa zwischen ein Wort ein Spatium und zwischen die andern drey, vier oder mehr Spatien setzen, sondern beym Ausschließen der Zeilen die Spatia möglichst gleich eintheilen. Bekanntlich werden im Druck ans Ende abgekürzter Wörter Punkte gesetzt. Anfänger, denen gesagt worden, daß sie nach einem Punkt ein Ganzgeviertes setzen sollen, thun dies gemeiniglich auch nach den Punkten an abbrevirten Wörtern, wo doch nur zwey Spatien genug Platz machen. Denn ein anderes ist ein Punkt nach Endigung eines ganzen Redesatzes, ein anders ist der Punkt an abbrevirten Wörtern, die in der Mitte des Redesatzes oder einer Periode vorkommen, wo ebenfalls nicht mehr Platz gesetzt zu werden braucht als zwischen die andern Wörter der Zeile. Solche Fälle muß der Anführegespan seinem Zöglinge zeitig unterscheiden lernen, wenn derselbe dieses, aus Mangel an grammatischen Kenntnissen, nicht selbst einsehen und sich beym Setzen darnach richten kann.

Einem neuen Anfänger im Setzen muß der Anführegespan in den ersten Wochen die Columnen, die er setzt, ehe er sie ausschießen läßt, genau mit ihm im Schiffe durchlesen,

sen, und die gemachten Setzfehler corrigiren, und ihm sagen, wo er gefehlt, und wie er es da oder dort hätte besser machen sollen u. s. w. Beym Durchlesen der vom Lehrlinge gesetzten Columnen läßt sich der Anführegespan von demselben das Manuscript dazu vorlesen. Währendem Durchcorrigiren der Columne kann man allerley nützliche praktische Lehren appliciren, und solche dem Anfänger für die Zukunft zu beherzigen geben und zu beobachten anmahnen. Man zeige ihm dabey, welche Zeilen er zu schwach und welche er zu stark ausgeschlossen hat, lasse ihn selbst die schlecht ausgeschlossenen Zeilen mit dem Finger, zu seiner Ueberzeugung, anfühlen — und erkläre ihm die übeln Folgen, die durch schlechtes und ungleiches Ausschließen verursacht werden. — Man halte ihn auch an, die Schriftkästen, aus welchen er setzt, beständig rein zu halten, und gestatte ihm nicht, daß er falsche Buchstaben, die in andre Schriften gehören, und die er etwa in seinem Kasten währendem Setzen findet, gleich auf den Rand desselben zu legen, sondern gewöhne ihm an, daß er die falschen Buchstaben oder falschen Quadraten, die er an unrechten Orten findet, gleich oder so bald als möglich an den gehörigen Ort bringe. Ein Setzer muß sorgfältig allen Staub und Sand von seinen Schriftkästen zu entfernen suchen, weil, wenn sich feine Sandkörnchen an die Buchstaben anhängen, und er solches nicht gleich bemerkt, dies verursacht, daß in der Columne alles krumm steht — welches zu verbessern ihm oft viel Aufenthalt macht. Wenn der Fall vorkommt, daß ein neuer Setzerlehrling in einem Werke setzen soll, wo die Zeilen mit hölzernen Spähnen durchschossen werden, so lasse man ihn die ausgebundenen Columnen lieber mit der Schiffszunge auf das Setzbret ausschießen; denn es geschieht ofte, daß wenn dergleichen Neulinge Columnen, die mit Spähnen durchschossen sind, mit den Händen aus dem Schiff heben, und solche zum Setzbret tragen, ihnen die Columne auf der Hand ausspringt, zumal wenn solche nicht gut ausgebunden ist. Auch große Median-Columnen lasse man Anfängern nicht mit den Händen aus dem Schiff heben und ausschießen, weil sie solche nicht gut mit den Händen überspannen können, und sie daher leicht hinwerfen, sondern lieber, so wie die Quart- und Folio-Columnen, mit der Schiffszunge aufs Setzbret schieben. Anfänger im Setzen können mehr hieher Gehöriges im typographischen Wörterbuche im 2ten Theile nachlesen. Wir wollen hier nur noch reden

Vom

Vom Umbrechen, Justiren und Ausschießen.

Wenn zwey Setzer zugleich in einem Werke arbeiten, welches, aus mancherley Ursachen, bald fertig gedruckt erscheinen soll, so müssen solche nicht zu weit von einander im Manuscripte zu setzen nehmen oder anfangen, damit sie eher an einander ansetzen, oder bald zum Umbrechen und Justiren kommen können; dann können desto eher und öfter Bogen abgezogen, zur Correctur befördert und immer abgedruckt werden, während der Zeit die Setzer immer weiter fortsetzen und die ausgedruckten Formen immer wieder ablegen können. Solchergestalt brauchen sie auch weniger Zurichtung zusammen zu suchen, die, wenn in einer Offizin viele Formen ausgesetzt stehen, oft fehlt. Wenn zwey Setzer in einem Werke zugleich arbeiten müssen, und wissen, wieviel Manuscript auf eine gesetzte Columne ihres Formats geht, so ists am besten, wenn sie im Manuscripte so weit aus einander zu setzen anfangen, oder es dabey, wenn es möglich, immer so einrichten, daß jeder auf jedem Bogen allemal 8 Columnen zu umbrechen und dann wieder 8 Columnen ordentlich fortzusetzen bekömmt. Freylich gehts nicht allemal so an. Wenn z. E. das Manuscript so sehr enge und klein geschrieben ist,

daß

daß ein einziges Blatt desselben 9, 10 oder mehrere Columnen im Satz giebt, so muß freylich jeder Setzer allemal ein ganzes Blatt zum Absetzen behalten. Jeder zeichnet im Manuscripte am Rande an, wo er stückweise zu setzen angefangen hat, damit sein Vorgänger, wenn er an ihn ansetzt, gleich sieht, wo sein Nachfolger stückweis zu setzen angefangen hat, und sich darnach richten und nicht leicht irren oder beym Ansetzen etwas mit setzen kann, das sein Nachfolger schon gesetzt stehen hat u. s. w.

Es kommen zwar auch Fälle vor, wo mehr als zwey Setzer in einem Werke arbeiten müssen, wenn es viele Bogen beträgt, und bald fertig werden soll, wo solche dann manchmal weiter auseinander Manuscript nehmen, oder zu setzen anfangen. Es geschieht öfter, daß ein Buch oder ganzes Manuscript, das geschwind fertig werden soll, in einer Buchdruckerey gleich unter mehrere Setzer auf einmal vertheilt wird. Einer fängt es columnenweise zu setzen an; und wenn er an seinen Nachfolger angesetzt hat, so umbricht derselbe seine gesetzten Stücken, u. s. f. Oder es setzen die zu einer solchen nothwendigen Arbeit angestellten Setzer alle hinter einander stückweis, und einer umbricht alles, was die dazu bestimmten Setzer setzen, welcher dann ein bedingtes wöchentliches Geld, oder für jeden Bogen

gen zu umbrechen etwas Bestimmtes accorpirt. Diese Methode ist mehr in Buchdruckereyen in Frankreich und in einigen Gegenden der Schweiz gebräuchlich, als in Teutschland. Es ist auch besser, wenn in solchen Fällen Ein accurater und geschickter Setzer allein alles umbricht und justirt, was die andern alle stückweis setzen; denn da wird die Einrichtung immer gleichförmiger ausfallen, und die Columnen eher eine wie die andre justirt. Wenn aber jeder Setzer seine gesetzten Stücken selbst umbricht, so wird im Ganzen in der Einrichtung selten alles harmonisch und gleichförmig, weil es ein Setzer so, der andere wieder so, und der dritte, vierte u. s. w. wieder anders zu machen sich angewöhnt hat; auch können, wenn mehrere oder ein jeder bey solchen Fällen umbricht, leichter Irrungen und Fehler vorgehen, als wenn Ein Setzer alles Umbrechen, Justiren und Formenschliessen überkommt, wozu aber freylich allemal ein Setzer gewählt werden muß, der eine Arbeit gehörig einzurichten versteht, anhaltend aufmerksam seyn kann, und ordentlich bey seiner Arbeit bleibt, sonst geht es langsam und verwirrt dabey zu, und die Arbeit wird oft verpfuscht. —

Wenn es die Umstände und Beschaffenheit der Arbeit zuläßt, muß der Setzer das Umbrechen, als eine aufenthaltſame Nebenarbeit, möglichſt zu vermeiden ſuchen. — Freylich, wenn in Einem Werke zwey Setzer arbeiten bey geſchriebenem Exemplar, kann nur einer um den andern columnenweiſe ſetzen, es wäre denn, daß das Exemplar ſchon einmal gedruckt und bey der neuen Auflage nichts geändert iſt, und Zeile auf Zeile wieder geſetzt würde.

Der Setzer muß beym Umbrechen die Columnen aufs genaueſte eine ſo lang als die andere machen, und accurates Columnenmaaß halten. Fehlt er hierinnen entweder aus Irrthum, oder verwechſelt aus Verſehn beym Umbrechen das Columnenmaaß, und juſtirt einige Columnen lang andere kurz, ſo fallen die kürzern beym Schließen theils oder wohl gar ganz heraus! — oder, wenn die Forme ja feſt hielt — und fortgedruckt würde, ſo wird gewiß alles krumm und ſchief erſcheinen. — Unter eine jede Columne wird ein Quadratzeile geſchlagen, damit ſich bey Formenſchließen alles beſſer und gerader zuſammen ſchließt. In Officinen aber, wo nicht überflüßig Quadraten vorhanden ſind, werden die Quadratzeilen bey Werken, die mit Cuſtoden gedruckt werden, unter den Columnen weggelaſſen, und die Cuſtoszeile dient mit ſtatt der Quadratzeile. Dieſe Methode habe ich beſonders in den Officinen der kaiſerlichen Staaten bemerkt.

Da-

Justiren und Ausschießen.

Dabey ist zu merken, daß das Custoswort entweder um ein Halb- oder Ganzgeviertes eingezogen werden muß, weil sonst Divise oder andre dünne Buchstaben leicht vom Custos abfallen, oder sich verschieben.

Kommen in einem Werke, in welchem mehrere Setzer arbeiten, viele Anmerkungen vor, durchgehende oder gespaltene, so ist es besser, wenn sich jeder Setzer die in seinen gesetzten Stücken vorkommenden Noten oder Citationen alle vor dem Umbrechen hinter einander absetzt, damit er beym Justiren und Columnenmachen desto leichter überzählen und bestimmen kann, wie viel Zeilen vom Texte und wieviel Zeilen von den Anmerkungen er ins Schiff heben, oder auf die Columne nach seinem bestimmten Maaße bringen kann. — Da, der Regel nach, die Anmerkungen allemal aus einer Schriftsorte gesetzt werden, die wenigstens um einen Grad kleiner ist als die, aus welcher der Text gesetzt wird, so muß der Setzer beym Umbrechen wissen, wie die in der Columne vorkommenden verschiedenen Schriftgattungen sich, in Ansehung ihres Kögels, gegen einander verhalten. Von dem Verhältnisse derselben kann sich ein angehender Schriftsetzer aus der Tabelle zurechte weisen, die im zweyten Theile dieses Buches, im typographischen Wörterbuche, dem Artikel Ke-

gel

g e l beygefügt ist. Hat der Setzer dieses gut inne, so wird ihm das Umbrechen und Justiren geschwind von statten gehen. Hat er Raum dazu, so setzt er sich, wenn er zu umbrechen anfängt, das Waschbret, auf welches er seine gesetzten Stücken ausgeschossen, so auf einem Formenregal auf, das seinem Setzkasten am nächsten und am hellsten steht, damit er währendem Umbrechen alles bequemer übersehen, überzählen und beurtheilen kann. In Officinen, wo der Raum nicht übrig ist, muß der Setzer sich auf andre Art dabey geschickt einrichten lernen.

In Werken, wo vielerley Schriften und gespalten gesetzte Columnen oder gespaltene Anmerkungen vorkommen, oder andere verwickelte Sätze enthalten sind, muß sich der Setzer sehr hüten, daß er beym Setzen oder Umbrechen nichts ausläßt, weil dieses hernach beym Corrigiren viel Mühe und Versäumniß und nochmaliges Umbrechen verursacht! —

Hat der Setzer Stücken zu umbrechen, die mit dünnen Quadrätchen oder Spähnen durchschossen sind, so handelt er klug, wenn er solche vorher mit dem Schwamm anfeuchtet, damit die Buchstaben und Zeilen besser zusammen halten, und beym Umheben aus dem Umbrechschiffe in das Setzschiff nicht so

leicht

Justiren und Ausschließen.

...ht aus den Fingern oder im Schiffe umfallen. Ehe eine Columne, die mit hölzernen Spähnen durchschossen ist, ausgebunden werden kann, muß man solche vorher gut zusammendrücken im Schiffe, und sehen, ob selbige accurat Maaß hält; denn die hölzernen Spähne sind sehr nachgiebig, und laufen anfänglich sehr krumm, und dies macht, daß die Columne länger scheint bey gehöriger Zahl der Zeilen; wenn sie aber recht zusammen gedrückt wird, so ist sie doch just. Beym Ausschießen einer solchen mit Spähnen durchschossenen Columne muß sich der Setzer sehr in Acht nehmen, und solche gut fassen, sonst springen sie leicht aus — Anfängern läßt man solche Columnen lieber mit der Schiffszunge aufs Setzbret ausschieben, weil solche auf diese Art und fest ausgebunden, selten ausspringen können. Große Octavcolumnen, Quart- und Folio- und andre große und mit den Händen schwer zu überspannende Columnen müssen allemal mit der Schiffszunge, um mehrerer Sicherheit willen, aufs Bret geschoben werden. Nachdem nun der Setzer so viel Zeilen, als zu seiner Columne gehören, ins Schiff gehoben und alle recht gerade gerückt und zusammen gedrückt hat, so bindet er solche mit einem Bindfaden fest aus, und schießt solche entweder mit den Händen oder mit der Schiffszunge aufs Setzbret aus.

Die

Die Setzbreter, auf welche der Setzer die Columnen ausschießt, müssen sehr gerade und glatt gearbeitet seyn, damit die Columnen sich auf denselben leicht hin und her schieben lassen, ohne dabey irgendwo auf dem Brete hängen zu bleiben, wodurch die Columnen leicht verschoben werden können. — Die Setzbreter müssen immer rein und trocken gehalten werden. Denn werden auf diesen nasse Formen oder Schriftstücken gelegt, so laufen hernach die Setzbrete leicht krumm, werden rauh, platzen oder spalten sich leicht, und werden dann zum fernern Gebrauch bey dem Ausschieben untüchtig, und können hernach nur als Waschbreter gebraucht werden. (Siehe hierüber auch die Artikel: Setzbret, und Waschbret im typogr. Wörterbuche im 2ten Theile dieses Buches und andre in demselben erklärte und hieher gehörige Aufsätze, besonders aber die Wörter: Ausschießen, oder Ausschieben, Justiren, Umbrechen ꝛc. wobey manches hieher gehörige Wesentliche etwas ausführlicher abgehandelt worden ist.

Drittes Kapitel.

Unterricht von den verschiedenen Formaten.

Da das richtige Ausschießen der Columnen und die Einrichtung und Bildung der Formate für dem praktischen Buchdrucker eine wichtige und wesentliche Sache ist, so will ich hierüber etwas ausführlicher seyn, als über manche andre weniger typographisch-praktische Gegenstände. Anfängern zum besten habe ich hier im Folgenden die gebräuchlichen und auch einige in manchen Ländern selten vorkommende Formate möglichst deutlich vorgestellt, so daß jeder Neuling sich wird leicht darnach beym Ausschießen richten können.

Hier will ich auch einige Erinnerungen vom sogenannten Anschießen oder Andrucken machen, wobey oft auf mancherley Art von angehenden Setzern gefehlt wird.

Läuft nämlich die Materie oder der Text eines Werkes so aus, daß am Ende über den ganzen Bogen zwey, vier, sechs oder acht Seiten übrig bleiben, und es wird daraus entweder ein einziges Blatt, Viertels- oder halber Bogen formirt, und besonders abgedruckt, so muß der Buchdrucker solche nach dem Abdruck gehörig abschneiden, und gehörigen Orts den Exemplaren beylegen. Dies macht, besonsonders bey starken Auflagen, dem Buchdrucker viel Mühe und Versäumniß — und einzelne Blätter, Viertels- und halbe Bogen gehen leichter aus den Lagen und Exemplaren verloren als ganze Bogen. Der Setzer muß also gegen das Ende seines Werkes sich beym Satz so halten, daß es am Ende gerade mit dem Bogen aufgeht. Geht dies aber nicht allemal an, so muß der Setzer die übrig gebliebenen Columnen beym Titel- und Vorrede-Bogen schicklich mit anschießen, wenn Platz dazu bleibt, und es beym Umbrechen und Justiren leicht darnach eingerichtet werden kann. Oder er kann den etwa übrig gebliebenen Viertels- oder halben Bogen mit andern etwa im Werke vorkommenden separaten Sachen zusammen auf einen Bogen ausschießen, und so stellen, daß nach dem Abdruck jedes für sich bestehende Ganze gehörig abgeschnitten, gefalzt und beym Binden gehörigen Orts mit eingeheftet werden kann. Wie man einzelne Blätter schicklich mit anschießen oder zusammen auf einen ganzen Bogen ausschießen und abdrucken soll, und was dabey mit in Acht zu nehmen, kommt weiter unten vor.

Die hier folgenden mit Typen gesetzten Vorstellungen der Formate werden angehenden Setzern zum bequemen Leitfaden dienen, und sich seinem Gedächtnisse bald einprägen.

Nro.

Formate.
No. I. Lang-Folio.
Schöndruck.

Wiederdruck.

a

No. II. Queer-Folio.

Schöndruck.

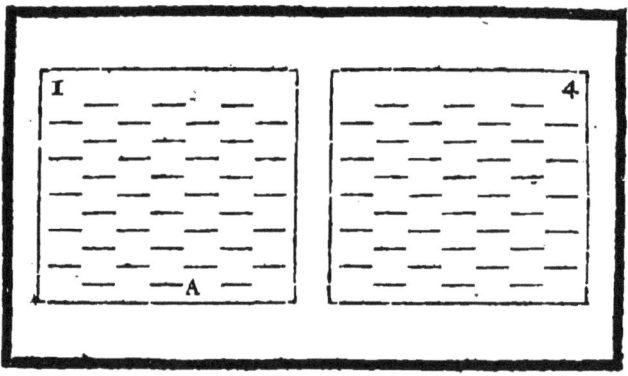

Wiederdruck.

Formate.

No. III. Duern, oder zween in einander gehörige Bogen.

Anmerkung. Dazu gehören, wie man leicht sieht, 4 Setzbreter. Auf das erste Bret des ersten Bogens wird die erste, und daneben die 8te oder letzte Columne des ganzen Duernbogens ausgeschossen; auf das 2te Bret des ersten Bogens kommt die 7te links, und die 2te rechts. Auf das erste Bret des 2ten Bogens kommt links die 3te, und rechts die 6te. Auf das 2te Bret des 2ten Bogens muß rechts die 5te, und links die 4te Columne, wie obige Figur zeigt.

IV Formate.

No. VI. Tritern, oder drey in einander gesteckte Bogen.

Der erste Bogen.

Schönbruck.   Wiederdruck.

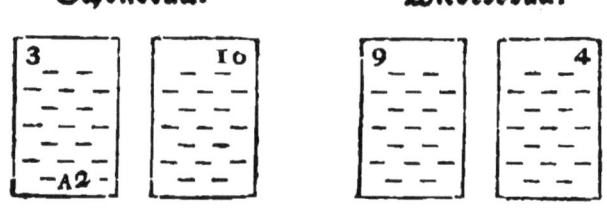

Der andere Bogen.

Schönbruck.   Wiederdruck.

Der dritte Bogen.

Schönbruck.   Wiederdruck.

Formate.

No. V. Quatern, oder vier in einander gesteckte Bogen.

Der andere Bogen.

Schöndruck.   **Wiederdruck.**

| 1 | 16 | 15 | 2 |

Der andere Bogen.

Schöndruck.   **Wiederdruck.**

| 3 | 14 | 13 | 4 |

A2

Der dritte Bogen.

Schöndruck.   **Wiederdruck.**

| 5 | 12 | 11 | 6 |

A4

Der vierte Bogen.

Schöndruck.   **Wiederdruck.**

| 7 | 10 | 9 | 8 |

A4   A5

Anmerkung
über die Formate von Nro. III. und IV.

Wenn man Duern, Tritern, Quatern, Quintern, und andere solche in einander zu steckende Formate im Ausschießen bestimmen will, wo im ganzen fertigen Exemplare die Bogen einer in den andern gelegt und geheftet werden sollen, und man weis, wie viel Bogen es im Druck giebt, oder geben soll oder muß; so darf man nur eben so viel Bogen Papier nehmen, und solche einen in den andern legen, und oben an den Ecken eines jeden solchen Bogens die Pagina mit Bleystift schreiben, und auch die Signaturen A, B, C, u. s. w. ganz unten an denen Bogen hinzeichnen, und dann die Bogen wieder aus einander nehmen, und solche ausgebreitet dem Setzer zur Richtschnur beym Ausschießen vorlegen, der dann leicht einsehen wird, welche Columnen oder Paginae zum ersten, zweyten, dritten und übrigen in einander zu steckenden Bogen gehören, und im Ausschießen im Schöndruck und Wiederdruck neben einander zu stehen kommen müssen.

Die eben angeführten Formate gebraucht man gemeiniglich bey Landesherrlichen Mandaten, welche im Druck mehrere Bogen werden, oder beym Druck der Rechnungs-Extracte bey Verwaltung Landesherrlicher Domainen-Güter oder großen Land-Wirthschafts-Rechnungen und dergl. damit solche nach dem Abdruck leicht und geschwind geheftet werden können. Denn man hat dann nur nöthig, die Bogen nach ihren Signaturen in gehöriger alphabetischer Ordnung einen in den andern zu legen, und hernach in der Mitte des mittelsten oder letzten Bogens mit der Nadel durchzustechen, und es zusammen zu heften, so kann man gleich das ganze Exemplar in seiner gehörigen Form und Ordnung durchlesen.

Formate.

No. VI. Ordinair Quart.

Schöndruck.

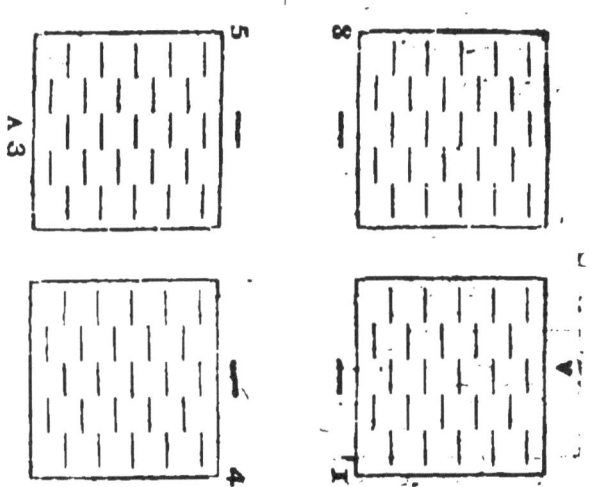

Wiederdruck.

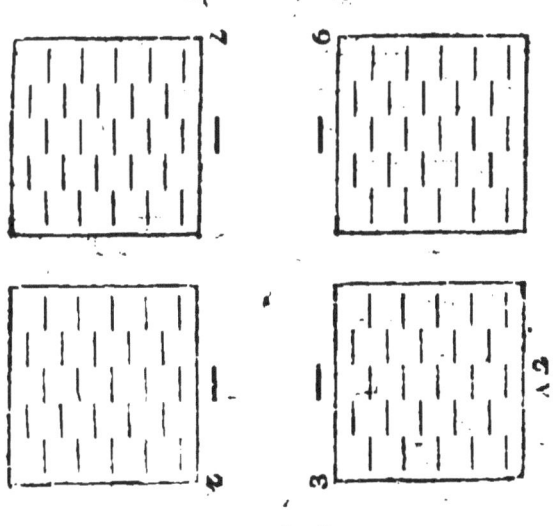

No. VII. Queer-Quart.

Schöndruck.

Wiederdruck.

Formate. IX

No. VIII. Lang Quart.

Schöndruck.

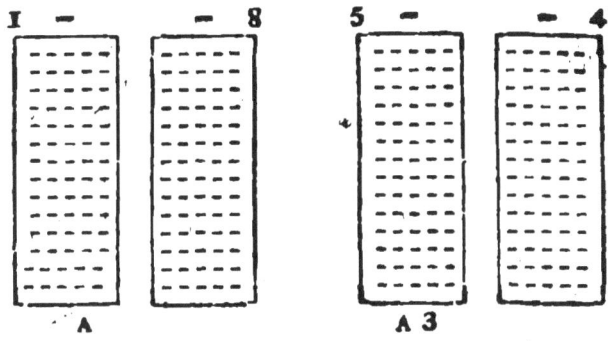

Wiederdruck.

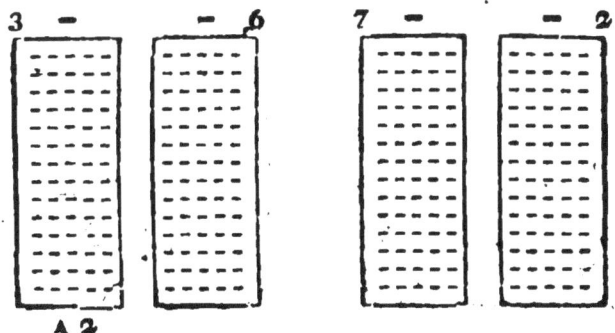

Formate.

No. IX. Lang-Quart.

Ein halber Bogen.

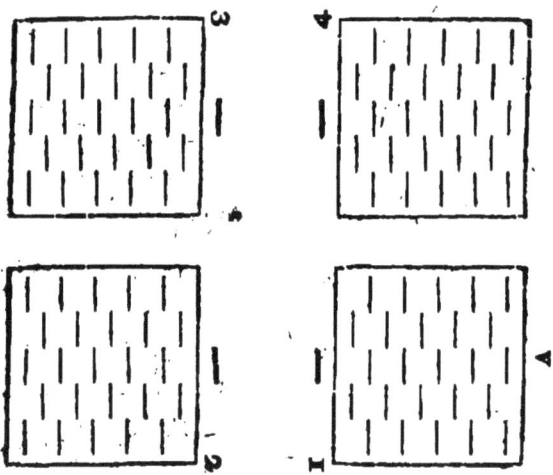

No. X. Queer-Quart.

Ein halber Bogen.

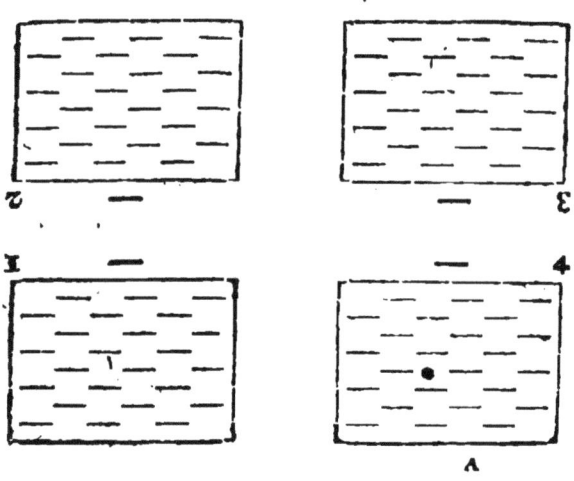

Formate.

No. XI. Quart.

Zween halbe Bogen in Quart mit zwo Signaturen.

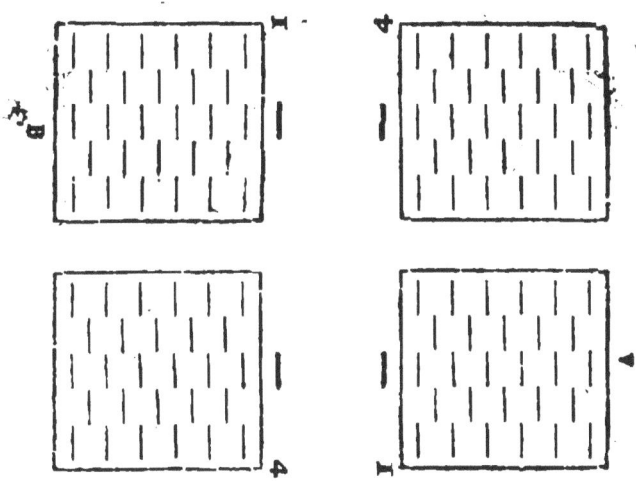

Wiederdruck.

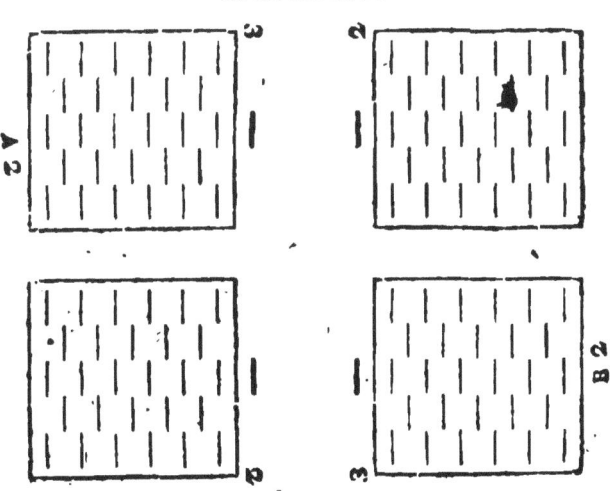

No. XII. Queer=Quart.

Zween halbe Bogen in Queer=Quart mit zwo Sighaturen.

Schöndruck.

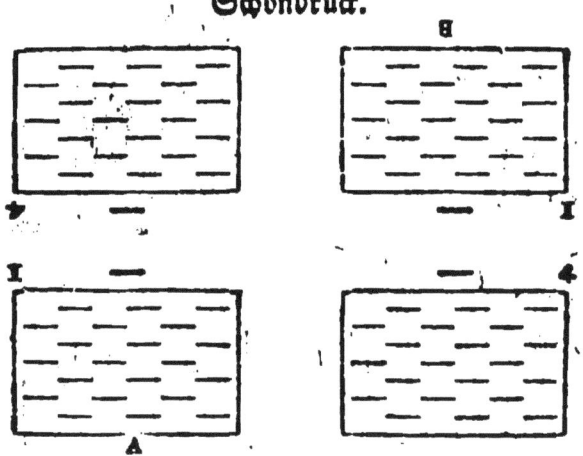

Wiederdruck.

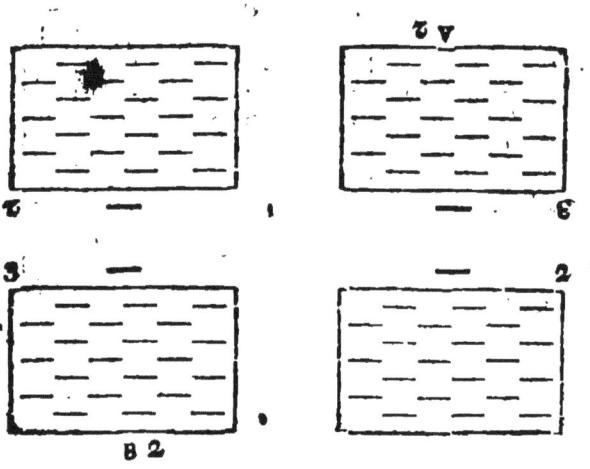

Formate. XIII

No. XIII. In Sexto.

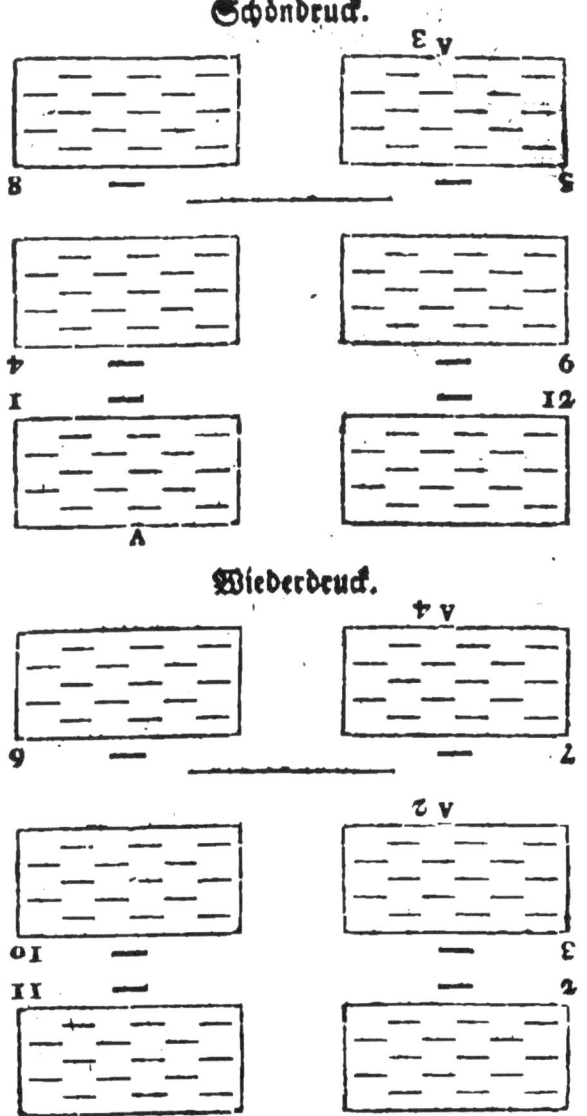

No. XIV. Ordinair Oktav.

Schöndruck.

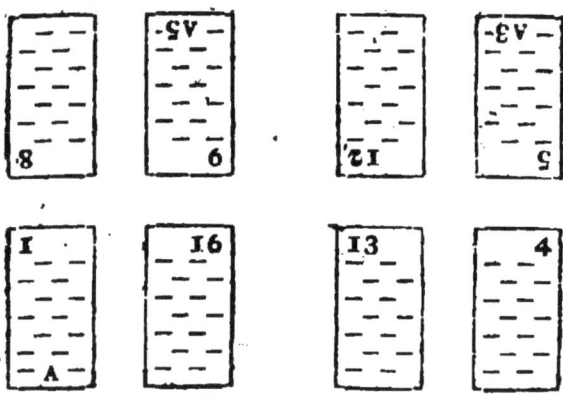

Wiederdruck.

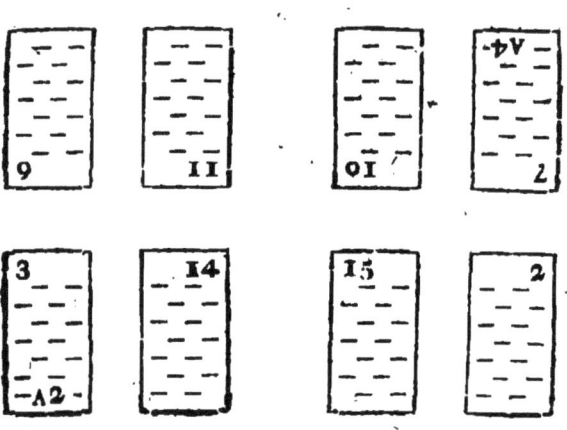

No. XV. Breit=Oktav.

Schöndruck.

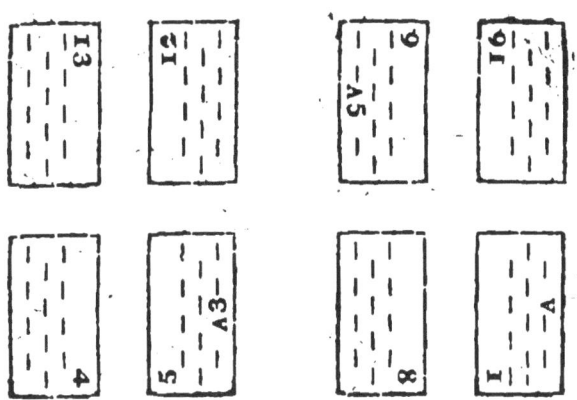

Wiederdruck.

No. XVI. Lang-Oktav.

Schöndruck.

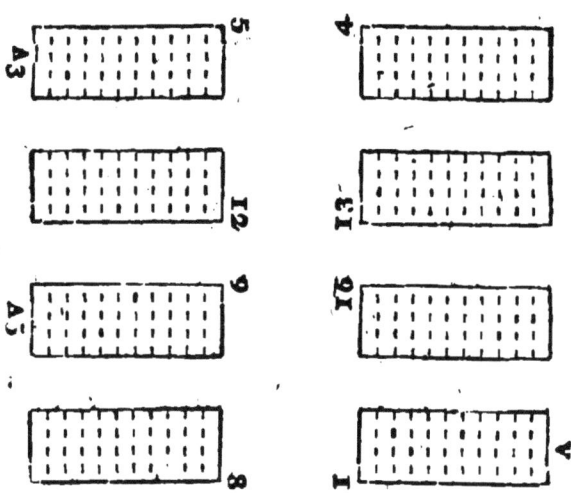

Wiederdruck.

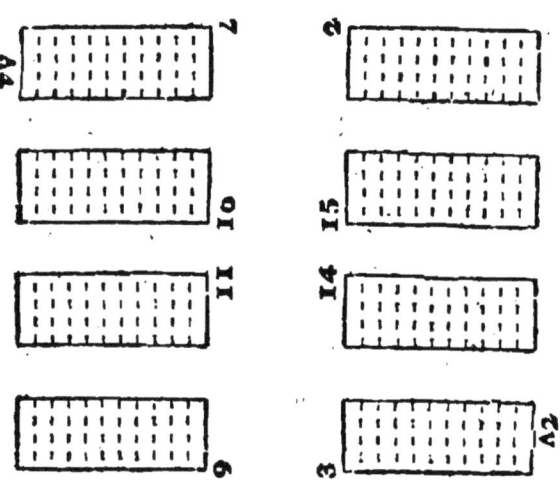

Formate.

No. XVII. Ordinair Oktav.

Ein halber Bogen.

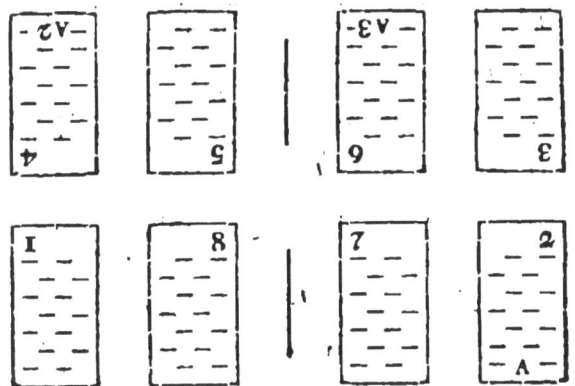

No. XVIII. Ordinair Oktav.

Ein Viertel=Bogen.

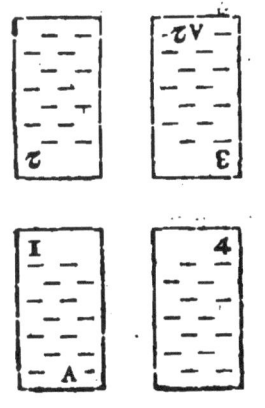

xviii Formate.

No. XIX. Ordinair Oktav.

Zween halbe Bogen in Oktav mit zwo Signaturen.

Schöndruck.

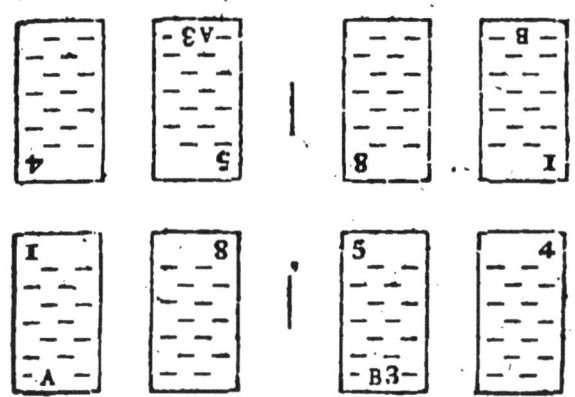

Wiederdruck.

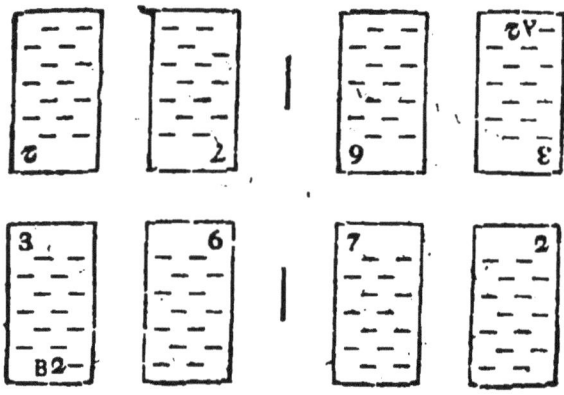

Formate.

No. XX. Ordinair Oktav.

Zwey Viertel Bogen auf einen halben Bogen mit zwey Signaturen.

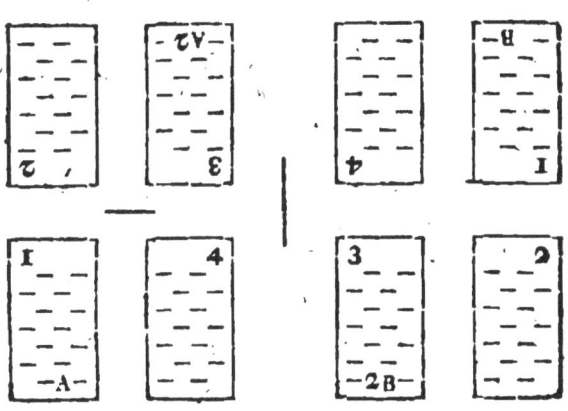

No. XXI. Breit=Oktav.

Ein halber Bogen.

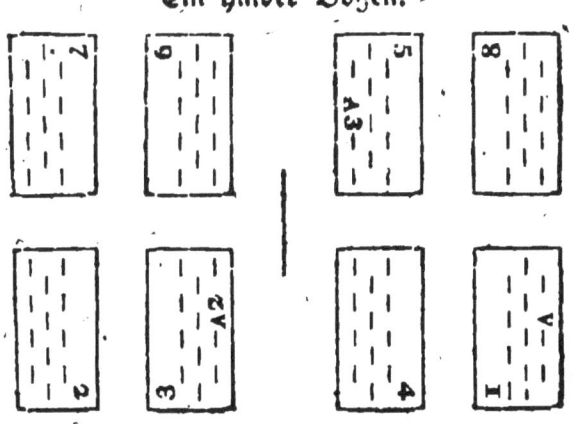

No. XXII. Breit-Oktav.

Zween halbe Bogen in Breit-Oktav mit zwo Signaturen.

Schöndruck.

Wiederdruck.

Formate. xxi

No. XXIII. Queer = Duodez.

Schöndruck.

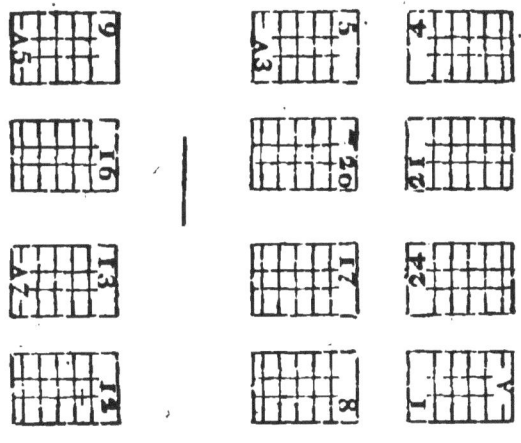

Wiederdruck.

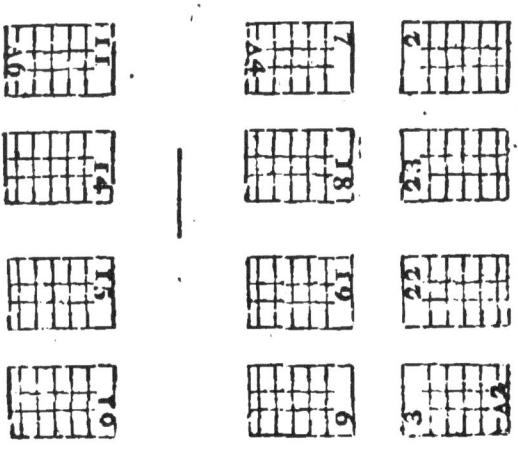

xxn Formate.

No. XXIV. Queer = Duodez.
Ein halber Bogen.

No. XXV. Ein Drittheil in = Queer = Duodez.

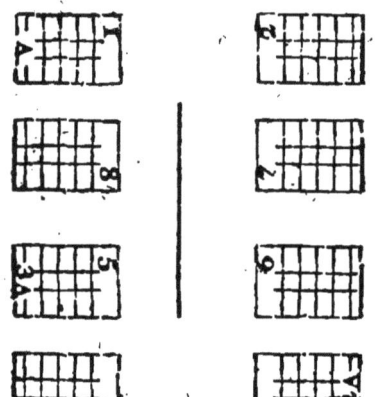

No. XXVI. Lang-Duodez.

Schöndruck.

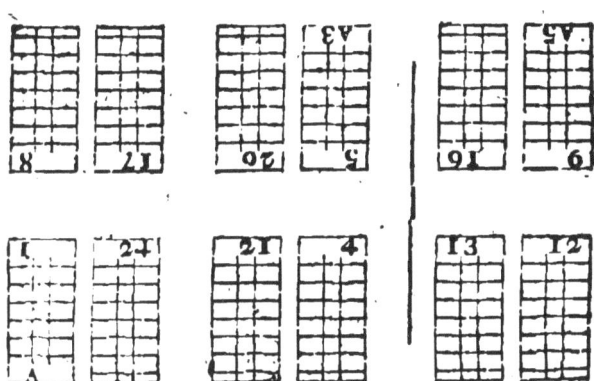

Wiederdruck.

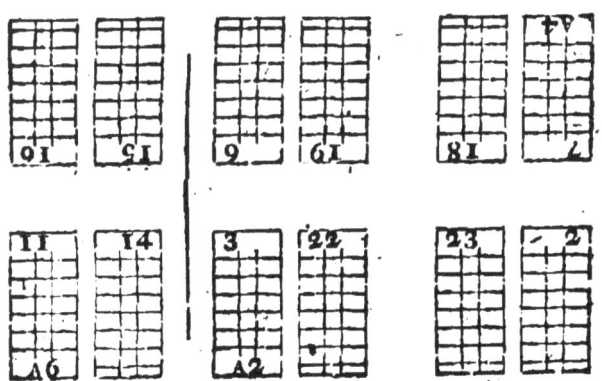

No. XXVII. Lang=Duodez.

Ein halber Bogen in Lang=Duodez mit einer Signatur.

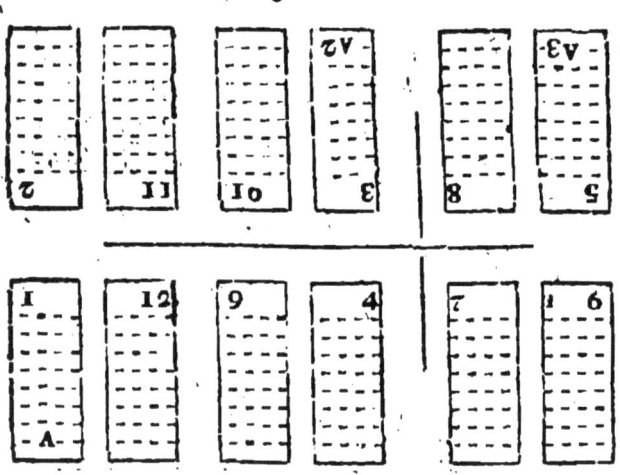

No. XXVIII. Lang=Duodez.

Ein halber Bogen in Lang=Duodez mit zwo Signaturen.

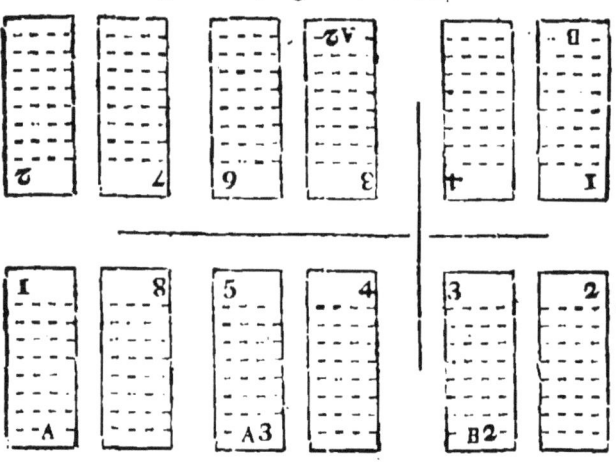

Formate. XXV

No. XXIX.* Decimo-Sexto.
mit zwo Signaturen.

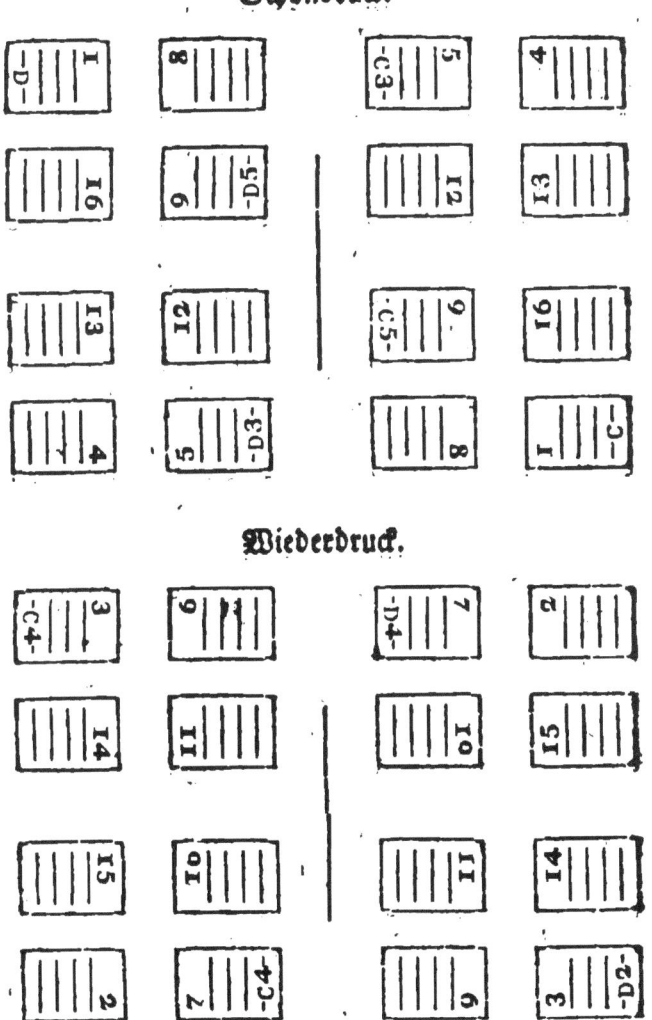

b 5

No. XXX. Decimo Sexto.
Mit einer Signatur.

Schöndruck.

Wiederdruck.

Formate. xxvii

No. XXXI. Lang Decimo Sexto,
mit zwo Signaturen.

Schöndruck.

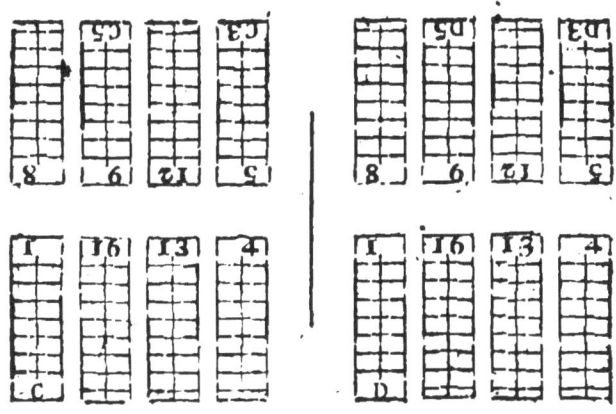

Wiederdruck.

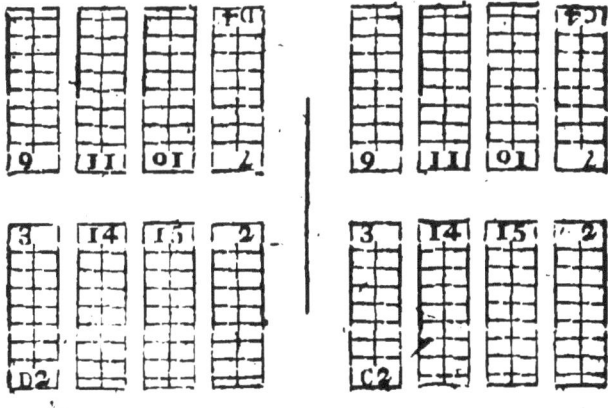

No. XXXII. Lang-Decimo Oktavo,
mit zwo Signaturen.

Schöndruck.

Wiederdruck.

Formate. xxix

No. XXXIII. **Breit=Dezimo Oktav,**
mit zwo Signaturen.

Schöndruck.

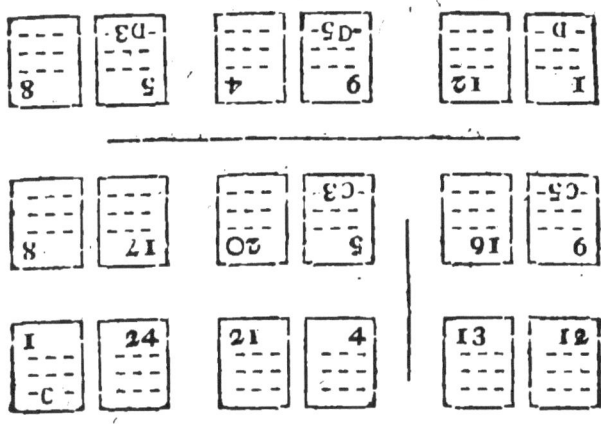

Wiederdruck.

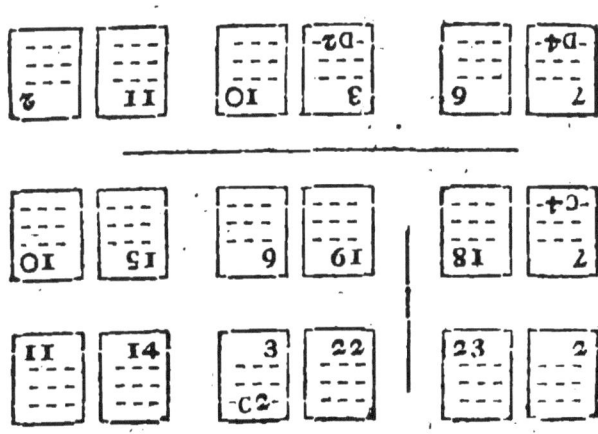

No. XXXIV. Lang-Vigesimo Quart, mit zwo Signaturen.

Schöndruck.

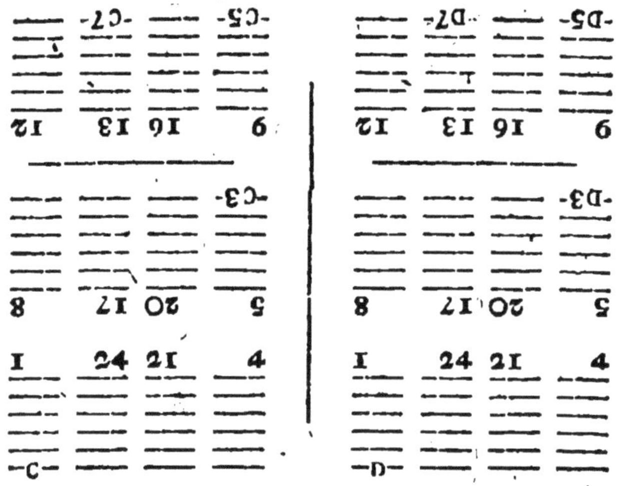

Wiederdruck.

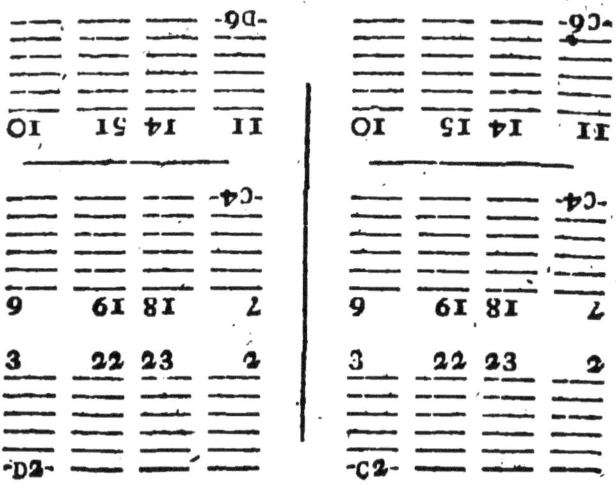

No. XXXV. Trigesimo Secundo,
mit zwo Signaturen.

Schöndruck.

			-B3-				-C3-
4	29	28	5	4	29	28	5
13	20	21	12	13	20	21	12

			-B5-				-C5-
16	17	24	9	16	17	24	9
1	32	25	8	1	32	25	8
-B-				-C-			

Wiederdruck.

			-C2-				-B2-
6	27	30	3	6	27	30	3
11	22	19	14	11	22	19	14

10	23	18	15	10	23	18	15
7	23	31	2	7	26	31	2
-C4-				-B4-			

No. XXXVI. **Ein Quartbogen auf Hebräisch auszuschießen.**

Schöndruck.

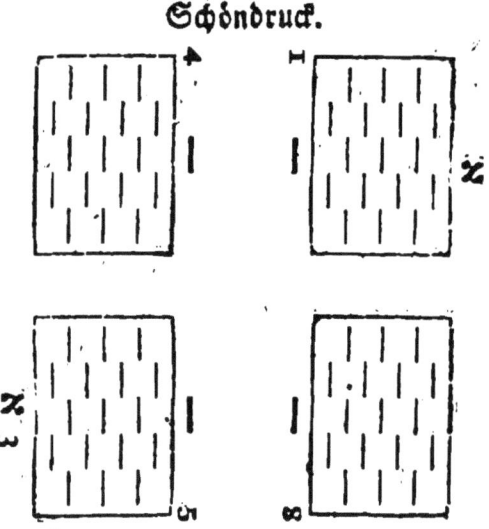

Wiederdruck.

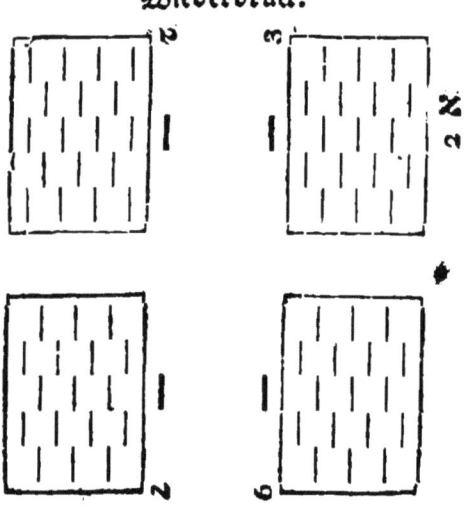

Formate.

No. XXXVII. Einen Oktavbogen auf Hebräisch auszuschießen.

Schöndruck.

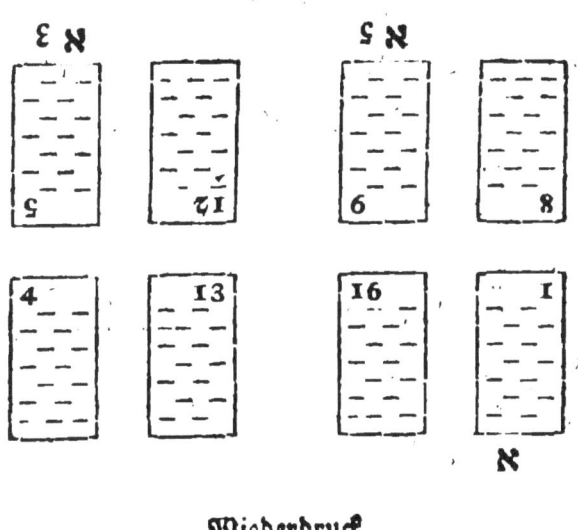

Wiederdruck.

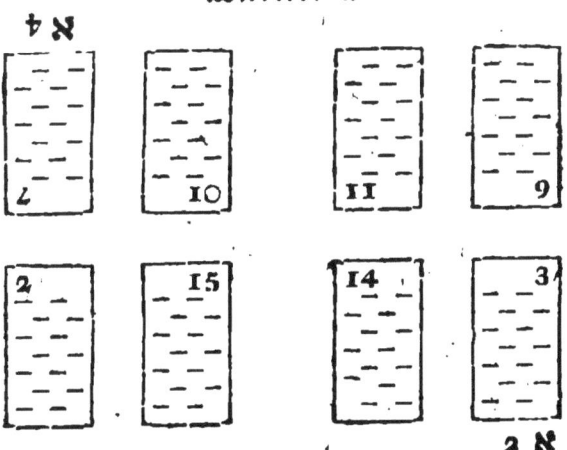

No. XXXVIII. **Vier Viertel-Bogen**
auf einen Oktav-Bogen mit 4 Signaturen.

Schöndruck.

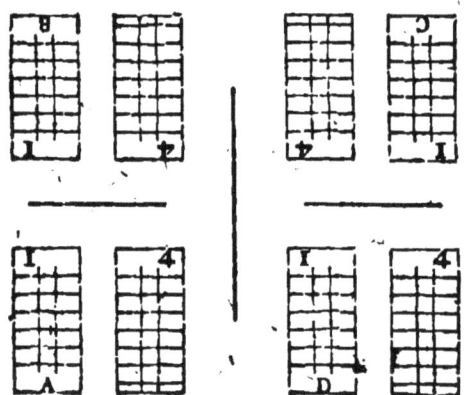

Wiederdruck.

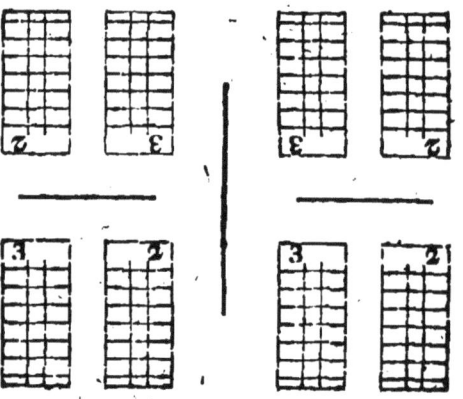

Gießzettel.

Wie viel zu einem Centner Cicero Fractur ohngefehr nöthig.

A	100	a	1150	ch	700
B	80	b	440	ck	125
C	90	c	50	st	400
D	100	d	1050	si	250
E	120	e	4050	fi	45
F	80	f	350	fl	40
G	120	ff	175	ß	200
H	120	g	550	ä	175
J	120	h	550	ü	150
I	90	i	1900	j	100
K	90	k	250	á	150
L	80	l	700	ò	135
M	80	m	800	ú	175
N	90	n	2750	.	459
O	90	o	700	,	750
P	10	p	200	:	400
Q	100	q	50	;	65
R	120	r	1700	?	65
S	90	z	50	?	50
T	80	s	600	!	50
U	80	ſſ	185	)(	50
V	90	ß	550	Spatia	6000
W	10	t	1700	Schließqua-	
X	10	u	1400	drätgen	300
Y	50	v	325	Halbgevierte	300
Z		w	500	Ganzgevier-	
		x	40	te	300
		y	150		
		z	250		

Gießzettel.

Wie viel zu einem Centner Cicero Antiqua ohngefähr nöthig ist.

A	150	a	1000	ſt	200	ä	25
B	110	b	300	ſi	175	ë	25
C	125	c	450	fi	75	ï	25
D	130	d	560	fl	65	ö	25
E	110	e	1400	ffi	75	ü	25
F	110	f	250	ffi	50	1	150
G	115	ff	150	ffl	40	2	100
H	115	g	350	j	150	3	100
I	225	h	300	æ	190	4	90
K	35	i	2000	œ	100	5	90
L	120	k	50	ç	50	6	90
M	120	l	600	á	200	7	90
N	110	m	600	é	200	8	80
O	125	n	1300	í	200	9	80
P	120	o	900	ó	200	0	100
Q	100	p	450	ú	200	.	500
R	120	q	275	à	50	,	650
S	140	r	1000	è	50	-	500
T	120	ſ	450	ì	40	;	80
U	100	ſſ	150	ò	40	:	80
V	150	s	450	ù	40	?	60
W	30	t	1000	â	30	)(	100
X	150	u	900	ê	30	§	75
Y	40	v	275	î	30	'	100
Z	40	w	50	ô	30	*	100
J	80	x	180	û	30	Spatia	
		y	120				5000
		z	110				

Erste Primen-Tabelle.

In Folio-Duern, und in Quart.

NB. Die hier über jede Spalte stehenden römischen Zahlen I. II. III. etc. zeigen die Zahlen des Alphabets an.

	I.	II.	III.	IV.	V.	VI.	VII.	VIII.
A	1	185	369	553	737	921	1105	1289
B	9	193	377	561	745	929	1113	1297
C	17	201	385	569	753	937	1121	1305
D	25	209	393	577	761	945	1129	1313
E	33	217	401	585	769	953	1137	1321
F	41	225	409	593	777	961	1145	1329
G	49	233	417	601	785	969	1153	1337
H	57	241	425	609	793	977	1161	1345
I	65	249	433	617	801	985	1169	1353
K	73	257	441	625	809	993	1177	1361
L	81	265	449	633	817	1001	1185	1369
M	89	273	457	641	825	1009	1193	1377
N	97	281	465	649	833	1017	1201	1385
O	105	289	473	657	841	1025	1209	1393
P	113	297	481	665	849	1033	1217	1401
Q	121	305	489	673	857	1041	1225	1409
R	129	313	497	681	865	1049	1233	1417
S	137	321	505	689	873	1057	1241	1425
T	145	329	513	697	881	1065	1249	1433
U	153	337	521	705	889	1073	1257	1441
X	161	345	529	713	897	1081	1265	1449
Y	169	353	537	721	905	1089	1273	1457
Z	177	361	545	729	913	1097	1281	1465

Zweyte Primen-Tabelle.

In Folio-Tritern, wie auch in Sexto.

	I.	II.	III.	IV.	V.	VI.	VII.
A	1	277	553	829	1105	1381	1657
B	13	289	565	841	1117	1393	1669
C	25	301	577	853	1129	1405	1681
D	37	313	589	865	1141	1417	1693
E	49	325	601	877	1153	1429	1705
F	61	337	613	889	1165	1441	1717
G	73	349	625	901	1177	1453	1729
H	85	361	637	913	1189	1465	1741
I	97	373	649	925	1201	1477	1753
K	109	385	661	937	1213	1489	1765
L	121	397	673	949	1225	1501	1777
M	133	409	685	961	1237	1513	1789
N	145	421	697	973	1249	1525	1801
O	157	433	709	985	1261	1537	1813
P	169	445	721	997	1273	1549	1825
Q	181	457	733	1009	1285	1561	1837
R	193	469	745	1021	1297	1573	1849
S	205	481	757	1033	1309	1585	1861
T	217	493	769	1045	1321	1597	1873
U	229	505	781	1057	1333	1609	1885
X	241	517	793	1069	1345	1621	1897
Y	253	529	805	1081	1357	1693	1909
Z	265	541	817	1093	1369	1645	1921

Formate. xL

No. XXXIX. Ein halber Bogen und zwey Viertel-Bogen auf einen Bogen.

Schöndruck.

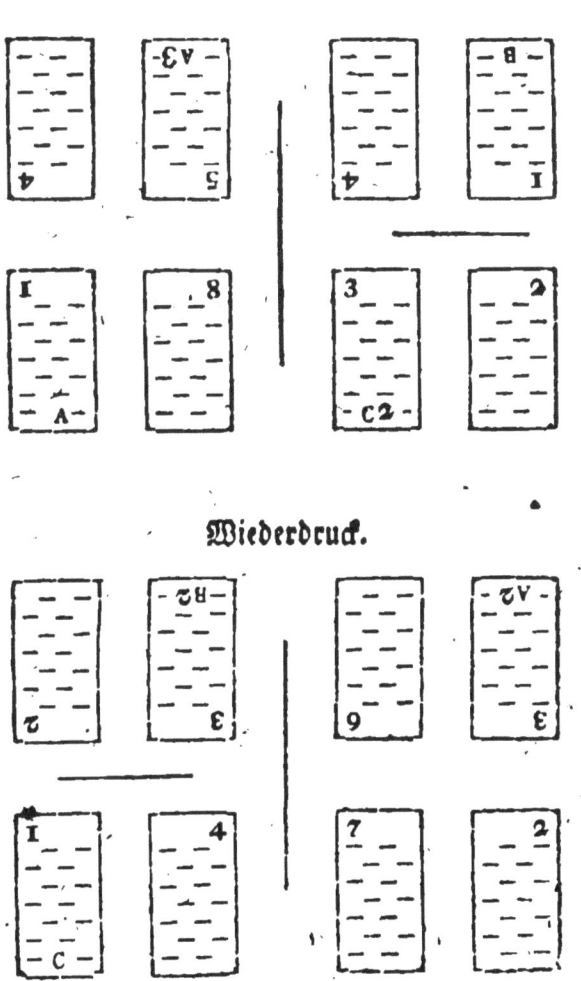

Wiederdruck.

xxxvi Formate.

No. XL. Decimo Sexto.

Ein halber Bogen.

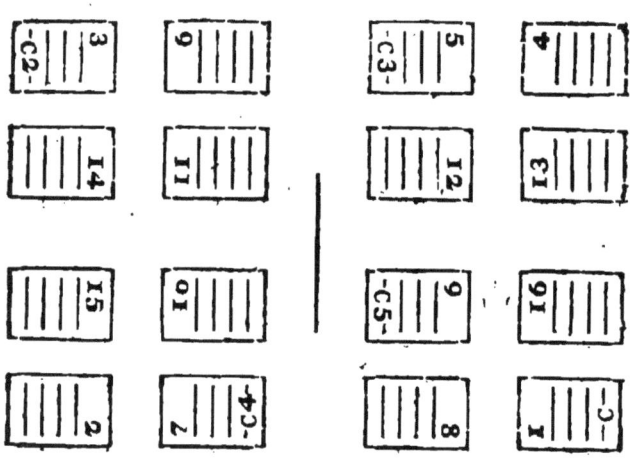

No. LXI. Decimo Sexto.

Ein Viertel-Bogen.

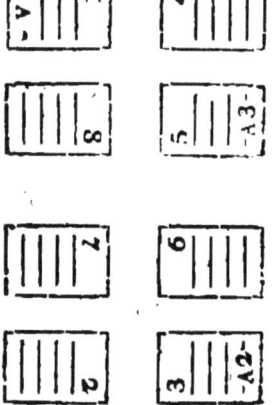

Formate. xxxvii

No. XLI. In Dezimo Oktav.
Ein halber Bogen mit einer Signatur.

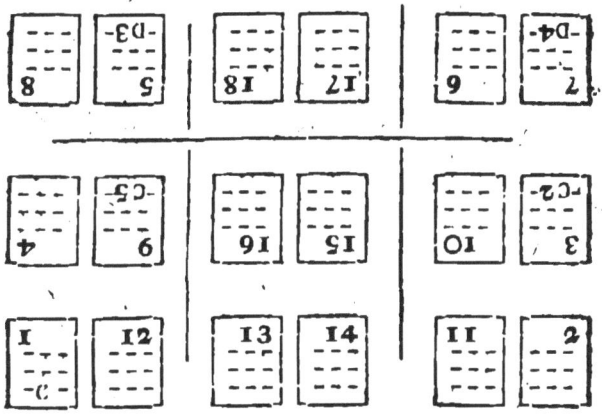

Anmerkung.

Dieser halbe Bogen wird im Wiederdruck umschlagen, und in der Mitten entzwey geschnitten, dann hat man zwey Exemplare. Es müssen aber hernach 3 Blätter, weil sie ungerade, von dem Buchbinder besonders gefalzt und geheftet werden, wobey man nicht vergessen darf, daß der Steg, in welchem dieser halbe Bogen zerschnitten wird, nicht zu schmal gemacht werde, damit an den abgeschnittenen Blättern nicht zu wenig Rand bleibe.

Das Format in lang 18 so wohl ein ganzer als halber Bogen, kann nach kurz 18 mit 2 oder 3 Signaturen ausgeschossen werden, wenn man zu dieser Absicht die Figur drehet, so daß die untersten Schrauben zur rechten Hand kommen, die Columnen also den langen Weg ausgeschossen, und wo der Bogen umschlagen, muß er umstülpt werden, und wo er umstülpt wird, muß er hierbey umschlagen werden.

No. XLII. In Decimo Oktavo.
Ein Drittel=Bogen.

Anmerkung über dieses Drittel.

Wenn der Schöndruck ausgedruckt ist, so muß man die Forme hinauf rücken, nach dem obern Kapital zu, alsdann wird es recht auf einander folgen. Nach diesem bleibt der Drittel des Bogens noch weiß, dann muß man die untersten 6 Columnen, nämlich: 1, 12, 9, 4, 5, 8, wieder hinabrücken an den Ort, wo sie hier auf der gesetzten Figur stehen, die andern 6 Columnen aber oben stehen lassen, und also den noch weißen Drittel des Bogens von den untersten 6 Columnen abdrucken, und dann den Haufen Papier umstülpen, und die obern 6 Columnen auch abdrucken, so wird der Bogen vollgedruckt seyn. Er muß viermal durchgedruckt werden!

Ein Drittel in lang 18 kann gleichfalls nach obiger Figur ausgeschossen werden, wenn man sich solche nämlich als umgedreht vorstellt, so daß die untersten Schrauben zur linken, und der oben leere Platz A B der Forme rechter Hand kommen.

Dritte Primen-Tabelle.

Duern in Quarto, und in Octavo.

	I.	II.	III.	IV.	V.	VI.
A	1	369	737	1105	1473	1841
B	17	385	753	1121	1489	1857
C	33	401	769	1137	1505	1873
D	49	417	785	1153	1521	1889
E	65	433	801	1169	1537	1905
F	81	449	817	1185	1553	1921
G	97	465	833	1201	1569	1937
H	113	481	849	1217	1585	1953
I	129	497	865	1233	1601	1969
K	145	513	881	1249	1617	1985
L	161	529	897	1265	1633	2001
M	177	545	913	1281	1649	2017
N	193	561	929	1297	1665	2033
O	209	577	945	1313	1681	2049
P	225	593	961	1329	1697	2065
Q	241	609	977	1345	1713	2081
R	257	625	993	1361	1729	2097
S	273	641	1009	1377	1745	2113
T	289	657	1025	1393	1761	2129
U	305	673	1041	1409	1777	2145
X	321	689	1057	1425	1793	2161
Y	337	705	1073	1441	1809	2177
Z	353	721	1089	1457	1825	2139

Vierte Primen-Tabelle.

In Folio-Tritern gespalten,

wo eine jede Spalte ihre besondere Ziffer hat;

Wie auch

in Quarto-Tritern, und in Duobecimo.

	I.	II.	III.	IV.	V.	VI.
A	1	553	1105	1657	2209	2761
B	25	577	1129	1681	2233	2785
C	49	601	1153	1705	2257	2809
D	73	625	1177	1729	2281	2833
E	97	649	1201	1753	2305	2857
F	21	673	1225	1777	1329	2881
G	145	697	1249	1801	2353	2905
H	169	721	1273	1825	2377	2929
I	193	745	1297	1849	2401	2953
K	217	769	1321	1873	2425	2977
L	241	793	1345	1897	2449	3001
M	265	817	1369	1921	2473	3025
N	289	841	1393	1945	2497	3049
O	313	865	1417	1969	2521	3073
P	337	889	1441	1993	2545	3097
Q	361	933	1465	2017	2569	3121
R	385	987	1489	2041	2593	3145
S	409	961	1513	2065	2617	3169
T	433	985	1537	2089	2641	3193
U	457	1009	1561	2113	2665	3217
X	481	1033	1585	2137	2689	3241
Y	505	1057	1609	2161	2713	3265
Z	529	1081	1633	2185	2737	3289

Schriftrechnung.

Wenn man einen Centner Schrift gießen läſſet, und man muß den Centner bey dem Schriftgießer um ſo und ſo viel Rthlr. bezahlen, wie theuer jedes Pfund kommt. Der Centner zu 110. Pfunden, und jeder Pfennig zu 55. Theilgen gerechnet.

NB. Man kan ſich auch zugleich mit Einkauf verſchiedener Waaren nach gegenwärtigen Tabellen richten, dahero hat man von No. I. angefangen.

Centner um Rthlr.	Jedes Pfund koſtet gr.	pf.	55	Centner um Rthlr.	Jedes Pfund koſtet gr.	pf.	55
1	—	2	34	22	4	9	33
2	—	5	3	23	5	—	12
3	—	7	47	24	5	2	46
4	—	10	26	25	5	5	25
5	1	1	5	26	5	8	4
6	1	3	39	27	5	10	38
7	1	6	18	28	6	1	17
8	1	8	52	29	6	3	51
9	1	11	31	30	6	6	30
10	2	2	10	31	6	9	9
11	2	4	44	32	6	11	43
12	2	7	23	33	7	2	22
13	2	10	2	34	7	5	1
14	3	—	36	35	7	7	35
15	3	3	15	36	7	10	14
16	3	5	49	37	8	—	48
17	3	8	28	38	8	3	27
18	3	11	7	39	8	6	6
19	4	1	41	40	8	8	40
20	4	4	20	41	8	21	19
21	4	6	54	42	9	1	53

Fortsetzung der Schriftrechnung.

Centner um Rthlr.	Jedes Pfund kostet			Centner um Rthlr.	Jedes Pfund kostet		
	gr.	pf.	55		gr.	pf.	55
43	9	4	32	72	15	8	28
44	9	7	11	73	15	11	7
45	9	9	45	74	16	1	41
46	10	—	24	75	16	4	20
47	10	3	3	76	16	6	54
48	10	5	37	77	16	9	33
49	10	8	16	78	17	—	12
50	10	10	50	79	17	2	46
51	11	1	29	80	17	5	25
52	11	4	8	81	17	8	4
53	11	6	42	82	17	10	38
54	11	9	21	83	18	1	17
55	12	—	—	84	18	3	51
56	12	2	34	85	18	6	30
57	12	5	13	86	18	9	9
58	12	7	47	87	18	11	43
59	12	10	26	88	19	2	22
60	13	1	5	89	19	5	1
61	13	3	39	90	19	7	35
62	13	6	18	91	19	10	14
63	13	8	52	92	20	—	48
64	13	11	31	93	20	3	27
65	14	2	10	94	20	6	6
66	14	4	44	95	20	8	40
67	14	7	23	96	20	11	19
68	14	10	2	97	21	1	53
69	15	—	36	98	21	4	32
70	15	3	15	99	21	7	11
71	15	5	49	100	21	9	45

für:	ſetze:	für:	ſetze:
αι	στ	τε	τε
ᾳ	στα	ϛ	τρ
ᾳι	σται	ϛ	τρο
αυ	στε	ꜱ	ττ
ἀπό	στει	τυ	τυ
ἀρ	στι	τῷ	τῷ
ᾧ	στο	τῶν	τῶν
ας	στε	ͳ	τῶν
αυ	στυ	ϑ	ῦ
αυτῇ	στω	⌣	υ
αυτῆς	συ	ᵘ	υι
ᵟ	συν	ω	υν
γα	σχ	ν	υν
ϰ	σχι	ὑπ	ὑπ
κ	σω	ὑπό	ὑπό
ϰ	τα	χα	χα

Vorstellung
einiger Gattungen Röschen.

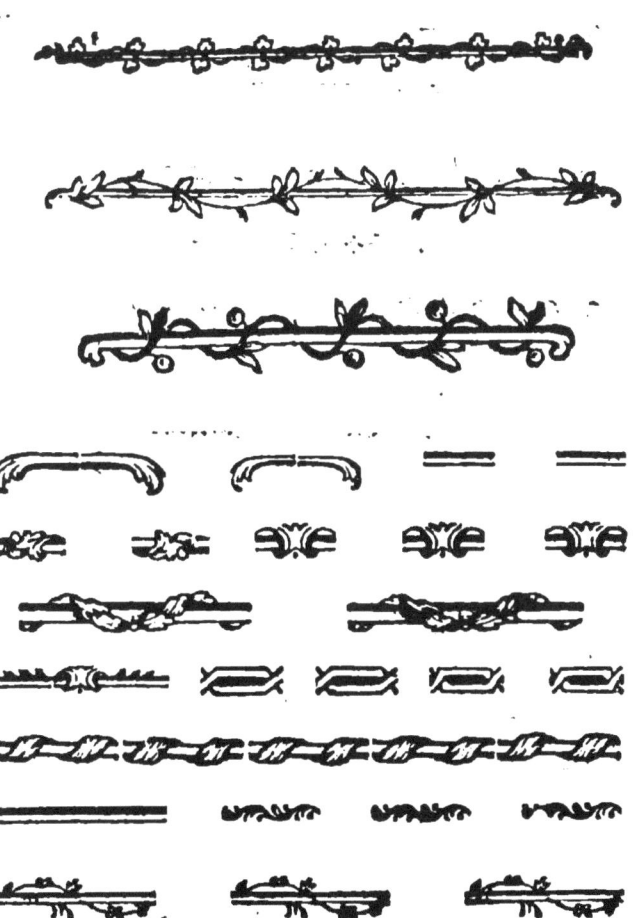

No. XLIII. Kurz-Vigesimo Quart.

Ein halber Bogen mit einer Signatur.

			D5				D6
12	13	16	9	10	15	14	11

			D3				D4
8	17	20	5	6	19	18	7
1	24	21	4	3	22	23	2
D				D2			

Anmerkung.

Diese halben Bogen müssen nach den vorgezeichneten Schnittlinien vor dem Falzen genau zerschnitten werden.

Wenn in einer Offizin ein neues Buch zu setzen angefangen wird, und die Breite und Länge der Columnen gehörig bestimmt, und der erste Bogen ganz ausgesetzt und ordentlich ausgeschossen ist und es soll nun ein Format darüber gelegt werden, so muß man beym Zusammen-Ordnen desselben auf folgende Umstände mit Rücksicht nehmen.

Wenn die Länge und Breite der Columnen bestimmt ist, so muß man erstlich untersuchen, auf welches Papier es gedruckt werden soll? ist das Papier dazu sehr groß, so braucht man die Mittel-Kreuz-und Bundstege nicht so schmal zu suchen, und muß darauf sehen, daß der Raum am Rande der Seiten herum und in den Kreuz-und Mittelstegen gehörig verhältnißmäßig eingetheilt wird. Ist das Buch viele Bogen stark, so muß man die Bundstege nicht zu schmal machen. Denn wenn ein sehr starkes Buch hernach gebunden ist, und hat schmale Bundstege, so muß der Leser den Band zu sehr aufbiegen, weil sich die Zeilen wenn das Buch eingebunden ist, so tief im Winkel anfangen. Bey Werken, die nur einige Bogen stark sind, kann man die Bundstege eher schmäler machen, je nachdem das dazu gewählte oder vorhandene Papier es zuläßt.

Das Uebrige, was beym Zusammensuchen der Stege zu einem Formate oder bey Bestimmung eines Formates etwa noch zu beobachten, wird ein gewissenhafter Informator eines Setzers oder Drucker-Lehrlings seinem Zöglinge leicht beybringen können, und ihm erklären wie im Grunde alle Formate aus Folio und Oktav zusammen gesetzt sind, und daß man leicht vielerley Abwechselung damit machen kann. Das Uebrige noch hieher gehörige kömmt in dem Kapitel: Vom Unterricht eines Drucker-Lehrlings vor.

Viertes Kapitel.
Vom Formenschließen.

Dies wird von vielen Setzern und Druckern für eine geringfügige und leichte Sache gehalten; und man hört oft unter ihnen sagen: „dieser kann nicht einmal eine Forme schließen!" — wenn etwa von einem Stümper gesprochen wird. Allein das accurate Formenschließen ist eben so leicht nicht, als mancher glaubt. — Wenn alle Columnen gut ausgeschlossen und richtig justirt sind, so kann doch, blos durch schlechtes Schließen der Formen, der Druck ein schlechtes und unregelmäßiges Ansehen bekommen. Daher muß ein Setzer- so wohl als Drucker-Lehrling sich befleißigen, eine Forme gut und accurat schließen zu lernen. Man muß beym Schließen einer Forme folgendergestalt zu Werke gehen.

Wenn der Bogen ausgesetzt ist, und alle Columnen auf ihre rechten Stellen der Setzbreter ausgeschossen und ordentlich gerückt sind, dann schlägt der Setzer das dazu gehörige Format über dieselbe, nachdem er es vorher erst recht genau untersucht hat, ob alle dazu gehörige Stege richtig beschaffen sind, wenn er es nicht gewiß weis, und ein Format noch nie gebraucht hat. Alsdann rücket er mit beyden Händen die Columnen, um welche er nun al-

Buchdr. J le

le Formatstege gelegt, ordentlich und enge zusammen, und löset die Columnenschnuren mit Vorsicht auf, wobey er sich in Acht nehmen muß, daß er beym Lösen und Aufziehen des Bindfadens nichts mit, durch zu raschesBenehmen dabey, in die Höhe reiße, und durch einander werfe. Damit nun dieses nicht so leicht geschehen kann, so legt man allezeit die Hand über die Columne, die man auflösen will, und steckt die Columnenschnur zwischen den Mittel- und Zeigefinger, und zieht selbige so allmählig zwischen diesen Fingern durch, wobey die Hand immer das Gegengewicht ist, das nicht leicht beym Aufziehen des Bindfadens etwas von den Columnen mit in die Höhe gerissen oder umgeworfen werden kann.

Allemal wenn die Columnenschnure einmal von der Columne rund herum abgelöst ist, muß der Setzer mit der Hand dieselbe Columne ein wenig mit den Stegen anschieben, damit in den leeren Zwischenräumen, die durch das Hinwegnehmen der Schnure um die Columne herum entstanden, nichts so leicht beym Anfang und Ende der Zeilen umfalle, welche dann schwer wieder in die Höhe gerichtet werden kann, zumal wenn man die Columnen auf dem Setzbret nicht gern naß machen will, weil die Setzbreter durch die Nässe leicht verdorben und hernach krumm werden.

Sind

Vom Formenschließen.

"Sind nun die Columnenschnuren von alten Columnen abgelöst, so werden die Columnen nochmals alle gehörig angeschoben, gerade gerückt, und genau nachgesehen, ob alles gerade steht, und sich keiner von allen zum Format gehörigen Stegen spannt, oder zu kurz ist. Ist nun das Format richtig übergeschlagen; so legt man dann die Rahme drüber, und steckt den Schließnagel zwischen die Rahmenstange und das Rahmeisen, und treibt damit die Forme nochmals von beyden Seiten gut an oder zusammen, nach den linken Rahmen-Winkel zu. Hernach nimmt man das Klopfholz, und klopft mit dem Schließnagel auf demselben über die Forme hin, damit alle in der Forme etwa noch in die Höhe ragende Buchstaben dadurch niedergedrückt werden, und alle Buchstaben der Forme eine gerade Oberfläche bilden, weil sonst beym Abziehen der Correctur unmöglich ein egaler, guter und leserlicher Abdruck hervorgebracht werden kann. — Man darf aber nicht zu stark mit dem Klopfholz und einem schweren Schließnagel lange auf der Forme herum donnern: dies ist unnöthig, und verdirbt die Schrift, und dadurch werden viele dünne etwa da und dort in der Forme noch in die Höhe stehende Buchstaben leicht zerschlagen oder abgebrochen, zumal griechische und hebräische Accente, die sehr dünn und zart sind. Diese zerschlägt man-

cher

cher ungeschickte Drucker oftmals so gar mit den Ballen beym Auftragen — geschweige denn ein unbesonnener Setzer, wenn er mit einem schweren Klopfholz und schweren Schließnagel so stark auf der Forme herum trommelt, daß einem nebenstehenden die Ohren gällen mögten! — Beym Klopfen der Forme geht man mit dem Klopfholz unten von der linken Hälfte derselben aus, über dieselbe hinauf, bis an die obern Anlege oder Kapitalstege, alsdann über die rechte Hälfte der Forme wieder herunter, welches so oft wiederholt wird, als die Größe oder Breite der Forme es erfordert, oder bis alle Columnen derselben von dem Klopfholz gut getroffen worden sind. Das Klopfholz muß an seiner untern Fläche sehr gleich und gerade gearbeitet seyn, und keine Löcher oder Tiefungen enthalten, sonst hilft das Klopfen nichts. Die obere Seite des Klopfholzes, wo der Setzer mit dem Schließnagel währendem Klopfen aufschlägt, muß gezeichnet seyn, entweder mit einem kleinen Einschnitt mit dem Messer oder der Handsäge, damit der Setzer beym Klopfen aus Irrthum nicht so leicht auf die gute oder gerade Seite schlägt, und dadurch das Klopfholz verdirbt. — Die Klopfhölzer läßt man aus hartem Holze verfertigen, und ihnen die Gestalt eines länglichen Vierecks geben, und braucht solche nur etwa zehn Zoll lang,

Vom Formenschließen.

lang, vier Zoll breit, und anderthalb Zoll dick zu seyn. Man befestigt gemeiniglich an dem Ende der Oberfläche des Klopfholzes ein ledernes Riehmchen in Form eines Schleifchens, damit man es neben sich an einem ruhigen Ort anhängen kann, und solches nicht leicht von unwissenden und muthwilligen Personen entdeckt und gemißhandelt werden kann.

Bey Folio-Oktav- oder solchen Formaten, wo die Zeilen dem Setzer, wenn er vorn an der Forme steht, queer oder von seiner linken zur rechten Hand laufen, wird lieber erst von der rechten Seite, vor dem Zuschließen, nach der linken mit dem Schließnagel angetrieben und zuzuschließen angefangen. Bey ordinairem Quart- oder andern Formaten, wo die Zeilen in der Forme von oben nach der vordern Schrauben-Rahmstange herunter laufen, treibt man vor dem Zuschließen erst von unten nach dem obern Kapital zu an, und dreht die Schrauben dabey mit der linken Hand möglichst nach, und verfährt dann weiter also bey der andern Seite der Forme. Und auf eben dieselbe Art muß man auch zuzuschließen anfangen. Dabey muß man nicht etwa eine Schraube auf einmal ganz zuschließen, sondern um die ganze Reihe herum, eine nach der andern, und eine jede nur halb, und beym zweyten Herumgehen immer stärker, und dann noch-

nochmals, bis alle Schrauben gleich stark oder fest angeschlossen sind. Uebermäßig und zu stark dürfen die Schrauben nicht angeschlossen werden, weil dadurch die Formen leicht ausspringen und durch gar zu festes Zuschließen nur die Schrauben eher verdorben werden. Wenn nun der Setzer die Forme regelmäßig und ordentlich zugeschlossen hat, so hebt er dieselbe etwas in die Höhe, und probirt, ob alles festhält, ehe er solche den Drucker zum Abziehen oder Einheben forttragen läßt.

Beym Schließen muß der Setzer wissen, oder untersuchen, wie die Rahmen, die er dazu gebrauchen soll, beschaffen sind, ob solche accurat und richtig winkelrecht gearbeitet oder da und dort krumm oder schief sind. Denn in manchen Buchdruckereyen findet man wohl viel Rahmen herum stehen, worunter aber öfters die wenigsten accurat und brauchbar sind. Bey schlechten oder ungleichen Rahmen muß sich der Setzer beym Schließen helfen können. Wenn die Rahmen nur im linken Winkel recht accurat sind, so gehts allenfalls an, denn gegen denselben geht eben alle Gewalt des Zuschließens von der rechten Seite her. Wenn die zwey mit Schrauben versehenen Rahmenstangen auch etwa eine bauchigte Biegung haben, und nur die Rahmeisen gut und gerade sind, und der linke Rahmenwinkel

Vom Formenschließen.

kel richtig gearbeitet ist, so kann man doch so damit schließen, daß in der Forme alles gerade steht. Ist die Rahme im linken Winkel ungleich, so muß der Setzer beym Schließen sich durch Einlegung von accurat geschnittenen Schiefspähnen oben beym Capital zu helfen und den unrichtigen Winkel der Rahme dadurch zu verbessern suchen, bis er sieht, daß alle Columnen in der Forme recht gerade stehen. — Rahmen, die im linken Winkel nicht richtig sind, läßt man lieber durch einen geschickten Mechanikus, Zeugschmidt oder Schlosser berichtigen, welcher solche durch Anlöthung und Anniethung von eisernen oder meßingenen Schiefspähnen leicht winkelrecht machen kann. In unsern Gegenden werden die besten und accuratesten Buchdrucker-Rahmen mit ihren Schrauben in der Bergstadt Annaberg verfertigt. Daselbst macht der Schlossermeister, Namens Weiser, sehr viele für inländische und auswärtige Buchdruckereyen. Auch verfertigt Herr Barthel, Großuhrmacher und Schlosser in der Bergstadt Buchholz, nahe bey Annaberg, dergleichen auf Verlangen, dessen Arbeiten in diesem Fache Buchdruckern auch zu empfehlen sind. Das in der dortigen Gegend vorhandene vorzüglich gute Eisen schickt sich vortrefflich zur Verfertigung der Buchdrucker-Rahmen, besonders das Wiesenthaler und das aus Pöhla, welches am reinsten und nicht spröde ist.

Ehe wir dieses Kapitel schließen, wollen wir noch einige kurze Betrachtungen über den Gebrauch der sogenannten holländischen Keil-Rahmen anstellen.

Die Keilrahmen haben keine Schrauben, und bestehen blos aus einer eisernen viereckigten Rahme. Die Rahmenstangen müssen an ihren inwendigen Seiten sehr gerade und überall gut winkelrecht gearbeitet seyn. Es sind haben keine Rahmeisen nöthig. Es werden an die Columnen rechter Hand, und vorne links und rechts sogenannte Schiefstege von hartem Holz angelegt, welche beynahe die Gestalt eines gerade in der Mitte durchgeschnittenen langen Dreyecks haben, an welchem die äußerste Spitze etwas und zwar gerade, abgestumpft ist. Das Schließen der Forme bey Keilrahmen geschieht vermittelst verschiedener Keile, welche ebenfalls die Gestalt eines länglichen Dreyecks haben, der in verschiedene kürzere und längere, breite und schmale Theile geschnitten ist. Diese verschiedenen Keile müssen alle aus hartem Holze gemacht seyn, so wie alle andre Stege. Wenn der Setzer sein ordentliches berichtigtes Format gehörig über seine Forme gelegt und die Columnenschnuren von den Columnen hinweg genommen oder aufgelöst hat, so legt er die Keilrahme drüber, und rückt alles in der Forme gerade und dicht zusammen. Ist nun die Rah-

Vom Formenschließen.

Rahme gerade zu seinem Formate passend, so braucht er unten queer links, und rechts und rechter Hand der Forme, zwischen den Columnen und der Rahmenstange, blos die Schiefstege zu legen, und sie mit den Keilen gehörig zu befestigen. Muß aber der Setzer manchmal eine Keilrahme über seine Forme legen, die beträchtlich größer ist als die Forme mit ihrem Formate, so daß ringsherum, wenn die größere Rahme gerade drüber gelegt ist, zwischen den Rahmenstangen und rings herum liegenden Capital-, Anlege- und Schiefstegen ein Zwischenraum entsteht, so muß der Setzer solchen mit schicklichen Stegen vollends ausfüllen. Beträgts wenig, so legt man das fehlende nur oben beym Kapital an, oder links noch an die Anlegestege, wenn es eine Keil-Rahme ohne eisernen Mittelsteg ist. Fehlt aber viel gegen die etwa vorher über die Forme gelegene kleinere Keilrahme, und man will nicht alles, was noch an der Ausfüllung fehlt, oben beym Kapital anlegen, so theilt man es ein, sucht 4 Stege von gleicher Dicke und so lang, daß er die Columnen gehörig begreift, und legt oben links und rechts beym Kapital noch einen, und unten links und rechts zwischen die Columnen und den daran ligenden Schiefstegen noch einen, damit alles ordentlich ausgefüllt wird; und so verfährt man auch, wenn links und rechts bey den Anlegestegen noch etwas fehlt.

Beym Schließen mit Keilrahmen geht der Setzer folgendergestalt zu Werke. Wenn er aufgelöst und alles gerade gerückt und dicht angeschoben ist, so nimmt er die schicklichen Keile, legt solche zwischen die Schiefstege und die Rahmenstangen, und treibt mit dem Treibholz und Hammer zuerst den kleinsten Keil, der im engsten Winkel des Schiefstegs liegt, gerade nach der äußersten und immer abnehmenden obersten Winkelspitze hinan, und so fort den zweyten und dritten Keil bey einem jeden Schiefsteg. Man treibt aber einen Keil nicht auf einmal zu stark an, sondern einen nach dem andern erst nur halb und dann stärker, bis man merkt, daß die Forme fest hält. Beym Festkeilen darf das Treibholz, auf welches man beym Schließen mit dem Hammer schlägt, nicht sehr in die Höhe gehalten werden, weil man sonst damit beym Schlagen leicht kleine Tiefungen und Löcher in die Setzbreter schlägt. Die an den Columnen liegenden Schiefstege müssen von festem harten Holze und accurat gearbeitet werden, damit solche durch das öftere starke Antreiben der Keile nicht so leicht beschädigt oder abgesplittert werden können.

Die Keilrahmen sind nicht so schwer, und kosten auch weniger anzuschaffen als die in unsern Gegenden gewöhnlichen Rahmen mit ihren

ren Schrauben und Rahmeisen. Nur kann sich ein Setzer und Drucker, der das Schließen mit Keilrahmen nicht gewohnt ist, nicht sogleich drein finden. In Officinen, wo immer vielerlen Arbeiten und Formate abwechseln, ist die Einführung der Keilrahmen nicht anzurathen, zumal wo es an Raum fehlt zu Aufbewahrung der verschiedenen Keile, wovon gemeiniglich jeder Setzer ein Kästchen voll neben sich stehen hat. Bey den Keilrahmen, die eiserne Mittelstege haben, werden von ungeschickten und unvorsichtigen Druckern beym Zurichten viel Puncturspitzen zerbrochen und verdorben. Drucker, welche gewohnt sind, nach Schrauben-Rahmen und bey hölzernen Mittelstegen zuzurichten, können sich, wenn sie in Officinen in Condition kommen, in welchen Keilrahmen mit eisernen Mittelstegen gebräuchlich sind, anfänglich eben so wenig ins Zurichten dabey gleich finden, als Setzer, die mit solchen Rahmen schließen sollen, und vorher stets mit Schrauben-Rahmen zu schließen gewohnt waren. — Es ist indessen beydes gar nichts schweres, und ein Setzer oder Drucker, der nachdenken kann, wird damit bald eben so geschwind umgehen können, als seine Mitgesellen. Vom Zurichten bey Keil-Rahmen wird in dem Kapitel: Von der Unterweisung eines Drucker-Lehrlings weiter geredet werden.

Fünf-

Fünftes Kapitel.

Vom Corrigiren des Setzers auf den Formen.

Dieses ist eine der wichtigsten Setzer-Arbeiten; daher wir hier auch ausführlich davon reden müssen. Eine solche Ahle, mit welcher der Setzer die ihm in dem Correcturbogen vom Corrector angezeigten falschen Buchstaben in der Forme faßt, und herauszieht, ist auf der Kupfertafel vorgestellt, welche die Setzer-Instrumente enthält, und die dem Artikel: Setzer-Instrumente im typograph. Wörterb. im 2ten Theile beygefügt ist. Der hölzerne Heft derselben darf nicht zu groß seyn, damit die hohle Hand des Setzers beym Corrigiren nicht zu sehr ausgefüllt wird, welches ihm beym Anfassen der Buchstaben mehr hinderlich als nützlich ist. Die runde Scheibe des Ahlheftes darf nicht zu dünne gedreht seyn, sonst springt solche leicht entzwey, wenn der Setzer währendem Corrigiren die Buchstaben, welche er für die falschen in die Zeile hineinsteckt, damit niederklopfet, daß solche mit den übrigen gleich stehen. Das Ahlheft muß am Stiel vorn eine messingne oder eiserne Zwinge oder metallenen Ring haben, damit solches, wenn der Setzer die stählerne Ahlspitze hinein treibt, nicht leicht zerplatze. Der Setzer muß darauf sehen, daß seine Ahlspitze immer scharf ist. Man sagt gemeiniglich:

Vom Corrigiren des Setzers.

lich: "schlechte Setzer haben stumpfe Ahlen" — Dies trift auch meistens zu. — Stümper von Setzern haben immer die stumpfesten und schlechtesten Ahlen. Da nun diese im Setzen die meisten Fehler machen, und daher auch öfter und mehr zu corrigiren haben, so richten solche damit beym Corrigiren nicht wenig Schaden an! Denn ist die Ahlspitze nicht recht spitzig zugeschliffen und stumpf, und ein solcher ungeschickter Setzer will damit den falschen Buchstaben in der Zeile anfassen, so flitscht die stumpfe Ahlspitze, beym Anstechen an den Buchstaben, leicht davon ab, und beschädigt nicht allein den dicht nebenstehenden, sondern auch mehrere benachbarte Buchstaben! Es ist daher nicht unnütz, wenn der Prinzipal einer Buchdruckerey manchmal die Ahlen solcher Stümper visitirt. Solchen unwissenden Leuten ist das Schrift-Zerstechen eine gleichgültige Sache, das aber dem Buchdruckerherrn sehr viel Schaden bringt!

Wie der Setzer beym Corrigiren der gesetzten Columnen oder Formen zu Werke zu gehen, wollen wir, Anfängern zum besten, hier kürzlich anzeigen.

Wenn der Schriftsetzer seinen Bogen, oder den Correctur-Abdruck, vom Corrector durchcorrigirt zurück erhalten hat, so hebt er
eine

eine Forme des Bogens auf den sogenannten Corrigirstuhl, oder auf ein anderes seinen Schriftkästen nahe stehendes Formenregal, auf welchem die Forme im Hellen stehen kann, damit der Setzer alles auf der Forme genau erkennen kann. Abends beym Lichte braucht die Forme nur den Schriftkästen, aus den sie gesetzt ist, nahe gestellt zu werden. Dabey muß sich der Setzer hüten, daß er seinen metallenen schweren Setzer Leuchter beym Corrigiren nicht auf die Schrift setze, und auf den Columnen hin und her rücke, weil dadurch die Schrift ungemein verdorben wird. Der Setzer muß überhaupt nie zugeben, daß jemand in der Officin irgend ein Geschirr oder sonst etwas schweres auf seine Formen lege oder setze, denn dadurch werden die Buchstaben sehr beschädigt. Beym Corrigiren des Abends muß der Leuchter auf die obern Anlegestege oder auf die Rahmenstange gesetzt werden, auf welche er ohne Schaden hin und hergeschoben werden kann. Abends muß der Setzer beym Corrigiren sich lieber ein kurzes Licht oder Kerze auf seinen Leuchter stecken; denn bey dieser Arbeit muß er sich immer bücken, zumal wenn er lang von Person oder der Corrigirstuhl niedrig ist, auf welchem die Forme steht. Hat er nun ein langes Licht auf dem Leuchter, so ists leicht geschehen, daß er sich, währendem Corrigiren, Mütze oder Haare

ver=

verbrennt! — Dergleichen Feuerwerke erscheinen des Abends in großen Officinen nicht selten. Denn wenn der Setzer, währendem Corrigiren, manchmal in der Forme etwas genau betrachten und sich dabey etwas mehr bücken muß, oder meditirt, wie er diese oder jene vom Corrector angezeigte Fehler gut oder leicht verbessern kann, und dabey des Leuchters auf seiner Forme vergißt — so sieht man oft dessen Haare oder Mütze in Rauch aufgehen! — wo dann nebenstehende über solche schnell auflodernde Feuerköpfe öfters was zu lachen haben. — Beym Corrigiren des Abends muß also der Setzer vorsichtig mit Licht und Leuchter zu Werke gehen, wenn er seinem Herrn die Schriften nicht verderben und sich weder Mütze noch Haare verbrennen will. —

Hat nun der Setzer seine zu corrigirende Forme schicklichen Orts aufgestellt, und gehörig gelockert, zumal wenn die Forme lange vorher geschlossen gestanden hat, und die Buchstaben dadurch sehr an einander getrocknet wären — so nimmt er dann den Correcturbogen falzt ihn so im Kreuzsteg queer durch die ganze Mitte, und legt ihn dergestalt gefalzt so auf die Forme, daß die Abdrücke der vier obersten Columnen der Forme obenauf zu liegen kommen. Nun wird der nun so queer durch gefalzte Correctur-Abdruck auf der Forme so aus-

ausgebreitet und so gelegt, daß Columnentitel oder Columnen-Ziffern einer jeden Seite des Abdrucks und der gesetzten Columne in der Forme gerade auf einander passen, damit man beym Corrigiren der angezeigten Fehler solche auf der Forme leicht finden kann. — Wenn nun die obern vier Columnen einer Octav-Forme fertig corrigirt sind, dann falzt und legt der Setzer beym Corrigiren der untern vier Columnen den Abdruck der zu corrigirenden Columne ihr gerade gegenüber, und dicht an einander an, so daß die Zeilen des Abdrucks ihren Zeilen in der gesetzten Columne gerade entsprechen oder einander nahe gegenüber stehen. Dann braucht der Setzer, wenn er den angezeigten Fehler im vorliegenden Correctur-Abdruck gefaßt hat, nur mit dem Auge und der Ahlspitze gerade, links oder rechts, je nachdem die Columne steht, fort gehen, so wird er gewiß auf dieselbe Zeile stoßen, in welcher er den Fehler corrigiren soll — und nicht nöthig haben, erst lange darnach herum zu gufen, und in der Columne herum zu suchen, und dabey viel Zeit zu verbringen. —

Hat nun der Setzer den falschen Buchstaben in der Zeile erblickt, so sticht er denselben mit der Ahlspitze an, hebt ihn damit so weit aus der Zeile in die Höhe, daß er solchen mit den Fingern fassen und vollends heraus heben

und

und in sein Fach im Kasten legen kann. Da aber ein jeder falscher Buchstabe durch den Anstich mit der Ahlspitze, wenn ihn der Setzer beym Corrigiren faßt, einen kleinen Schurf oder Bart bekommt, so muß der Setzer vorher mit der Ahle gut abputzen, ehe er ihn wieder in sein Fach legt. Thut er dies nicht, und setzt dann solche heraus corrigirte Buchstaben wieder mit in die Zeilen, so verursacht der noch seitwärts an ihnen hangende Schurf, daß er von seinem nebenstehenden im Worte absteht, oder wenn mehrere solche Buchstaben in eine Zeile mit gesetzt sind, so stehn die Wörter krumm. Den Rand des Kastens, aus welchem die Forme corrigirt wird, muß der Setzer vorher sehr rein abputzen. Denn wenn etwa in der Columne einige Wörter oder mehr ausgelassen, so muß der Setzer die Zeile, in welcher das Wort oder mehrere ausgelassen worden, aus der Columne auf den Rand seines Kastens heben, das Fehlende gehörig in die Zeile hineinsetzen, und das, was hernach von derselben Zeile übrig bleibt, entweder in den folgenden schicklich einzubringen suchen, oder, wenn in denselben dazu kein Platz ist, bis an den Ausgang fort umbrechen — Dabey muß sich nun der Setzer die der fehlerhaften Zeile folgenden auf den Rand seines Kastens nach und nach stellen, und so von demselben ein Wort nach dem andern wieder in den Winkelhaken setzen; ist nun der Rand des Kastens voll Staub und feinem Sand, so hängt sich derselbe leicht unten an die auf denselben gesetzten Wörter oder Zeilen, und der Setzer hebt solche hernach damit wieder in die Forme, welches dann oft wieder Ursache wird, daß in der Columne alles krumm steht. —

Beym Anfassen des Buchstabens mit der Ahle muß sich der Setzer sehr in Acht nehmen, daß er beym Anstechen des falschen Buchstabens mit der Ahlspitze nicht abklitsche, und damit in die neben stehenden Buchstaben fahre, wodurch selbige beschädigt und unbrauchbar werden. Man muß die Ahlspitze an den heraus zu corrigirenden Buchstaben da ansetzen, wo er am freysten steht, und ihm am sichersten beyzukommen ist, ohne daß man fürchten kann, dabey den dicht daneben stehenden mit zu beschädigen. Wenn der Satz aus kleiner Schrift und nichts zwischen die Zeilen gesetzt ist, muß desto mehr Vorsicht beym Corrigiren der Formen angewendet werden. — Ist aber die Ahlspitze gegen das Ende dünne zugeschliffen, und recht scharf oder spitzig, so werden die Buchstaben sich leicht damit aus den Zeilen in die Höhe heben lassen, wenn die Forme vorher gehörig gelockert worden ist. Die gewöhnlichen Correctur-Zeichen sind auf hier beygefügten Blättern vorgestellt.

Sechs-

...ei bedienen. (zu Seite 146. des 1. Theils.)

... ort oder ein Buchstabe verkehrt, so ... gendes Zeichen gemacht.

... in guten Büchern,

Wörter falsch nach einander gesetzt, ... solche nach ihrer ordentlichen Auf- folge mit Ziffern bezeichnet.

   4   2   9 |154239
gerne Geizi...
   7
bald.

haken setzen; ist nun der Rand des Kastens voll Staub und feinem Sand, so hängt sich derselbe leicht unten an die auf denselben gesetzten Wörter oder Zeilen, und der Setzer hebt solche hernach damit wieder in die Forme, welches dann oft wieder Ursache wird, daß in der Columne alles krumm steht. ——

Beym Anfassen des Buchstabens mit der Ahle muß sich der Setzer sehr in Acht nehmen, daß er beym Anstechen des falschen Buchstabens mit der Ahlspitze nicht abklitsche, und damit in die neben stehenden Buchstaben fahre, wodurch selbige beschädigt und unbrauchbar werden. Man muß die Ahlspitze an den heraus zu corrigirenden Buchstaben da ansetzen, wo er am freysten steht, und ihm am sichersten beyzukommen ist, ohne daß man fürchten kann, dabey den dicht danebenstehenden mit zu beschädigen. Wenn der Satz aus kleiner Schrift und nichts zwischen die Zeilen gesetzt ist, muß desto mehr Vorsicht beym Corrigiren der Formen angewendet werden. —— Ist aber die Ahlspitze gegen das Ende dünne zugeschliffen, und recht scharf oder spitzig, so werden die Buchstaben sich leicht damit aus den Zeilen in die Höhe heben lassen, wenn die Forme vorher gehörig gelockert worden ist. Die gewöhnlichen Correctur-Zeichen sind auf hier beygefügten Blättern vorgestellt.

Sechs-

Zei bedienen. (zu Seite 146. des 1. Theils.)

Ihr ort oder ein Buchstabe verkehrt, so ectoigendes Zeichen gemacht.

| in guten Büchern, | ✓ |

Wörter falsch nach einander gesetzt, so solche nach ihrer ordentlichen Auf-folge mit Ziffern bezeichnet.

$\overset{4}{\text{gerne}} \overset{2}{\text{Geizige}} \overset{3}{\text{leihet}} \overset{9}{\text{haben}};$ | 1 5 4 2 3 9
$\overset{7}{\text{bald}}.$ | 1 6 8 7

Zeile Spatia oder sonstige Aus-dratchen in die Höhe gestiegen, so e im Druck sich mit abdrucken, so an solche Spieße, diese müssen rückt werden; der Corrector zeich-Setzer die Spieße an den Rand der

Sechstes Kapitel.

Was ein Schriftſetzer von der Muſik zu wiſſen nöthig hat, wollen wir alſo hier im Folgenden anführen, und reden daher:

1) Von den ſogenannten Muſikſchlüſſeln.

Dieſe ſind Zeichen, welche allemal beym Anfang einer Notenzeile ſtehen, und zeigen an, für was für eine Stimme das Stück gehört. Zu den vier Singſtimmen braucht man den C‑ und F‑Schlüſſel, nämlich den C‑Schlüſſel zum Diſcant, Alt und Tenor, den F‑Schlüſſel aber zum Baß. Als Diſcantſchlüſſel ſteht er auf der erſten Linie des Syſtems von unten, als Altſchlüſſel auf der dritten, und als Tenorſchlüſſel auf der 4ten Linie. Wo nun der C‑Schlüſſel ſteht, heißt der Ton C. Der F‑Schlüſſel hat ſeinen Sitz auf der vierten Linie, alſo heißt dieſer Ton F, wie aus dieſen Figuren zu ſehen:

Diſcant. Alt. Tenor. Baß. Violinzeichen.

2) Von den Namen der ſieben Hauptnoten.

Die verſchiedenen Töne anzuzeigen, bedient man ſich Figuren, die Noten genennt werden; man benennt ſie mit den ſieben Buchſtaben c, d, e, f, g, a, h, welches das muſika‑

kalische Alphabet oder das musikalische Tonsystem ist; als:

3) Von den Versetzungs-Zeichen.

Die Noten richtig zu benennen, gehört auch, daß man die Kreuze und Bee, oder die sogenannten Versetzungszeichen kenne. Durch diese entstehen die fünf Nebentöne in der Musik. Sie sind das doppelte und einfache Kreuz, und das kleine und große oder doppelte Bee. Die beiden ersten erhöhen, und die beyden letztern erniedrigen einen halben Ton. Sie sehen so aus:

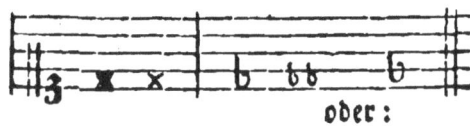

oder:

4) Von den Wiederherstellungs-Zeichen.

Wenn eine Note neben sich durch ein sogenanntes Kreuz erhöhet, oder durch ein Bee erniedrigt worden ist, und soll wieder an ihre Stelle gesetzt werden, so bedient man sich eines Wiederherstellungs-Zeichens, sonst auch Bee oder H-quadrat genannt. Dies hebt das Kreuz und Bee auf, und setzt die Note wieder an ihre vorige Stelle. Z.B.

schwarzer kleiner Kopf mit Einem Striche oder Einer sogenannten Schwänzung, heißt eine Viertelnote; sind am Stiele eines solchen Notenkopfes zwey Schwänze, oder er ist zweymal gestrichen, so heißt es eine Sechszehntheil=Note; sind drey Häkchen oder Schwänzungen am Stiele einer solchen Note, so heißt solche ein Zweyunddreyßigtheil; sind aber drey Schwänzugen daran, so heißt dieselbe Note ein Vierundsechszigtheil eines ganzen Taktes, u. s. w. wie aus diesen Figuren zu erkennen:

Von den großen Choral=Noten.

Es giebt, außer den hier beschriebenen Noten, noch drey Arten, die aber blos in Choral= und Kirchenstücken gebraucht werden, als die Breve, die Lange und die Größte. Erstere dauert zwei, die zweite vier, und die dritte acht Takte. Ihre Gestalt ist:

Vom Setzen der Musiknoten.

Von den Noten, bey denen Punkte stehen.

Diese Punkte sind ein Mittel, eine Note zu verlängern; es wird entweder ein oder zwey Punkte hinter die Note gesetzt. Der erste Punkt gilt die Hälfte der Note, bey welcher er steht, der zweyte aber die Hälfte des ersten Punktes, als:

Von den Schweigezeichen oder den sogenannten Pausen.

Es sind deren zehne gewöhnlich, wenn man aber die höchste überschreiten will, so setzt man mehrere von diesen Gattungen zusammen, als:

Von den Zeichen zwischen und über den fünf Linien.

1) **Von der Klammer.**

Man braucht dieselbe, um einige Notenzeilen mit einander zu verbinden. Da aber nur auf einem Blatte eine Singstimme zu stehen pflegt,

pflegt, so finden wir die Klammern nur in Partituren, wo die Stimmen alle unter einander stehen, damit der Musikdirektor jeden Fehler sogleich wahrnehmen und verbessern kann. Ihre Gestalt ist gemeiniglich so:

2) Vom Custos.

Dieser wird an das Ende einer Notenzeile gesetzt, an die Stelle, auf welcher die erste Note in der folgenden Zeile steht. Er soll also die künftige Note dem Sänger oder Spieler vorher anzeigen. Der Setzer setzt den Custos, wenn am Ende der Notenzeile der ganze Takt nicht hinein zu bringen ist, und halb in die künftige Zeile genommen werden muß. Es muß aber beym Notensetzen die Theilung eines Taktes möglichst vermieden werden. Der Custos sieht so aus:

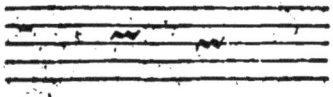

3) Vom Taktstrich.

Der Taktstrich ist ein gerade durch alle 5 Linien gezogener Strich, welcher anzeigt, daß der Takt voll ist. Was nun zwischen zwey solchen Strichen steht, wird ein Takt genennt.

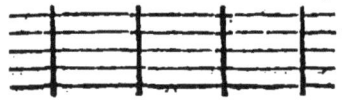

3) Von

3). Von den Wiederholungs- oder Schlußzeichen.

Es giebt drey Wiederholungszeichen, nämlich das kleine, mittlere, und das große.

1. Das kleine wird gebraucht, wenn nur einige Takte wiederholt werden: man setzt über die durchs Wiederholungszeichen eingeschlossenen Takte, das Wort bis (zweimal), um es recht sichtbar zu machen:

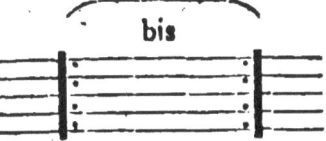

2. Das mittlere zeigt die Wiederholung des ersten Theils an, und ist so gestaltet:

wenn aber auch der zweyte Theil wiederholt, so sind die Punkte auf beyden Seiten, als:

3. Das große zeigt die Wiederholung des ersten Theils, aber auch den Schluß des ganzen Stückes an, als:

156 Sechstes Kapitel.

nimmt man aber die Punkte auf beyden Seiten davon, so hat man das simple Schlußzeichen:

4) Von dem Rückweiser.

Dieser weiset uns von dem Orte, wo er steht, auf einen andern vorhergehenden, wo ein ähnliches Zeichen stehet; und hier soll man weiter fortfahren. Man findet die Worte al oder dal Segno dabey:

5) Von den Ruhezeichen.

Diese stehen erstlich über einer Pause, und da darf nur ein wenig angehalten werden. Man nennt dies Fermate oder Generalpause, als:

2. Ueber eine Note, wobey gemeiniglich die Worte Fine oder il Fino stehen; dabey ist

ist der Schluß des Stücks angezeiget, wie bey folgender Figur zu sehen:

Fine.

3, Es zeigt aber auch die Cadenz an, oder die Freyheit, mehrere Töne nach Gefallen hören zu lassen; als:

6) Von den Abstoßungszeichen.

Wenn über den Noten Punkte oder gerade von oben nach unten senkrechte Striche stehen, so zeigt dies an, daß selbige im Vortrag kurz abgestoßen werden müssen, das heißt: jede Note bekommt einen besondern Anschlag, und dabey einen Stoß. Der Setzer muß sowohl diese Abstoßungszeichen, als auch die über die Noten geschriebenen Punkte, allezeit gerade in die Mitte über den Notenkopf setzen oder ausschließen. Er muß diese kleinen Striche nicht zu hoch über den Notenkopf aber auch nicht so setzen, daß selbige ganz dicht auf demselben zu stehn kommen. Die Gestalt ist:

Sechstes Kapitel.

Von den verschiedenen Taktarten.

In der Musik ist der Takt das, was im gemeinen Leben das Maaß und Gewicht ist. Die Töne werden gleichsam durch den Takt abgewogen oder abgemessen, und die Melodie, der Gesang, oder die ganze Musik erhält durch denselben ihre rechte Gestalt.

Es giebt zwey Arten von Takte, nämlich den geraden, (das heißt, der 2 gleiche Theile hat) und ungeraden oder Trippeltakt (der 2 ungleiche Theile hat). Damit man nun gleich beym Anfange des Stücks wissen könne, was für Takt im Stücke herrscht, so bedient man sich gewisser Zeichen, die uns die Taktart des Stücks voraus sagen. Die Zeichen dieser Taktarten sind:

1) Gerade Taktzeichen:

2) Ungerade Taktzeichen:

Die etwa da und dort noch selten vorkommenden Charaktere oder musikalischen Zeichen wird sich ein wißbegieriger Schriftsetzer aus gu-

Vom Setzen der muſikaliſchen Noten.

guten neuern praktiſchen Lehrbüchern über die Muſik leicht ſelbſt bekannt machen können. Hier wollen wir nur noch einige dem Setzer nützliche Bemerkungen und Erinnerungen über das Setzen der muſikaliſchen Noten beyfügen.

Ein Setzer, der muſikaliſche Noten ſetzen ſoll, muß erſtlich in andern ordinairen Setzer-Arbeiten gründliche Kenntniſſe beſitzen, und geübt ſeyn, ehe er ſich in den Notenſatz wagen kann, der wirklich viel ſchwerer iſt, und weit mehr Aufmerkſamkeit erfordert, als mancher Setzer denken mag. — Wer Noten ſetzen will, muß kein zu hitziges oder heftiges Temperament haben, ſonſt wird er ſich, wenn er etwa ſchnell und geſchwind ſetzen will, manchmal dies oder jenes leicht umwerfen. — Denn der Notenſatz beſteht aus ſehr vielen und kleinen Theilen, aus denen manche verwickelte Tonſtücken ſehr langweilig und mühſam zuſammen gebaut werden müſſen! Der Notenſetzer iſt gleichſam ein immerwährender Zeichner — alle Figuren, die ihm ſein Autor im Manuſcripte mit der Feder vorgemalt hat, muß er accurat im Metall gleichſam nachzeichnen, oder mit Typen genau nachſetzen, ohne dabey erſt viele Zeit mit Nachdenken zu verſchwenden. — Er muß daher die Typometrie ſeines Notenſyſtems genau inne haben, gut auswendig wiſſen, in welchem Fache ſeiner Notenkäſten dieſes oder jenes

Stück-

Stückchen oder Theilchen seines Systems liegt, so daß er solche gleichsam blindlings zu finden im Stande ist, sonst wird er des Tags über wenig zusammenbauen können! —

Beym Satz von Musikstücken oder Melodien, welchen der Text untergelegt ist, muß der Setzer genau dabey Acht haben, oder sich so einrichten, daß allezeit die zur Note gehörige Sylbe oder Wort gerade unter selbige zu stehen kommt. In vielstimmigen oder Partiturstücken müssen auch die Noten gehörig gerade unter einander gesetzt oder untergelegt werden, wobey genau auf die Quantität der Noten gesehen werden muß. Je mehr der Notensetzer Musik versteht, je besser ist es für ihn, je leichter und geschwinder wird ihm das Setzen dabey von statten gehen, je mehr wird er beym Satz sich so verhalten, daß der Spieler oder Sänger durch unrichtige Stellungen der Noten oder andrer musikalischer Zeichen nicht irre geführt werden kann. Er darf beym Satz nicht einen Takt enge zusammen drängen, und den andern wieder weitläuftig setzen, sondern die Zwischenräume zwischen die Noten, so viel möglich, gleich eintheilen. Noten aber, die zusammen gehören, z. E. Triolen u. dgl. dürfen nicht weit aus einander gezogen sondern wenn alles enge gehalten werden soll, dicht zusammen gesetzt, werden.

Die

Die kleinen Noten, welche manchmal vorkommen, oder die sogenannten Vorschläge, dürfen nie ganz dicht an den Kopf der großen Noten, zu welchen sie gehören, gesetzt werden, es müßte denn ein Fall seyn, wo alles äußerst enge gesetzt werden müßte.

Der Notensetzer muß vor dem Setzen seine Takte und Zeilen im Manuscripte genau auszählen, um zu erfahren, ob bey ordinairem Satz oder gewöhnlicher Eintheilung des Raums zwischen den Noten, gerade da eine nicht zu kurz dauernde Pause zu stehen kommt, wo das Blatt umgewendet werden soll oder muß. Trifft es bey der Auszählung nicht gerade so, und es kommt eine Pause, fehlt aber noch zur gänzlichen Ausfüllung der letzten Zeile der Columne, bey deren Ende umgewendet werden soll, etwas; so muß der Setzer sich beym Satz gleich darnach richten, und zeitig da oder dort, wo es sich schickt, etwas weitläuftiger setzen, oder einen oder mehrere Takte, wie man zu sagen pflegt, ausbringen. Die Stellen oder Takte, in welchen er dann schicklich so oder so viel ausbringen kann, zeichnet er sich mit Bleystift oder Röthel an, und macht sich dabey ein Merkzeichen von beliebiger Gestalt darüber, welches ihn währendem Setzen erinnert, wieviel er dabey oder in diesem und jenem Takte ausbringen kann oder soll, um endlich seinen Zweck, die Umwendung

Buchdr. L an

an die schickliche Stelle zu bringen, zu errei‐
chen. Fällt die Auszählung des Setzers des‐
halb so aus, daß er enger setzen muß als ge‐
wöhnlich, oder nach der Setzer Art zu reden,
einbringen muß, so macht er sich ebenfalls über
diejenigen Takte oder Stellen seines Noten‐
stücks beliebige Merkzeichen, bey denen er dann
enger setzen oder weniger Zwischenraum zwi‐
schen die Noten machen kann, als gemeiniglich
zu geschehen pflegt. Triolen u. dgl. können,
wenn alles sehr enge gesetzt werden muß, so
enge an einander gesetzt werden, daß die Köpfe
derselben dicht an einander zu stehen kommen;
und so auch andre zusammen geschwänzte oder
zusammen gezogene Noten, zumal wenn die
Köpfe nicht dicht hinter einander auf ebender‐
selben Linie stehen, sondern steigend und fallend
vorkommen. Triolen aber weit aus einander
zu setzen, würde fehlerhaft seyn.

Wenn einige Noten zusammengeschwänzt
sind, und auf Einer Linie stehen, oder steigen
und wieder fallen, so können solche gerade ge‐
schwänzt werden; steigen die Noten nieder‐
wärts, so werden sie auch niederwärts ge‐
schwänzt; steigen sie aufwärts, so schwänzt oder
streicht man sie auch aufwärts. Stehn die
Notenköpfe über der mittelsten Linie, so werden
die Stiele herunterwärts gesetzt; stehn aber die
Notenköpfe tiefer, so werden die Stiele auf‐
wärts

Vom Setzen der musikalischen Noten.

wärts gesetzt. Darauf muß man beym Notensetzen Achtung geben. Beym Corrigiren der Noten-Columnen muß der Setzer mit der größten Vorsicht zu Werke gehen, und dazu eine sehr scharfe Ahle halten, damit er die feinen Typen nicht so leicht beschädige. Er muß mit der Ahlspitze die falschen Charaktere, linienstückchen und Typen von einer solchen Seite anstechen, bey welcher ihnen am sichersten und leichtesten beyzukommen ist, und sich sehr hüten, daß man' beym Anfassen des falschen Buchstabens mit der Ahlspitze nicht ausflitsche, sonst werden dadurch leicht mehrere Buchstaben oder Linien beschädigt. Wie der Noten-Corrector dem Notensetzer die Fehler in der Correctur anzeigt, ist aus der hier beygefügten Vorstellung einer Noten-Correctur zu sehen.

Da die Notentypen weit mehr zu gießen kosten als die andern Schriften, und das Setzen der Noten viel langweiliger un' mühsamer ist, als das Setzen andrer gewöhnlicher Schriften; so ist es nicht allezeit vortheilhaft für eine Officin, wenn der Eigenthümer dergleichen anschafft, zumal wenn er solche nicht immer anhaltend benutzen kann. Denn ehe ein Notensetzer einen Notenbogen in großem Queerfolio auszusetzen im Stande ist, kann ein andrer Setzer in ordinairem Satz andrer Bücher zwey und drey Bogen fertigen; mithin ist der Gewinnst

für

für dem Buchdruckerherrn immer derselbige, wenn er gleich für Notenbogen mehr bezahlt bekommen muß als für gewöhnlichen Druck. Und zu ordinairen Arbeiten kann er fast immer einen jeden Setzer brauchen; hingegen zum Notensetzen schicken sich nur wenige. Wenn einem Buchdrucker nicht besondre Umstände zur Anschaffung der Notenlettern nöthigen, oder er nicht weis, ob er solche immer benutzen kann, so thut er besser, wenn er sich dafür Schriften gießen läßt, die immer vorkommen, und in welchen er fast jeden Setzer brauchen kann. — Das, was ein einziger Centner Notenlettern kostet, dafür kann ein Buchdruckerherr 2, 3 oder wohl 4 Centner andre Buchstaben anschaffen, von Gattungen, die ofte vorkommen, und die er immer eher benutzen kann. Ich rede hiervon auch aus eigner Erfahrung. Verlegt aber ein Buchdrucker selbst viel Musikalien, so thut er freylich besser, wenn er sich das dazu erforderliche Geräthe anschafft, und sich schickliche Setzer dazu unterrichtet. Andre beym Notensatz vorkommende geringe Handgriffe wird ein der Musik kundiger und geschickter Setzer, beym Satz der Musikalien, bald und leicht von selbst einsehen. Wir müssen nun noch im folgenden Kapitel von der dem Setzer nöthigen Kenntniß der Schriftgattungen reden.

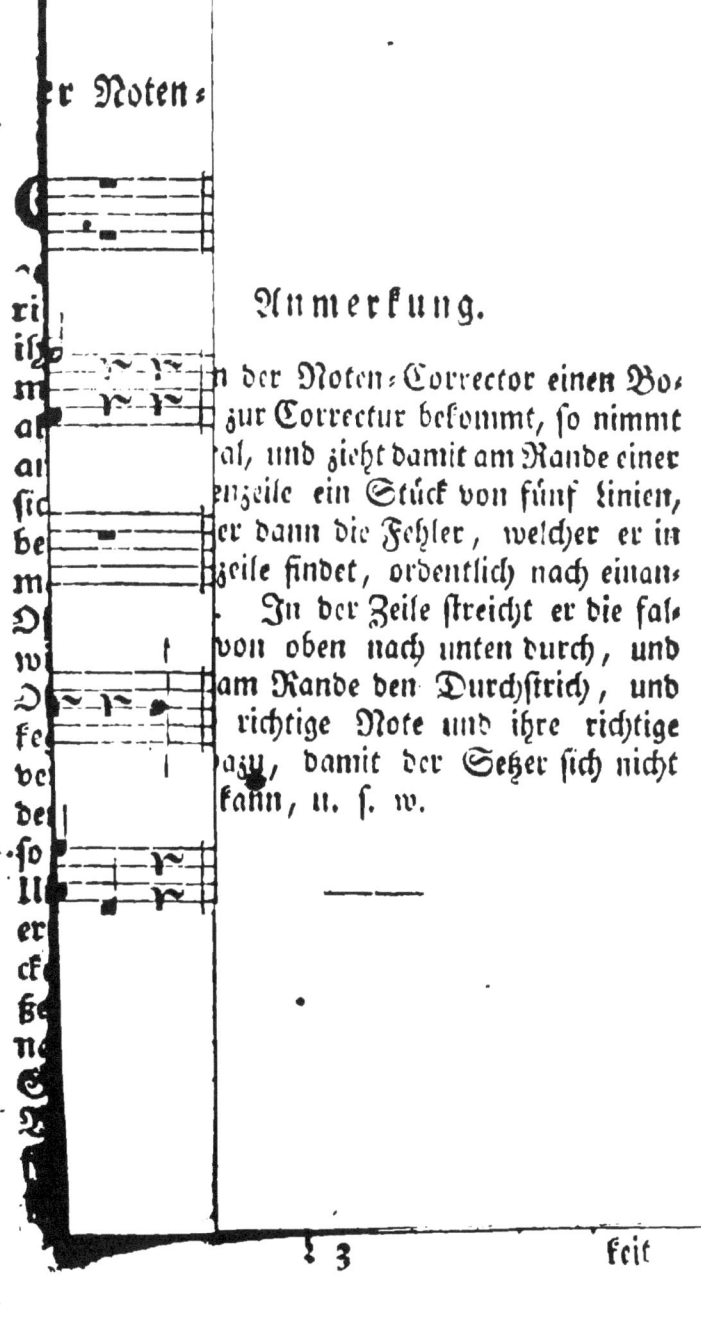

Anmerkung.

…n der Noten=Corrector einen Bo-
…zur Correctur bekommt, so nimmt
…al, und zieht damit am Rande einer
…nzeile ein Stück von fünf Linien,
…er dann die Fehler, welche er in
…zeile findet, ordentlich nach einan-
… In der Zeile streicht er die fal-
…von oben nach unten durch, und
…am Rande den Durchstrich, und
…richtige Note und ihre richtige
…azu, damit der Setzer sich nicht
…kann, u. s. w.

keit nöthig, damit die durch einander gesetzten und zu brauchenden Schriftgattungen beym Ablegen, zumal von Lehrlingen oder neuangenommenen Setzern, nicht leicht vermischt werden. Damit nun von Neulingen und unvorsichtigen Setzern nicht so leicht Mischmasch gemacht werden kann, müssen die Schriftkästen genau und deutlich bezeichnet werden. Man läßt zu der Absicht in die unterste hohe Randleiste der Schriftkästen, unter dem Quadratenfache, eine viereckigte ohngefähr 3 Zoll breite, 1½ Zoll hohe und einen halben Zoll tiefe Aushöhlung machen, und druckt oder schreibt die Namen der Schriften auf selbige deutlich, richtig und bestimmt darauf, und klebt oder leimt solche in diese viereckigte Tiefung. Denn wenn man solche Zeddel nur so erhaben an den Kasten-Rand klebt, so werden sie leicht beym Hin- und Hertragen und Schieben der Kästen wieder abgerissen; und dann muß man immer wieder neue ankleben! Werden aber dergleichen Zeddel in solche hier beschriebene Tiefungen geklebt, so werden sie nicht so leicht beschmuzt und dadurch unleserlich gemacht, und können auch nicht so leicht durch Anstreichen des Setzers mit seinen Kleidern u. dgl. abgerissen werden. Die Erfahrung lehrte mir, daß diese Bezeichnungsart der Schriftkästen die dauerhafteste und beste ist. Sind in einer Officin etwa gar einige Schriften von einerley Schnitt aber von verschiedener Höhe ver-

Von den verschiedenen Schriftgattungen. 167

vorhanden, dann ists vollends höchst nöthig, alle mögliche Verwahrungsmittel auszudenken, damit die Setzer solche nicht vermischen können, weil bey einem solchen Falle von unwissenden und leichtsinnigen Setzern am allerleichtesten Verwirrung angerichtet werden kann. — Wenn ein Buchdrucker, entweder durch Versehen des Schriftgießers, oder durch andre Zufälle, Schriften in seiner Officin hat, die mit seinem darinn eingeführten Kegel und Schnitte wohl passen, aber in Ansehung ihrer Höhe viel oder wenig verschieden sind; so muß er solche ganz ohne Vermischung mit den übrigen brauchen, und sie lieber in einem von der übrigen Druckerey abgesonderten Zimmer zum Gebrauch aufstellen, damit unwissende neue und unvorsichtige Setzer, die nur blos nach den Schnitt sehen, und nicht wissen, daß es in derselben Officin wohl einerley Schriftschnitte aber verschiedene Höhen giebt, nicht so leicht Mischung machen. Ich war einst in meinen jüngern Jahren in einer Buchdruckerey in Condition, deren sämmtliche Schriftgattungen dreyerley Höhen hatten! — Diese wurden von allen Setzern in derselben Officin so durch einander gebraucht, wie sie vorkamen. Da setzte einer niedrige Schwabacher unter die hohe Fractur, dort wieder einer hohe Antiqua unter die niedrigere Fractur! — und so wurden dann die Formen geschlossen, und abgezogen! Aber sehr sel-

selten brachten die Drucker in den Pressen einen leserlichen Correctur-Abdruck hervor. Die meisten Correcturen wurden mit einer besonders dazu verfertigten großen, dichten und gerade geschnittenen Bürste von Borsten abgebürstet, wodurch denn die Correctur-Abdrücke bey manchem Drucker, der sich geschickt dabey zu helfen wußte, etwas besser ausfielen, nie aber so, wie bey durchgehends gleichen Höhen der Schriften in den gewöhnlichen Pressen. — Damit nun die Drucker bey diesen verschiedenen Schrift-Höhen einen gleichen und guten Abdruck heraus bringen konnten, so mußten sie auf folgende Art zu Werke gehen:

Nachdem der Setzer die Einhebeforme accurat corrigirt hatte, so breitete der Drucker, vor dem Einheben, drey bis vier Bogen feuchtes weiches Druckpapier auf dem Fundamente in seiner Presse gerade aus, so daß es keine Falzen behielt; es durfte auch keine Knoten und Unreinigkeiten enthalten, egal und rein seyn. Dann wurde die Forme gerade auf das untergelegte Druck-Papier niedergelegt und alles ordentlich dabey zugerichtet. Hernach nahm der Drucker, nachdem er die Forme vorher aufgeschlossen hatte, ein gutes gerades Klopfholz, ging damit gerade über die Forme hin, und klopfte dabey mit dem Schließnagel auf dasselbe so, daß alle Columnen der Forme ganz und

gut

gut getroffen wurden. Dadurch senkten sich die höhern Zeilen und Sätze in das unter die Forme gelegte weiche Druckpapier, und oben auf der Forme entstund eine egale gerade Oberfläche. Geleimtes oder Schreibepapier ist zu dergleichen Unterlagen gar nicht tauglich, und zu hart. Beym Klopfen dabey aber muß man die Forme nicht gar zu weit aufschließen, und nicht zu sehr lockern. Sind in solchen Druckereyen kurze Spatia durch alle Schriften eingeführt, so werden dabey eben nicht viel Spieße in die Höhe steigen; bey Spatien hingegen, welche beynahe die Höhe der Buchstaben haben, steigen deren dabey mehrere auf, wenn gar zu stark geklopft wird, und dadurch die Buchstaben oder Wörter zu tief in das untergelegte weiche Druckpapier getrieben werden, — daß solche mit den dazwischen gesetzten Spatien einerley Oberfläche bilden, und daher im Druck häufig mit zum Vorschein kommen — Da hat dann der Setzer im Revidirbogen was anzuzeichnen, und hernach in der Forme niederzudrücken! — oder der Drucker nach dem Revidiren niederzustechen oder abzukneipen! — — Es darf also in solchen Fällen die Forme weder zu weit aufgeschlossen noch zu sehr gelockert und zu stark geklopft werden; und der Drucker muß dabey den gehörigen Grad der Stärke des Schlagens gleichförmig zu beobachten wissen. Das öftere Auf- und Zuschließen solcher unterlegten Formen müssen Drucker und Setzer, so viel sie nur immer können, zu vermeiden suchen; denn dadurch werden immer neue Spieße verursacht und das Register wieder verändert. Verschiedne Höhen der Schriften in einer Officin entstehen manchmal aus Unachtsamkeit des Schriftgießers, wenn er sich nicht, in Ansehung der Höhe und des Kegels, genau nach den ihm vom Buchdrucker übergebenen Muster- oder sogenannten Zurichtebuchstaben, bey seinen Gieß-Instrumenten eingerichtet. Ist der Gießer an einem solchen Versehen schuld, so trägt dieser den Schaden; hat aber der Buchdrucker bey der Bestellung selbst gefehlt, oder dem Gießer falsche Zurichte-Buchstaben zum Muster übergeben, so muß der Buchdrucker die Kosten des Umgießens selbst tragen. — Die Schriftgießer heben deshalb die vom Buchdrucker ihnen übergebenen Zurichte-Buchstaben sorgfältig auf, damit sie sich, wenn beym Guß Versehen vorgegangen, überzeugen können, wer solche verursacht hat; und die Buchdrucker pflegen auch die Zurichtebuchstaben, welche sie dem Schriftgießer bey Gußbestellungen mitsenden, zu zeichnen, damit sie, wenn der Gießer etwa eine andre Höhe oder einen andern Kegel liefert, damit beweisen können, daß der Schriftgießer beym Zurichten gefehlt hat, und dann schuldig ist, dem Buchdrucker die Schrift unentgeldlich wieder umzugießen, und ihm deshalb

Von den verschiedenen Schrift-Gattungen.

haß schablos zu halten. — Buchdrucker und Schriftgießer müssen also dabey sehr vorsichtig zu Werke gehen, und sich dabey einander genau unterrichten, wie ein Schriftguß in der Höhe und dem Kegel, eingerichtet werden soll u. s. w.

Die Schrift-Gattungen sind zwar oft, in Ansehung ihres Schnitts, in Einer Druckerey verschieden vorhanden. In manchen Officinen trifft man oft einerley Schriftgattung von zwey drey, vier Meistern geschnitten, an, welche alle in der Manier von einander abweichen. Mancher Buchdrucker läßt z. E. eine kleine Cicero fractur u. s. w. in dieser Gießerey gießen, die andere in jener, je nachdem ihm dieser oder jener Schnitt gefällt, oder nach dem er in seinen dießfallsigen Bestellungen von einem oder dem andern Schriftgießer befördert werden kann. Die Abweichungen einer besonders benannten Schriftgattung, in Ansehung ihres Schnitts, sind aber selten so beträchtlich, daß solche einem Setzer, welcher nicht ganz Neuling ist, leicht irre führen könnten, so daß er einen wenig abweichenden Schnitt einer Schriftgattung für eine ganz andere halten müßte. Die Namen mancher Schriftgattungen sind auch in manchen Provinzen Teutschlands so gewöhnlich, in andern wieder anders benannt. Wir wollen die gebräuchlichsten Namen der Schriften, in Ansehung ihrer Größen und Kegel, hier anführen,

ren, und das Charakteristische, wodurch sich eine jede besondere Gattung von den andern unterscheidet, dem Auge eines ungeübten Setzers anschaulich machen, und solche unter dem unter uns gewöhnlichen Titel: Schriftproben, nach ihrer gehörigen Aufeinanderfolge, vorstellig machen.

Namen der Schrift-Regel:

Grobe Sabon,   Mittel,
Kleine Sabon,   Cicero,
Grobe Missal,   Descendiain,
Kleine Missal,   Corpus oder Garmond,
Grobe Canon,   Borgois,
Kleine Canon,   Petit,
Doppelmittel,   Nompareille,
Text,   Colonneille,
Tertia,   Perl.

Aus den hier folgenden Schriftproben kann der Anfänger sich die verschiedenen Schnitte, auf ihrem ersten eigenen bestimmten Kegel, bekannt machen.

Scriptures.

Deutsche Schrifte

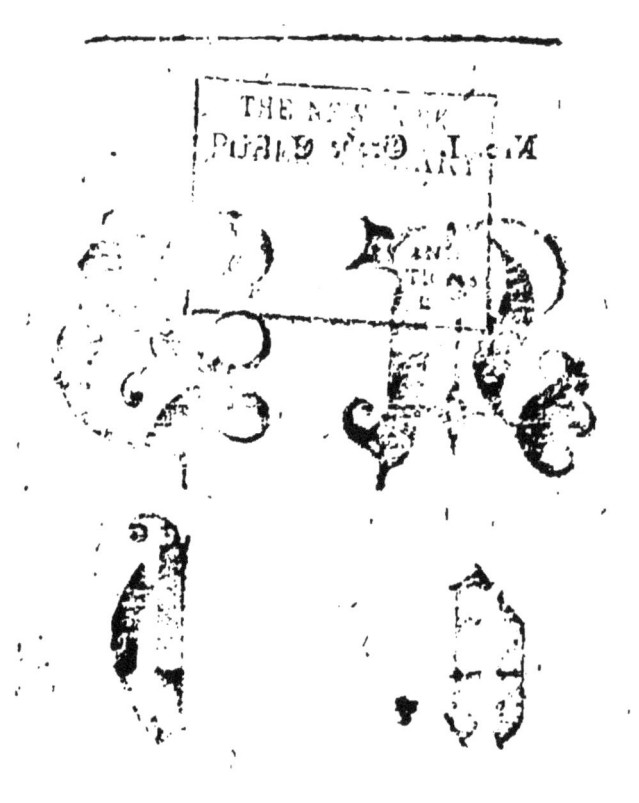

No. II. Size 12.

Eisch.

THE NEW YORK
PUBLIC LIBRARY

Achtes Kapitel.

Vom Gebrauche der sogenannten Leisten, Vignetten, Finalstöcke, Röschen und andrer Zierrathen beym Bücherdruck.

Der Gebrauch der in Holz geschnittenen so genannten Leisten, Vignetten und Finalstöcke und andrer Zierrathen, ist jetzt in Teutschland ziemlich aus der Mode gekommen. Dies ist auch wenig zu bedauern, weil bey der Wahl derselben von vielen Setzern sehr unzweckmäßig und gleichgültig zu Werke gegangen worden.— Denn man findet nicht allein einen und ebendenselben Holzschnitt auf mehrern Bücher-Titeln, sondern auch so gar einen und den nämli Finalstock oder Vignette in ebendemselben Buche mehreremale applicirt. Dies ist nun freylich unangenehm und geschmacklos. Wer indessen neue gut gezeichnete und in Holz geschnittene Finalstöcke, Vignetten u. s. w. im Druck vorbringt, die unbekannt, oder noch nicht so abgedroschen und von guten Meistern gearbeitet sind, darf nicht glauben, daß er wider den guten typographischen Geschmack anstößt.—
Nur alte schon zu oft gebrauchte Holzschnitte muß man bey der Verzierung im Druck zu vermeiden suchen, und wenn keine schicklichen neuern herbeyzuschaffen, lieber simple Linien gebrauchen, als alte ekelhafte Fratzen, bey denen sich weder was nützliches noch angenehmes denken

ken läßt. Bey der Verzierung des Drucks mit in Holz geschnittenen Figuren muß man daher möglichst auf Neuheit und darauf sehen, daß solcher Puz auf den Inhalt des Buchs paßt, oder doch wenigstens nichts enthält, was demselben entgegen gesetzt ist. Hat der Setzer nichts auf den Inhalt schickliches bey der Hand, und es soll ja geputzt seyn; so muß er seine Zuflucht hierbey zu Holzschnitten nehmen, die auf mehrere Wissenschaften einigen Bezug haben, oder etwas gleichgültiges oder indifferentes enthalten, als: Muschelwerk, Laubwerk, Blumenwerk u. dgl. anbringen. In Ansehung der schicklichen und passenden Verzierung ist eben von vielen Setzern so häufig gefehlt worden, daher eben viele Autoren und Verleger den Gebrauch der Holzschnitte, als Verzierung beym Druck, gar nicht mehr haben wollen. Man findet z. E. auf Predigtbüchern den Cupido mit seinem Pfeilköcher, auf geistlichen Gesangbüchern die Bacchusflasche mit Weinreben umwunden, auf Romanen römische Aschenkrüge, ja so gar Todtenköpfe auf Hochzeitgedichte, und Hymens Altar auf Traueroden u. dgl. widersinnig angebrachte Verzierungen mehr, welche die Unwissenheit mancher Schriftsetzer in der Mythologie und Zeichenkunst beweisen. Dies ist Kennern freylich anstößig und unangenehm. Damit nun dergleichen widersinnige Zierrathen nicht vorkommen können, verbitten sich Auto-

ren

ren den Gebrauch der sogenannten Buchdruckerstöcke lieber gänzlich, und lassen lieber verzierte, doppelte oder ganz simple Linien schicklichen Orts gebrauchen, und überlassen alle nothwendige und nützliche bildliche Vorstellungen und geschmackvolle und regelmäßige Verzierungen im Druck der Kupferstecherkunst.

Die unzweckmäßige und doch oft mühsam von Setzern aus mancherley Röschen zusammen gebauten Leisten, Finalien, Einfassungen u. s. f. nützen weiter nichts, als daß der Setzer beym Zusammenbauen solcher typographischen Karrikaturen die Zeit verschwendet, der besser thut, wenn er, statt dergleichen unsinniger Figuren, gehörigen Orts lieber simple Linien gebraucht, wenn es an guten neuen und schicklichen Holzschnitten in der Officin fehlt.

Es ist eben nicht nöthig, daß man allemal die erste Columne eines Buches oder die erste Seite des Textes desselben mit einer Leiste oder Vignette anfängt; man kann entweder statt derselben eine einfache durchgehende Strichlinie setzen, wie bey diesem Buche S. 1. geschehen ist, oder man läßt die erste Ueberschrift ganz oben mit der Columne anfangen, wenn nicht ausdrücklich splendider Druck vorgeschrieben oder dabey etwa schicklicher, oder vom Autor und Verleger, aus gewissen Ursachen, verlangt worden ist.

Hat man neue schöne und noch nicht in sehr vielen Büchern schon gebrauchte Röschen, so kann man solche doch oben über die Seiten, statt der Columnentitel, in schönwissenschaftlichen Büchern gebrauchen, oder auch in andern Werken, wo keine wirklichen Columnentitel drüber zu drucken nützlich oder nöthig sind; dann dienen solche zur Ausfüllung des leeren Raums in der Columnenziffer-Zeile, und sind dem Drucker ein Nebenmittel, leichter Register zu finden und zu halten.

Auf dem hier beygefügten Blatte sind, Anfängern zu gefallen, einige Gattungen von Röschen vorgestellt. Man hat in manchen Buchdruckereyen deren vielerley, bedient sich jetzt derselben aber weniger als ehedem. Wenn in einer Officin davon nichts neues und gutes vorhanden, und der Setzer soll in die Mitte der Columnenziffer-Zeile Röschen setzen, so thut er besser, wenn er statt solcher altmodischer Schnirkel, bey denen sich nichts denken läßt, sich auch simpler einfacher oder doppelter Linien bedient, die in den meisten Druckereyen angetroffen werden.

Neuntes Kapitel.

Vom Unterrichte eines Drucker-Lehrlings.

Da das Drucken mehrere körperliche Kraft und Stärke erfordert, als das Setzen, so schicken sich dazu schwächliche oder gebrechliche Personen gar nicht. Ein Jüngling, der ein brauchbarer guter Drucker werden soll, muß von gesunder, fester und starker Leibesbeschaffenheit seyn, damit er zum Formentragen und andern dem Drucker vorkommenden und Kräfte erfordernden Arbeiten desto geschickter und brauchbarer sey. Es ist aber nicht genug, daß ein Drucker nur viel körperliche Stärke besitzt — er muß auch eben so scharfsichtig seyn als es der Setzer seyn soll. Ein Drucker, der blöde Augen hat, wird Makulatur genug statt reiner und egal gedruckter Bogen in die Welt schicken. — Man hört in den Buchdruckereyen von Leuten, die keine gründlichen Einsichten in die typographische Praxis haben, öfters sagen: Ein Drucker braucht nur starke Glieder zu haben, und nur lesen zu können! — Allein ein Drucker, von welchem man gute regelmäßige Arbeit erwarten kann, muß weit mehr Eigenschaften und Kenntnisse besitzen, als mancher Setzer oder Buchdrucker glaubt. Wie kann ein Drucker, der kein gut Gefühl, wenig Verstand und Urtheilskraft besitzt, einen Bogen gut auftragen? Denn eine Forme ist aus einerley Schrift und enge gesetzt, eine wieder weitläuftig oder vermischt gesetzt, so daß die eine Columne aus einer kleinen feinen und die und jene, auf ebenderselben Forme, wieder aus gröbern oder größern Schriften, oder einige aus alter schon sehr abgenutzter, und andere wieder aus neuer scharfer Schrift gesetzt ist — Hat nun der Drucker dabey kein gutes Gesichte, keine Beurtheilungskraft u. s. w. wird er wol alle so verschieden gesetzte Formen so auftragen, oder auch beym Ziehen so zu Werke gehen können, wie er soll und muß, wenn ein gut gedruckter, schöner, reiner, gleicher oder egaler Bogen aus seiner Presse kommen soll? Fehlt es ihm an Einsichten und Urtheilskraft, oder ist er leichtsinnig und flatterhaft, nicht anhaltend aufmerksam, ungewissenhaft, faul oder träge u. s. w. so wird er selten einen gut gedruckten Bogen liefern, aber desto mehr Makulatur! — Es ist mehr als zu sehr zu beklagen, daß das Heer solcher maschinenmäßiger Papierverderber immer mehr anwächst! Eine Hauptursache hiervon ist ohnstreitig, daß bey der Annahme der Drucker-Lehrlinge, in Ansehung der dazu nöthigen körperlichen und geistigen Eigenschaften, von manchen Buchdruckerherren und Gesellen zu gleichgültig verfahren wird, und viele, wiewohl sehr irrig, glauben, es werde zu einem Drucker nur sehr wenig Denkekraft und gar keine literarischen

Kennt-

Kenntniſſe erfordert! Allein zu einem wahren guten Drucker wird weit mehr erfordert als gemeiniglich geglaubt wird. Wie kann ſich ein Drucker beym Preſſen-Bau zu helfe weiſen, wenn er nicht wenigſtens einige mathematiſche Kenntniſſe beſitzt und ein gutes Augenmaaß hat? leider wiſſen ſich viele Drucker beym Preßenbau wenig zu helfen! und doch ſollte jeder Drucker hievon gründliche Kenntniſſe beſitzen, weil dies für ihm eine ſehr weſentliche Sache iſt. Wie iſt ein Drucker im Stande, gute regelmäßige Arbeit zu liefern, wenn er ſeine Preſſe nicht in gehörigen Stand ſetzen und erhalten kann? Wie kann er den ſich an der Preſſe äußernden Mängeln richtig abhelfen, wenn er nicht weis, wie ein jeder Theil der Preſſe beſchaffen ſeyn muß, und nicht einſehen kann, zu welchen Zweck dies oder jenes an und bey der Preſſe da iſt u. ſ. w. Viele Drucker ſind hierinn manchmal bis zum Erſtaunen unwiſſend! und von ſolchen iſt auch nie gute Arbeit zu hoffen. Es iſt daher nöthig und nützlich, daß derjenige Druckergeſelle, welcher einen neuen Drucker-lehrling anzuführen oder in die Information bekommt, demſelben frühzeitig lerne, wie ein jeder Theil der Preſſe genennet wird, zu welcher Abſicht derſelbe da iſt, und wie er eigentlich beſchaffen ſeyn muß, wenn dieſer oder jener Zweck damit erreicht werden ſoll und kann. Denn weis ein Drucker

cker nicht genau, wie alle Theile seiner Presse beschaffen seyn müssen, wie will er die etwanigen Mängel derselben, wodurch öfters die Arbeit verdorben wird, auffinden und verbessern können? So oft in einer Offizin etwa eine Presse aus einander genommen und wieder zusammen gebaut und befestiget wird, welches bey beträchtlichen Reparaturen manchmal zu geschehen pflegt, muß ein Druckerlehrling genau Acht haben, wie man dabey geschickt und regelmäßig zu Werke geht, und wie ein Theil mit dem andern richtig verbunden, zusammen gefügt und gehörig befestigt wird, damit er sich künftig in solchen vorkommenden Fällen zu rathen weis, und dabey nicht leicht Schaden und Aufenthalt verursacht. Ein jeder Druckerlehrling also muß eifrigst darauf bedacht seyn, im Baue einer Presse und in der Verbesserung der etwa sich äußernden Mängel derselben, sich alle mögliche Fertigkeit und Gründlichkeit zu erwerben, ohne welche er gewiß ein elender Schmierer und Stümper bleiben wird. Der Anführegespan muß mit einem neuen Zöglinge beym ersten Unterricht gütlich und mit Geduld zu Werke gehen, und ihm anfänglich zeigen, wie er die Ballen fassen, die Farbe auf denselben reiben und beym Auftragen sich damit einen ordentlichen Gang angewöhnen soll, damit die Columnen an allen Orten von den Ballen gehörig getroffen werden. Er muß ihm

ihm zeigen, wie er die in den Ballen befindlichen Haare behandeln soll, damit solche nicht so bald verdorben oder unbrauchbar gemacht werden. Beym Zausen derselben dürfen keine festen Knoten unzertheilt gelassen und alle feste Haarklumpen sorgfältig aus einander gezogen und zertheilt nicht aber von einander geruppt oder gerissen werden — Die Ballhaare müssen beym Zausen immer möglichst im Zusammenhange bleiben, und der Drucker muß sich dabey in Acht nehmen, daß er solche nicht in kleine Stückchen reiße. Wie ein Anfänger beym Ballenmachen zu verfahren, ist im 2ten Theile dieses Buches S. 29 f. kürzlich gesagt worden, woselbst auch über die Ballen, Ballleder, Ballhaare, Ballenknechte, Ballenmeister u. dgl. ein mehreres nachzulesen. Hat nun der Lehrling einen Ballen gut zu machen gelernt, welches bey einem Drucker eine wichtige Sache seyn muß, weil darauf beym Druck sehr viel ankommt, und mit schlecht beschaffenen Ballen auch nur schlechter Druck geliefert werden kann; so kann man ihn dann auch mit an den Deckel stellen, und ihm lernen, wie er das Papier accurat in die Punkturen einstechen soll, damit es, sowohl oben als unten, als auch auf beyden Seiten, nach dem Abdrucken, einen gleichen verhältnißmäßigen weißen Rand behalte. Der Gespan muß ihm dann unterrichten, wie er sich einen ordentlichen Zug angewöhnen soll, daß er, wie man sagt, nicht verfahre oder fehlfahre. Denn fährt er den Karn auf den ersten Satz zu weit hinein, so daß der Tiegel beym ersten Zug auch einen Theil der vordern Hälfte der Forme mit berührt und abdruckt, so kommt solcher hernach beym zweyten Zug schwärzer als das Uebrige. Es ist daher nöthig, daß man es einem Neulinge am Deckel mit einem Kreidenstriche bezeichne, wie weit er bey dem ersten und zweyten Satz unter den Tiegel hineinfahren soll. Man ermahne ferner einen Druckerlehrling, daß er, wenn er am Deckel steht, seine Augen und Gedanken hauptsächlich auf den abgedruckten Bogen richten und genau mit Acht haben soll, ob nicht etwa da oder dort ganze Stellen zu blaß oder zu schwarz abgedruckt erscheinen, Spieße in die Höhe gestiegen und sich mit abdrucken, welche er dann gleich nach deren Erblickung, sorgfältig und mit Vorsicht, entweder niederdrücken oder im Nothfall abbrechen muß. Zeigen sich Putzen im Abdruck, so müssen solche mit einer scharfen spitzigen Ahle, subtil und mit möglichster Vorsicht, aus den Buchstaben ausgestochen oder ausgeputzt werden. Der Drucker muß stets auch eine scharfe Ahle, an der Presse haben; er braucht solche nicht nur oft zum Ausputzen, sondern auch bey manchen andern Arbeiten. Sieht der Drucker, welcher am Deckel steht, auf den Abdrücken einige Mängel

gel oder Fehler, so muß er solchen gleich gewissenhaft abhelfen, und alle mögliche Aufmerksamkeit am Deckel anwenden, daß kein Makulatur gedruckt wird, welches er, wenn seine Nachläßigkeit daran schuld ist, bezahlen muß. Einen neuen Druckerknaben muß man im Anfang auch nicht gleich mit der Arbeit zu stark anstrengen, zumal wenn er nicht von sehr starker und fester Leibesbeschaffenheit ist, welches zwar allezeit seyn sollte, wie schon oben erinnert worden; denn das Drucken ist für dem Körper eine schwerere Arbeit als das Setzen, und erfordert daher mehrere Leibesstärke. Beym Feuchten der zum Druck bestimmten Schreib- und Druckpapierhaufen muß der Anführegeshan seinen Zögling mit zur Hand nehmen, muß ihn dabey unterrichten, nach welchen Grundsätzen er hier verfahren und wie er die verschiedenen Papier-Gattungen beym Feuchtefaß gehörig behandeln soll. Er muß ihm sagen, daß er vor dem Feuchten die Natur oder Beschaffenheit des Papiers erst untersuchen und erforschen soll, um sich dann beym Feuchten darnach richten zu können. — Hat ein Schreibepapier viel Leim, und ist daher sehr hart, oder ist sehr dick, so muß es auch beym Feuchten mehr Wasser bekommen, als das gewöhnliche oder halbgeleimte. Dickes Druckpapier, zumal wenn es Sommerpapier und daher sehr hart ist, erfordert ebenfalls mehr

mehr Wasser als ein gewöhnlich Druckpapier, das im Winter bey Frost gemacht worden ist. Nach der Härte oder Dicke des Papiers muß sich der Drucker beym Feuchten, in Ansehung des Wassergebens, genau richten. Er muß auch sein Papier, ehe er es verdruckt, gehörig erweichen, oder, wie man zu sagen pflegt, sich gut unterstehen lassen, sonst kommt der Druck schlecht und ungleich heraus. Die Stellen der Bogen, die gehörig erweicht sind, kommen im Druck gut heraus, hingegen da, wo der Bogen sich noch nicht gehörig durchweicht hat, erscheint der Druck blaß, ungleich und unleserlich. Wenigstens Tags vorher, ehe der Drucker das gefeuchtete Papier verdruckt, muß er es umschlagen, und dabey nachsehen, ob sich alles gehörig unterstanden; findet er da und dort noch trockne Stellen, so giebt er mit einem reinen Schwamm noch so viel Wasser auf dieselben als erforderlich ist. Ordinaires gewöhnliches Druckpapier muß wenigstens einen Tag und eine Nacht nach dem Feuchten stehen bleiben, ehe man es verdrucken kann. Geleimtes, dickes Schreibpapier braucht oft 3, 4, und mehrere Tage Zeit zum gehörigen Erweichen, wenn es nicht warm steht, nach der Feuchtung, ehe man es verdrucken darf. Hier kommt es auf die Beschaffenheit und die Bestandtheile des Papiers an, diese muß der Drucker untersuchen und kennen lernen, und sich darnach bey der Be-

Behandlung deſſelben im Feuchten, Umſchlagen, Drucken u. ſ. w. richten.

Hat nun ein Drucker-Lehrling gelernt, einen Bogen gut aufzutragen, ein paar gute egale Ballen zu machen, eine jede Papier-Art gehörig zu feuchten, einen Bogen gut heraus zu ziehen oder abzudrucken, eine gute, reine, leſerliche Correctur abzuziehen u. ſ. w. und ſich mit allen minder wichtigen doch aber weſentlichen Beſchäfftigungen eines Druckers bekannt gemacht, und die Theile ſeiner Preſſe alle kennen gelernt, und weis, wie jedes Inſtrument beſchaffen ſeyn muß, wenn damit gute Arbeiten hervorgebracht werden ſollen — alsdann iſt es Zeit, daß man ihm lerne, wie er eine Forme in der Preſſe gehörig zurichten ſoll. — Dieſes iſt für dem Drucker eine höchſt wichtige Sache — und darinnen muß er ſich alle mögliche Fertigkeit und Accurateſſe eigen zu machen ſuchen. Da nun in den alten ſogenannten Formatbüchern nur ſehr wenig und in den meiſten vom Zurichten kein Wort zu finden, ſo glaube ich, jungen wißbegierigen Druckerlehrlingen einen nützlichen und angenehmen Dienſt zu erweiſen, in dieſem zwar nur kurz gefaßten Handbuche davon etwas mehr zu ſagen, als vor mir irgend ein älterer oder neuerer praktiſcher typographiſcher Schriftſteller, ſo wohl in als außer Teutſchland, geſagt hat.

Beym

Beym Zurichten einer Forme in der Presse verfährt der Drucker auf folgende Art:

Ist der Schöndruck des einzuhebenden Bogens gehörig vom Setzer geschlossen, so nimmt der Drucker die Forme, nachdem er solche an ihrer Unterfläche rein abgewischt hat, und legt solche in seiner Presse auf dem Fundamente nieder, welches ebenfalls vorher von allem etwanigen Unrathe gereinigt seyn muß. Wenn nun die Punkturen gehörig in die Mitte gestellt seyn, und der Deckel in gehörige Ordnung gebracht ist, dann nimmt er von dem gefeuchteten zur Hand gesetzten Papierhaufen, auf dem er die eingehobene Forme drucken will, einen Bogen, falzt ihn, nach der Buchdrucker Art zu reden, im Mittelsteg gerade durch; dann legt er denselben auf diese Art gefalzten Bogen so in die rechter Hand befindliche Seite oder Hälfte des Deckels, so, daß er gleichsam mit dem Rücken an der obern und untern Punctur dicht und gerade anliegt. Hernach hebt er mit der linken Hand die aufwärts liegende Hälfte dieses Bogens etwas in die Höhe, und während dieses Aufhebens der obern Hälfte des Bogens, legt er die rechte Hand auf die untere im Deckel liegende Hälfte des Bogens dicht auf, um den Bogen dadurch zu halten, damit die linke Hand, wenn selbige die obere Bogenhälfte aufschlägt, und ihn gehörig in die beyden Punktur-

spi-

spitzen einsticht, die gerade richtige Lage des Bogens nicht verrücke. Der Bogen muß auf eine solche Art in die Punkturen eingestochen werden, daß von der untersten und obersten äußersten Gränze des Bogens bis zum Punkturloch, genau gleicher Raum entstehe. Die Punkturspitzen müssen so gestellt oder gerichtet werden, daß bey jedem Formate die Punkturlöcher allezeit dem Custos oder der letzten Zeile der Columnen gegenüber entstehen. Würde ein Drucker es so einrichten, daß die Punkturspitzen oder die Punkturlöcher weiter heraus, oder über den Custos weiter hinein, zu stehen kämen, so würde dies verursachen, daß sich die Bogen, beym Druck der zweyten Forme oder des Wiederdrucks, nicht gut einlegen lassen. Um nun weiter im Zurichten fortzufahren, nimmt der Drucker noch einen eben solchen Bogen von seinem zu druckenden Papierhaufen, sticht solchen genau gerade auf den vorigen im Deckel gehörig in die Punkturspitzen ein, und greift nach seinen Zurichtebogen, der allezeit von festem Schreibepapier seyn muß, sticht solchen ebenfalls auf die beyden vorigen Bogen ein, und schlägt das Rähmchen zu. Nun nimmt er sein Zurichtemaaß, und rückt nach demselben die Forme gehörig in die Mitte, so, daß beyde Punkturspitzen in die dazu bestimmten Löcher des Mittelsteges genau einpassen. Ist nun die Forme accurat nach
dem

dem Zurichtemaaß, das für das zu druckende Format aptirt und bestimmt ist, in die Mitte oder gehörige Lage gerückt, und oben und linker Hand die sogenannten Kapital-Stege gehörig berichtigt, und die Forme dicht an dieselben angeschoben hat; so legt er den Deckel zu, fährt mit dem Karn hinein unter den Tiegel, und druckt, wie man zu reden pflegt, blind ab, so daß sich dann in dem im Deckel liegenden Bogen die Schattirung gut eindruckt. Dann fährt er heraus, hebt den Deckel auf, macht das Rähmchen auf, nimmt den Zurichtebogen weg, und untersucht, ob die eingedruckte Schattirung sich gehörig und regelmäßig zeigt, so daß die ganze Forme ordentlich in der Mitte des Bogens eingedruckt erscheint. Sollte aber etwa die Forme durch allzugeschwindes Hinein- oder Herausfahren sich, zumal auf einem glatten messingenen Fundamente, oder durch etwaniges Anstoßen der Rahmenschrauben beym Hineinfahren an der Preß-Wand, sich etwas aus ihrer berichtigten Lage verrückt haben; so muß der Drucker dann wieder nachhelfen, und alles etwa Verschobene wieder in gehörige Ordnung bringen, und die Forme dicht an die Kapitalstege anschieben. Ist aber die Forme beym ersten Schattirungs-Abdruck in ihrer berichtigten Lage geblieben, so macht der Drucker sich auf dem nun schattirten im Deckel liegenden Bogen mit seiner Ahle einige Merk-

zei-

zeichen, und sticht damit subtil an die äußersten Gränzen der Columnentitel und der Bundstege oder Columnen ein. Alsdann umschlägt er seinen schattirten Bogen im Deckel, und druckt seine Forme noch einmal auf die zweyte Seite desselben Bogens blind ein, fährt hernach den Karn wieder heraus, hebt den Deckel auf, öffnet das Rähmchen, und sieht dann nach, ob die Schattirung einer jeden Columne gehörig auf einander paßt, oder nach der Drucker Art zu reden, ob das Register überall steht? Sollte dieses aber nicht accurat treffend erscheinen, und da oder dort von der eingedruckten Schattirung etwas vorschlagen, so muß er, wenn es wenig beträgt, sich durch Einlegung dünner Spänchen zu helfen suchen, die er von verschiedener Stärke und länge bey der Hand haben muß. Schlagen aber die schattirten Columnen beträchtlich vor, oder es weicht das Register stark ab, so muß der Preßmeister, dessen Function das Zurichten ist, sich durch Rückung der ganzen Forme auf dem Fundamente helfen, und solche dadurch in die passende Lage bringen. Manchmal verwechseln auch die Setzer, aus Unachtsamkeit, beym Formenschließen die Stege, oder legen, aus Unwissenheit, gar falsche, schmälere oder breitere hinein als seyn sollen u. s. w., wodurch oft dem Drucker, wenn er eine solche Forme ordentlich in der Presse zurichten soll, viel schädlicher

Auf-

Aufenthalt verursacht wird. Der Drucker muß daher vor dem Zurichten nachsehen, ob der Setzer beym Schließen keine wesentlichen Formatstege an unrechte Oerter gelegt hat — Ist nun alles berichtigt, und die Schattirung der Forme geht richtig auf einander, oder, wie man zu reden pflegt, das Register steht (S. im 2. Th. im typogr. Wörterb. das Wort: Register S. 56.) alsdann keilt er seine Forme fest ein, damit sich selbige, während des Arbeitens, nicht wieder aus ihrer richtigen bestimmten Lage verrücken kann. Beym Einkeilen aber muß sich der Preßmeister in Acht nehmen, daß er die Forme durch unschickliche und nicht gut passende Keile, oder durch zu starke und ungleiche Schläge mit dem Hammer, das ganze sogenannte Register nicht wieder verderbe oder verkeile. — Nachdem nun die Forme ordentlich eingekeilt und gehörig befestigt ist, dann trägt er mit den Ballen die Farbe gut auf dieselbe, (Siehe: Auftragen, im typogr. Wörterb. im 2ten Th. S 22.) und sieht vorher, ehe er den Deckel zumacht, in denselben genau nach, ob im Rähmchen da und dort die Verkleisterung gehörig ausgeschnitten, so daß er vermuthen muß, daß hernach beym Abdrucken in der Forme nichts verdeckt wird, und daher sich nicht mit ausdrucken kann u. s. f. Findet er, daß das Rähmchen nach Erfordern richtig ausgeschnitten, so daß dann ein vollständiger biger Abdruck vermuthet werden kann, und ist alles im Deckel und Rähmchen berichtigt; so macht er Rähmchen und Deckel zu, fährt den Karn mit der Forme unter den Tiegel, und macht den Abdruck oder den sogenannten Revidirbogen, und übergiebt solchen dem Setzer. Während der Zeit, in welcher der Setzer revidirt, muß der Drucker nochmals die Forme blind abdrucken, um in der Schattirung wahrnehmen zu können, ob er die Forme nicht etwa beym Einkeilen wieder verrückt habe, und ob das Register noch richtig steht u. s. f. Zeigen sich noch Mängel oder Abweichungen, so muß er solche noch zu berichtigen suchen, und alles durch geschickte Einlegungen und Rückungen in gehörigen Stand setzen. Findet der Setzer beym Revidiren, daß er beym Corrigiren irgend einen Fehler zu verbessern vergessen, so muß er solchen, ehe fortgedruckt wird, noch verbessern, weshalb nun der Drucker die Forme in der Presse nochmals aufschließen muß. Hat nun der Setzer seine Fehler vollends verbessert, so kann der Drucker hernach in derselben das, was Er etwa noch am Formate oder sonst dabey zu verbessern nöthig gefunden, auch, vor dem Zuschließen, noch berichtigen. Ist nun revidirt, so muß dann der Drucker seinen Einstechebogen in seine richtige und beständige Lage bringen, auf welchem er hernach gehörig in die Mitte einsticht, und or-

dent-

dentlich fortdruckt. Damit sich nun der Einstechebogen, währendem Drucken, nicht leicht verrücken kann, so schneidet der Preßmeister mit der Scheere ein kleines rundes oder viereckigtes und nicht zu dickes Stückchen Pergament, bestreicht es unten mit ein wenig Kleister, und sticht es, über den Einstechebogen, in die Punkturspitze in der Mitte ein, und drückt solches auf demselben an, daß es sich anklebt, und der Bogen im Deckel dadurch fest gehalten wird. Ist das geschehen, so treibt er die vielleicht noch aufgeschlossene Forme mit dem Preßhammer oder Schließnagel gehörig an, dreht dabey die Schrauben mit den Fingern nach, ergreift das Klopfholz, und klopfet ordentlich, so daß alles etwa in der Forme noch hoch stehende oder aufgestiegene dadurch niedergedrückt wird, und die ganze Oberfläche der Forme gleich und gerade wird, schließt alsdann die Forme regelmäßig zu, und fängt nun an, fortzudrucken. Bey den erstern Abdrücken aber muß ein guter, vorsichtiger und gewissenhafter Drucker wiederholend nachsehen, ob alles gerade steht, sich alles gut ausdruckt, ob keine Spieße aufgestiegen, sich nicht etwa noch was schneidet, welches letztere manchmal noch zu geschehen pflegt, wenn frisch angeklebte und noch nicht angetrocknete Träger im Rähmchen fortgerutscht sind, oder auch ein Stückchen Kleisterpapier sich irgendwo im Rähmchen verschoschoben und so gerückt hat, daß es währendem Drucken Wörter oder wol gar ganze Zeilen bedeckt, die sich dann deshalb nicht mit abdrucken können. Finden sich im Deckel sonst noch einige Hinderungen oder Mängel, welche etwa einen ungleichen und schlechten Abdruck verursachen möchten, so muß der Drucker solche fleißigst verbessern. Auch muß er Acht haben, daß unter währendem Drucken sich nicht etwa eine Punktur, oder die Forme durchs Auftragen, wenn sie nicht fest eingekeilt wäre, verrücke. Manchmal muß, unter währendem Drucken, ein Bogen umschlagen und dabey nachgesehen werden, ob alles noch in gehörigem regelmäßigen Stande ist, wie es seyn soll u. s. w. — Die Punkturspitzen dürfen nicht zu dicke seyn, damit die Punkturlöcher in dem Papier nicht zu groß werden, sonst wird manchem Drucker, wenn er einen Wiederdruck druckt von einer andern Presse, an welcher sich dicke Punkturspitzen befinden, doch dabey sein Register abweichen, wenn er sonst auch gut zugerichtet hat. Sind in einem ausgedruckten Schöndrucke die Punkturlöcher sehr groß, und dessen Wiederdruck kommt in eine andere Presse zum Ausdrucken, (dies geschieht manchmal) und der Preßmeister an derselbigen andern Presse führt dünne Punkturspitzen, und legt seine Bogen nicht mit Vorsicht gerade ein, wird gewiß verschiednerley Register bekommen — Denn wenn er

Buchdr.   N   beym

beym Einlegen des Schöndruckbogens in die dünnern Punkturspitzen, sich mit dem Körper nur ein wenig zu weit rückwärts bewegt, so verursacht dies gar leicht, daß der gefaßte Bogen, währendem Einstechen, etwas mit zurück gezogen wird, und dadurch dessen schon zu große Punkturlöcher noch mehr erweitert werden; daher es dann kommt, daß das Register abweichen muß. — Die Punkturspitzen müssen vom Schlosser nicht zu sehr gehärtet seyn, sonst springen solche leicht, wenn man sie etwa spitziger feilen will; denn es geschieht öfters, daß der Drucker, entweder aus Versehen, oder aus Unwissenheit, beym Zurichten die Punkturspitzen abstumpft oder oben abbricht; sind nun die Spitzen zu sehr gehärtet, so greift die Feile wenig an, und wird auch dabey verdorben. Die Punkturspitzen müssen auch vom Schlosser gut oder fest zusammen geschmiedet seyn, damit sich solche nicht so leicht spalten, welches leider oft zu geschehen pflegt, da nicht alle Schlosser oder Zeugschmiede gute und dauerhafte Punkturen verfertigen können, und ihnen den gehörigen Grad von Härtung zu geben nicht verstehen. Sind die Punkturspitzen zu weich, so biegen sich solche leicht krumm. Die übrige Länge der Punkturspitzen nutzt nichts; denn sind sie zu lang, so gehen sie zu tief in den Mittelsteg — und beym Wiederdruck reißt man beym Einlegen leicht Löcher in die Bogen — sie brechen auch leichter ab, zumal wenn sie sehr hart und spröde sind u. s. w. Was anlangt die Länge der Punkturscheeren und die Länge der Schnäbel an denselben, auf denen die Punkturspitzen stehen oder aufgelöthet sind, läßt sich nichts bestimmen; hiebey muß man sich nach der Größe des Papiers richten. Meistens ist's besser, wenn die Scheeren lang und die Schnäbel kurz sind. Hat man kleines Papier zu drucken, so müssen Punkturen angeschlagen werden, die lange Scheeren haben, damit die Punkturspitzen so weit hinein gerückt werden können, daß man die zu druckenden Bogen gehörigen Ortes verhältnißmäßig einstechen kann. — — Der Drucker muß immer einige neue gute und verschiedene Punkturen vorräthig zu halten suchen, damit er, wenn ihm, währendem Drucken, eine abbricht, gleich deren Stelle wieder besetzen kann, ohne sich im Arbeiten Aufenthalt zu verursachen. —

Von dieser nöthigen Einschaltung über die Beschaffenheit und den Gebrauch der Punkturen, die für dem Drucker-lehrling wichtig ist, wollen wir hier noch einige andere Demselben nützliche und nöthige Erinnerungen beyfügen.

Ist der Schöndruck oder eine oder die erste Forme eines gesetzten Bogens auf die vorher beschriebene Art zugerichtet, und die gehörige Zahl der Exemplare davon abgedruckt worden, dann löset der Ballenmeister die Keile, womit die Forme im Karnrahmen festgekeilt ist, auf, hebt sie aus der Presse, und trägt solche in's sogenannte Waschfaß, um sie von der Farbe wieder zu reinigen oder zu waschen, wovon weiter unten geredet wird. Während der Zeit in welcher der Ballenmeister die ausgedruckte Forme wäschet, und dem Setzer gereinigt wieder überliefert, holt der Preßmeister die zweyte Forme oder den Wiederdruck des Bogens, und richtet solche gehörig in der Presse zu, und verfährt dabey auf die hier im Vorigen beschriebene Art, so daß der Wiederdruck genau auf den Schöndruck paßt, oder das Register accurat steht. Wenn nun der Preßmeister den Wiederdruck gehörig zugerichtet, daß alles genau auf einander paßt, oder, wie man sagt, das Register gut steht; so muß er seinen Deckel gehörig anfeuchten, doch aber nicht zu naß machen, so daß der Druck, wie man in Buchdruckereyen zu reden pflegt, nicht durch zu vieles Wassergeben ersauft wird. Denn wird das Papier gar zu naß im Deckel, so nimmt es die Farbe nicht an, und der Abdruck wird unleserlich. Sollte der Schöndruck oder die zuerst gedruckte Seite des Bogens, beym Drucken des Wiederdrucks, im Deckel stark abrußen oder abschwärzen, so muß der Drucker, welcher am Deckel steht, das graue Makulatur in demselben öfters umschlagen; ist der zu druckende Haufen aber sehr stark geleimtes Papier, und hat sich noch nicht gehörig erweicht gehabt, als der Schöndruck eingehoben und abgedruckt werden mußte, und es rußt daher solches Papier, wenn es noch sehr feucht ist, beym Wiederdruck gar zu sehr ab — wie es in solchen Fällen mancher Drucker erfahren haben wird — so muß er freylich öfter anderes oder ganz frisches, reines graues Makulatur in den Deckel legen, wenn er sieht, daß das vorige auf beyden Seiten schon zu sehr beschwärzt ist. Hat der Drucker dabey gar schlechte schwache Farbe, so rußt es noch mehr ab, und er muß dann dabey noch mehr Vorsicht gebräuchen, und das graue Makulatur im Deckel noch öfter umschlagen oder mit frischem verwechseln. Beym Einstechen im Schöndruck muß sich der Drucker hauptsächlich in Acht nehmen, daß er keine großen Punkturlöcher bekommt, damit er beym Wiederdruck das Register gleichsam nicht im Sinne, sondern in der Punktur halten kann. Alle Drucker sollten eigentlich jede Forme in Octav, Quart u. dgl. in die Mitte des Kreuzstegs zurichten, nicht blos auf die Mitte des Bogens — welches jedoch, leider! sehr viele thun. Beym Zurichten nach der Mitte des Kreuzsteges in obgenannten und ähnlichen Formaten, hebt man den eingestochenen Bogen aus der untersten Punktur auf, und legt diese aufgehobene untere Hälfte in die obere Punkturspitze in das von der untersten Punktur nun schon entstandene Punkturloch, und streicht den Bogen im

Kreuzsteg in der Mitte gerade aus, oder falzt ihn solchergestalt im Deckel mit beyden Händen recht genau in der Mitte durch; dann liegen beyde Punkturlöcher des Bogens in der obern Punkturspitze genau gerade über einander — und nun hebt der Drucker die untere Hälfte des Bogens wieder aus der obern Punkturspitze heraus, und sieht nach, ob der Falzstrich zwischen den Columnentiteln gerade in der Mitte durchgeht, und ob die Columnenziffern oben an den Ecken gerade auf einander treffen und im Mittelsteg gerade gegen einander über stehen u. s. w. Richtet aber der Drucker bey den Oktav= Quart= und ähnlichen Formaten nicht so nach der Mitte des Kreuzstegs zu wie es sich doch gehört, und will z. B. dann einen Viertels=Bogen in Oktav drucken, so wird er sein Oktav=Rähmchen bey dem Wiederdruck zerschneiden oder die Punkturen verändern müssen. Und trifft es, daß irgend ein anderer Drucker in der Offizin einen Wiederdruck von einem Drucker drucken soll, der blos auf die Mitte des Bogens zugerichtet und Rähmchen und Punkturen darnach eingerichtet hat: so muß dieser sein Rähmchen anders ausschneiden, oder die Stellung beyder Punkturen verändern. Dieses verursacht dem Drucker Verdruß und unnöthige Versäumniß — Wenn daher in einer Buchdruckerey alle Drucker von ihrem Herrn angewiesen werden, bey einerley Arten von For-
ma-

maten allezeit nach der Mitte des Kreuzsteges zuzurichten, so wird allemal der Wiederdruck in einer andern Presse, ohne viele Abänderung, eingehoben und zugerichtet werden können. — Der Drucker handelt allemal klüger und regelmäßig, der nach der Mitte des Kreuzstegs zurichtet in Oktav- Quart- Duodez-Formaten u. dergl. Bey einem Viertelsbogen in Oktav muß der Drucker nicht blos umstülpt zurichten sondern auch umschlagen, damit er sehen kann, ob der Mittelsteg auch die gehörige verhältnißmäßige Breite bekommt, die dasselbe Format erfordert. Bey Viertelsbogen oder einzelnen Blättern, deren oftmals mehrere auf einen Bogen zusammen ausgeschossen werden, ist es gut, wenn der Drucker die Stege, durch welche der Schnitt gehn muß, etwas breiter macht, als es das ordentliche Format desselben Werks erfordert, wenn es die Größe des dazu genommenen Papieres zuläßt. — Denn bey einzelnen in das Buch da und dort hinein zu bindenden Blättern sieht's der Buchbinder gerne, wenn er im Rücken eines solchen einzuschaltenden Blättchens etwas mehr Papier zu dem deshalb zu machenden Fälzchen übrig hat. Ich habe daher manchmal einzeln zusammen auf eine Forme oder Bogen ausgeschobene Blätter, die zu ordinairem Format gehörten, auf größer Papier abdrucken und die Schnittstege etwas verbreitern lassen — und dann beschwer-

te

te sich kein Buchbinder, daß er beym Zerschneiden solcher zusammen gedruckter Blätter zu wenig Platz, und zu wenig Rand zu einem daran zu machenden Fälzchen übrig hätte. — In jedem Steg, durch welchen der Buchbinder etwas abschneiden soll, muß ihm der Drucker ein kleine Schnittlinie mit abdrucken, damit beym Heften nicht leicht geirrt werden kann.

Wenn im Druck, bey gleichem und ordentlichen Auftragen, da und dort etwas zu schwarz kommt, oder sich zu scharf eindruckt, muß der Drucker im Rähmchen, gehörigen Orts, Träger ankleistern. Dergleichen Träger dürfen aber nie dicker oder dünner seyn, als nöthig ist, um dadurch das zu starke Einpressen mancher Stellen in der Forme zu verhüten. Was in den Formen sehr frey steht, als z. E. kleine Schlußlinien am Ende eines Kapitels, Finalstöckchen am Ende des Buchs, oder sonst weit aus einander stehende kurze oder lange Zeilen oder Wörter u. s. w. — muß der Drucker im Rähmchen, durch geschickt angebrachte Träger gehörig abzuhalten wissen, daß es sich im Abdrucken nicht so sehr ins Papier einschneidet. Da in den meisten Officinen die Rahmen nicht alle genau von gleicher Stärke oder Dicke sind, so muß der Drucker, wenn er guten gleichen Druck liefern will, sich durch Träger, Einlegen und Herausnehmen im Deckel, geschickt helfen, und dabey richtig urtheilen lernen, wenn er den

Ab-

Abdruck genau betrachtet hat, wie dünne, wie dick, wie lang und wie breit da oder dort im Rähmchen der oder jener Träger seyn muß. Bey der Presse muß allezeit etwas weiches und glattes gleiches Holz, das sich leicht mit dem Messer spalten läßt, vorräthig gehalten werden, aus welchem der Drucker sich allerley Träger leicht schnitzen kann. — Ein Druckerlehrling muß angehalten werden, alle kleinere Instrumente, die ein Drucker braucht, gehörig bey der Hand und jedes an und bey der Presse an seinem Orte zu halten. Er muß das Klopfholz und andre Instrumente reinlich halten, und sorgen, daß kein Staub und Unrath in den Farbestein oder in die Farbe fallen kann. Guter Kleister muß bey der Presse immer vorräthig seyn, und der hölzerne Kleisterspatel und Pinsel muß allezeit über dem Kleisterfäßchen oder Kleistertopf bereit liegen, und nicht darinnen stecken bleiben — weil der Kleister dadurch leicht zum Gähren gebracht und wässerig wird. Der Kleister von Stärke und Tischlerleim ist der beste zum Gebrauch des Druckers. Diese Erinnerungen scheinen manchem vielleicht unnöthig und überflüßig — allein, wer einige Erfahrung hat, wird wissen, was es öfters für Aufenthalt, Verdruß und Schaden bringen kann, wenn es entweder an solchen scheinbaren Kleinigkeiten manchmal ganz fehlt, oder solche nicht so beschaffen sind, wie sie seyn sol-

sollen. — Nun wollen wir noch von einigen andern wichtigen Verrichtungen eines Druckers reden. Erstlich

1 Vom Formenwaschen.

Geht der Drucker dabey nicht regelmäßig und ordentlich zu Werke, so kann daraus für dem Herrn der Officin viel Schaden entstehen, und für dem Setzer viel Aufenthalt. — — Wenn die Lauge im Kochen ist, so fängt der Drucker damit an zu waschen, und nie mit kalter oder nur wenig warmer Lauge — gießt oder schöpft aus dem Laugentopf nach und nach die kochende Lauge auf die im Waschfaß oder Waschstein liegende Forme, und reibt mit der Waschbürste im Kreis herum die auf der Forme sitzende Farbe aus den Tiefungen der Buchstaben, zwischen denselben, und zwischen den Zeilen, auf den Quadraten, Stegen und der Rahme los, und gießt dabey immer aus dem in der linken Hand habenden Laugentopfe heiße Lauge nach, bis er sieht, daß die Farbe alle von der Forme aufgelöst und rein abgewaschen ist. Dann zieht er den im Waschfaß rechter Hand unten im Winkel steckenden Zapfen auf, und läßt die Lauge, zum fernern Gebrauch, in ein dazu untergesetztes Gefäß wieder ablaufen. Alsdann nimmt der Drucker ein Gefäß, und schöpft damit kaltes reines Wasser, und spühlt

mit

mit demselben die nun etwas schief gelegte Forme oben und unten gut ab, damit alles losgewaschene Unreine mit dem Abspühlewasser weggeschwemmt wird. Alsdann setzt der Drucker ein anderes Gefäß unter das runde Loch im Waschfaß, und zieht den Zapfen wieder auf, und läßt das sich nun im Waschfasse gesammelte unreine Wasser hineinlaufen, und es wegschütten. Alsdann lehnt der Drucker die nun rein gewaschene und rein abgespühlte Forme im Waschfaß in die Höhe, so, daß das etwa noch auf derselben befindliche Abspühlewasser vollends rein ablaufen kann, und überliefert solche hernach dem Setzer rein zurück. — Hat der Drucker beym Waschen der ausgedruckten Forme etwa eine noch ganz neue, sehr scharfe Bürste, und gute scharfe Lauge, so darf er damit, beym Herauswaschen der Farbe aus den Columnen, nicht zu stark aufdrücken, weil er dadurch die Buchstaben zu sehr abstumpfen würde. — Für eine sehr gerad geschnittene, feste, gute und steife Waschbürste muß bey der Presse immer gesorgt seyn. Stumpfe ungleiche Waschbürsten, und Drucker, die damit beym Waschen ungeschickt und widersinnig zu Werke gehen, und dabey schlechte und nicht kochende Lauge brauchen, schaden den Schriften mehr als mancher sich einbildet! — Auch müssen die Gefäße, in denen das Abspühlewasser vorräthig aufbewahrt wird, rein gehalten und deren Oeffnung verdeckt wer-

werden, damit kein Sand oder etwaniger anderer Unrath hineinfallen kann. Denn wenn der Drucker im Abspühle-Wasser Sand mit auf die Forme bringt, er sey noch so fein und klar, dann hat der Setzer beym Ablegen was abzuputzen! — Dies hält ihm nicht allein sehr auf, sondern bringt auch andern vielfachen Schaden. — Ist beym Abspühlen viel feiner Sand auf die Forme gekommen, so ist es unmöglich, daß der Setzer solchen beym Ablegen, rein wieder aus den Buchstaben und zwischen den Zeilen herausputzen kann — es bleiben daher viele Sandkörnchen an den Buchstaben kleben, trocknen an, und werden hernach damit wieder in die Zeilen gesetzt; dieses verursacht dann, daß in den gesetzten Columnen alles krumm oder höckerig steht, wegen der zwischen den Zeilen an den Buchstaben klebenden und zwischen denselben hängenden Sandkörner! — Da hat nun der Setzer immer auszuputzen! welcher Aufenthalt und welche verdrüßliche Arbeit für ihm!? — Also junger Druckerlehrling! halte dein Abspühlewasser ja rein, und hüte dich auf alle Art, daß du beym Abspühlen der gewaschenen Forme keinen Sand mit auf die Forme bringst — und halte den Laugentopf vom Sande immer sehr rein; denn wenn du vollends mit der kochenden Lauge beym Waschen Sand mit auf die Forme brächtest, welchen großen Schaden würdest du auf

der

der Forme nicht mit der Waschbürste an den Buchstaben anrichten? —

Wir müssen nun noch in diesem Kapitel reden

Vom Firnis-Sieden.

Dieses ist eine Arbeit, um welche sich ein Drucker vorzüglich bekümmern muß. Ist er nicht im Stande, aus gutem alten reinen Lein-öl einen dichten zähen Firnis zu sieden, so ist's ein Beweis, daß er sich keine gründlichen Einsichten in seinem Fache erworben hat! Denn ohne einem guten dichten Firnis ist keine gute Druckfarbe hervorzubringen möglich — und wie schlecht sieht der Druck aus, wenn der Firnis zur Farbe zu dünne und der Ruß nicht recht schwarz, sandig und unrein gewesen! — Ist der Firniß nicht stark oder dicht gewesen, so wird der Druck bald gelb werden, und auch sich sehr abrußen oder abschwärzen, und auch dann noch, wenn die damit gedruckten Bogen getrocknet sind! — Gar zu dicht oder zu zähe hingegen darf der Firnis auch nicht gesotten werden, sonst wird die Farbe gar zu stark, und es bleiben dann beym Drucken, wenn der Deckel aufgehoben wird, öfters ganze Stücken vom Bogen auf der Forme sitzen, und der Druck ruppt sich, wie man zu reden pflegt. Schreibepapier verträgt oder verlangt allemal stärkere Farbe als das ungeleimte weichere Druckpapier. Ein geschickter Drucker muß dabey den gehörigen Grad zu treffen wissen. Wenn Firnis zur Druck-Farbe zu sieden, so muß man dazu hauptsächlich gutes, altes, reines und abgelegenes Leinöl nehmen; denn aus jungen unreinem oder vermischten Leinöl ist schlechterdings kein guter dichter Firnis zu hoffen, man verfahre beym Sieden wie man nur immer will. Man wird aus schlechten vermischten Leinöl wohl dick scheinenden dunkelbraunen Firnis kochen, derselbe wird aber gewiß keine wahre Dichtheit bekommen, und gewiß keine zähen Fäden ziehen, und wenig Klebrigkeit haben. — Hat man aber gutes, altes, reines Leinöl, welches gemeiniglich dunkelbrauner aussieht als das junge oder neue, so kann man auch, bey gehörigem Verfahren, guten dichten Firnis daraus kochen. Das junge Leinöl sieht meistens grünlicher aus, und nutzt zur Buchdrucker-Farbe nichts. Wenn nun Firnis gesotten werden soll, so wird die kupferne Blase (S. die Gestalt derselben auf der 2ten Kupfertafel, welche die Setzerinstrumente vorstellt,) vorher von allem alten Bodensatz und Unrath gesäubert, und dann das Leinöl hinein gefüllt. Es darf aber die Blase nie ganz angefüllt, sondern allemal ein Drittheil des ganzen Raumes der Blase leer gelassen werden, damit das Oel im Kochen

nicht

nicht zu wenig Spielraum habe. Hernach setzt man die Blase auf einen verhältnißmäßigen eisernen Dreyfuß, und macht Feuer unter dieselbe, so daß das Oel bald ins Kochen kommt. Ist es gehörig ins Kochen gebracht, dann nimmt man aus Holz spitzig geschnittene Stäbchen oder Spieße, und steckt einige Stücken Brod daran, und hält solche in das kochende Oel, damit sich die darinn befindlichen unnützen Wasser= und überflüßigen fettigten Theilchen etwas hineinziehen. Ehe man aber dieses thut, muß man den etwanigen Unrath aus dem im Kochen aufsteigenden Schaume mit dem mit kleinen Löchern versehenen Löffel abkreischen oder abschöpfen. Man muß sich auch beym Hineinhalten der an Spieße steckenden Brod= oder Semmelstücken in Acht nehmen, daß man davon nicht zu viel auf einmal hineinhalte, und dadurch das kochende gischende Oel gleichsam nicht zu sehr schrecke, und es dadurch leicht über den Blasenhals heraus treibe, und sich dadurch Verdruß, Schaden und Gefahr zuziehe — denn die Brodstücken enthalten allemal Feuchtigkeit; kömmt nun davon auf einmal zu viel ins kochende Oel, so wird dadurch eine zu stürmische Bewegung desselben verursacht, und es leicht heraus getrieben und entzündet. Ist nun das sogenannte Abkreischen vorbey, so wird die Blase mit dem Deckel wieder gut und passend zugemacht. Manche

che Farbeblasen haben zwey Deckel, nämlich einen innern und einen äußern. Dies ist besser und damit sicherer zu sieden. Der innere Deckel muß genau in den Blasenhals passen, und einen Rand haben, welcher verhütet, daß er nie durch den Blasenhals in die Blase hinein gestoßen werden kann. Oben muß dieser innere Deckel einen ordentlichen Henkel haben, welcher nicht von zu dünnem Kupfer oder Eisen seyn und gerade die Höhe haben muß, daß er, wenn der äußere oder obere Hauptdeckel, welcher den Blasenhals genau passend übergreift, dicht auf demselben Henkel oder Griff des innern Deckels aufliegt. Denn wäre dieses nicht, und das Oel treibt, im Sturm des Kochens, den innern Deckel in die Höhe, da dessen Henkel über sich Spielraum hat, so dringt leichter kochendes Oel heraus, fängt in der Luft Feuer, und richtet Schaden an — Ist nun der Henkel am innern Deckel zu niedrig, so muß der Drucker ein Stückchen hartes Holz genau so dicke zurechte schnitzen, daß es den Raum, welcher von der Oberfläche des Henkels des innern Deckels bis an die untere Fläche des obern Deckels, wenn er dicht auf den Blasenhals gesetzt ist, entsteht, dadurch accurat ausgefüllt wird. Hat man dazu einmal ein solches Holzstückchen zurechte geschnitten, so hebt man sich's auf, und kann es öfter als Unterlage zwischen den Deckeln brauchen. Sind nun die Deckel gut paſ-

passend auf den Blasenhals aufgesetzt. Dann steckt man eine Stange, von festem Holze oder von Eisen, durch die zwey Blasenhenkel und durch den Henkel des obern oder äußern Blasendeckels, so daß die Stange links und rechts in gleichen Theilen über die Blase hinaus raget. Den Raum, welchen die Stange im Ringe oder Henkel des äußern Blasendeckels übrig läßt, muß man mit schicklichen hölzernen Keilen fest ausfüttern oder festkeilen. Steht aber der Henkel des äußern oder obern Blasen-Deckels höher als die beyden großen Blasen-Henkel, und also nicht alle drey Henkel genau in gerader Linie, so muß der Drucker bey dem Festekeilen sich darnach richten. Die Stange muß gerade durchgehen und sehr fest ausgefeilt seyn, und darf nicht aus ihrer geraden und equilibrischen Stellung auf der Blase weichen, wenn solche von zwey Personen an beyden Enden zugleich angefaßt und fortgetragen wird. Denn wenn sich dabey die Stange in einem Henkel lockerte, wenn die Blase nach dem Sieden vom Feuer gehoben wird, so würde dies verursachen, daß die sich bewegende Stange die um den Blasenhals herum gemachte Verschmierung von Lehm davon ablösete, oder Risse in derselben entstünden, durch welche dann das kochende, man möchte sagen, das glühende Oel sich hindurch drängen, in freyer Luft sich hell entzünden, und oft viel Schaden

Buchdr.   O   und

und Unglück anrichten würde! Dies hat die Erfahrung leider schon oft gelehrt! — Daher ist beym Firnis-Sieden die größte Vorsicht und genaueste Aufmerksamkeit höchst nöthig.

Nachdem nun die Stange durch die Henkel der Blase und des obern Deckels derselben gerade durchgesteckt und befestigt worden, so nimmt man guten, reinen, bindenden Lehm, feuchtet denselben an, daß er erweicht und sich leicht damit verschmieren läßt. Alsdann verschmiert man mit demselben den obern Deckel der Blase, daß kein Oel aus der Blase herauslaufen kann. Manche legen auch vor dem Zukeilen und Zuschmieren der Blase einen 2 bis 3 Zoll breiten Ring von Eisenblech um den obern Theil der Blase, damit, wenn man etwa, nach dem Abheben derselben, kühlen Sand an den Lehm wirft, wo Firnis durchbringt, derselbe um den verschmierten Blasenhals liegen bleiben und nicht zur Erde falle. Ist's sogenannte Abkreischen vorbey, und der Blasenhals und Deckel ringsherum recht gut verschmiert, so verstärkt man das Feuer unter der Blase ein wenig, und richtet sich dann bey der Feuerung so ein, daß das Oel in der Blase nicht aus dem Kochen kommen kann — Man hüte sich ja, nicht zu viel Feuer unter währendem Kochen des Oels, unter die Blase zu machen, weil man dadurch dasselbe leicht heraustreiben würde — Der Drucker muß dabey immer den erforderlichen Grad des Feuers

ers zu halten wissen. Mit guten Kohlen ist besser zu sieden als mit Holze, weil man bey Kohlen den Grad der Hitze des Feuers besser und bequemer beurtheilen kann als bey stark lobernden Feuer-Flammen — letzteres dampft auch manchmal sehr, wenn es etwa noch feucht ist; dies hindert und schadet ebenfalls. Wer indessen beym Firnis-Sieden, keine guten Kohlen bey der Hand hat, kann auch dabey zur Feuerung gutes trocknes hartes Holz nehmen. Wenn nun das Oel im Kochen dann anfängt, durch die um den Blasenhals und Deckel gemachte trocken gewordene Lehm-Verschmierung da und dort heraus zu dampfen, dann muß der Drucker alle Aufmerksamkeit verdoppeln, und immer auf die Stellen der Verschmierung scharf Achtung geben, an welchen es herausdampfet, ob solche etwa anfangen feucht zu werden — welches von fein durchdringendem Oele herrührt. Bemerkt er, daß an der Lehm-Verschmierung irgendwo dicker Dampf scharf durchbläset oder gleichsam durchblickt, und die Stellen oder etwanige Risse im Lehm, durch welche der Dampf so von Zeit zu Zeit herausfährt, auch sichtlich feuchte zu werden anfangen; so greift man mit der Hand nach trockner Asche, die deshalb in der Nähe stehn muß, und wirft solche an die feuchten Stellen in der Lehmverschmierung, wo man Dampf und Oel herausdringen sieht, damit dergleichen kleine

nungen, durch die daran geworfene trockne Asche oder ganz fein geriebene und trockne Erde, sich wieder verstopfen oder zubinden — Mit den Fingern dergleichen sehr kleine Risse oder Oeffnungen mit obgenannter Masse zuzuschmieren, ist gut, muß aber Vorsicht geschehen, daß nicht leicht ein Stückchen Lehm von der Verschmierung losgedrückt oder losgerissen werde — und dann könnte das nun im höchsten Grad heiße Oel leicht Luft bekommen, sich blitzschnell entzünden, und weiter, aus den kleinsten Winkeln zwischen dem Deckel und Hals der Blase, feurig heraussprühen — und alles Umstehende sengen und brennen! — Wenn es der Drucker, entweder aus Unachtsamkeit oder Mangel an Einsicht, leider einmal so weit hat kommen und die Blase zu lange, bey starkem Feuer, auf dem Dreyfuß stehen lassen, daß das Oel brennend zwischen dem Deckel und Hals der Blase durch den Lehm heraussprüht — dann ist die Gefahr groß — und der brennende Firniß, wenn er sich einmal durch den Lehm einige Oeffnung gemacht hat, sprüht gemeiniglich ganz brennend heraus, und erfüllt die Luft der Gegend, wo gesotten wird, mit einem dicken fast erstickenden Dampf — und das nun hell brennende Oel fließt und sprützt auf dem Siedeplatz herum wie brennende Lava, und entzündet und verbrennet alles, was ihm in den Weg kommt und nicht gerettet werden kann!

Es

Es sind dabey oft Druckergesellen und andere Gehülfen so sehr verbrannt worden, daß sie dadurch zum Kröpel und zum fernern Arbeiten untüchtig sind! — und manche haben gar das das Leben dabey eingebüßt — wie es denn an solchen traurigen Exempeln nicht mangelt! — Unachtsamkeit und Mangel an Einsichten in der dabey nöthigen Behandlungsart, ist gemeiniglich die Ursache solcher unglücklichen und sehr schädlichen Vorfälle! — Denn viele Drucker gehn dabey, aus Mangel an den dazu nöthigen Kenntnissen, gar zu gleichgültig und maschinenmäßig zu Werke, daß man, wenn man ihren Proceduren dabey zusieht, glauben sollte, sie kochten Coffe! — welchen freylich manche besser zu kochen verstehen als aus gutem Leinöle einen rechten brauchbaren Firnis zu sieden, aus welchem sie ächte Farbe und damit guten Druck zu liefern im Stande seyn könnten! — Ein Drucker muß beym Firnis-Sieden mit aller möglichen Vorsicht und Aufmerksamkeit zu Werke gehen. Ist es aber einmal versehen, und dabey so weit gekommen, daß die verschmierte Blase von allen Seiten brennendes Oel stark um sich und über sich speyt, dann ist keine Hoffnung, das Oel oder den Firnis zu retten — und die Personen, welche sich nicht schnell und zeitig genug entfernt haben, können dabey leicht sehr verbrannt werden, und dadurch um's Leben kommen. Gemeiniglich wollen manche Drucker, wenn ein solches unglückliches Feuerwerk losgeht, den Firnis noch retten, und wagen sich manchmal zu weit an die feuerspeyende Blase, und versuchen, die Wuth des entzündeten Firnisses mit grossen Rasenstücken, Lehmklumpen, Erdreich u. dgl. zu dämpfen; bringen sich aber dabey oft um Gesundheit und manchmal gar um ihr Leben! Wenn das Feuerspeyen der Blase einmal gar zu stark und zu heftig, dann ists besser, die unvorsichtigen und ungeschickten Firnissieder sind davon gelaufen, und sehen ihre Schande als ihre Körper brennen — und lernen daraus einandermal dabey klüger und vorsichtiger zu verfahren, und lassen lieber den Firnis in die Luft gehen, als durch zu spätes Rettenwollen Menschen umkommen. — Sobald man an dem durch die Lehmverschmierung dringenden Dampf bemerkt, daß er stark firnismäßig riecht, und so stark auf die Brust fällt, dann ists Zeit, sehr genau Achtung zu geben, ob nicht etwa da oder dort Firnis durch den Lehm heraus dringet. So lange dies nicht sehr merklich ist, so hat man noch nicht viel Gefahr zu fürchten; bläset aber der Dampf stark heraus, und entzündet sich, und hat einen starken Firnisgeruch, und man weis, daß das Oel lange genug gekocht hat — dann ists Zeit, die Blase mit Vorsicht vom Feuer in das schon vorher in der Nähe in die Erde gemachte Loch zu bringen, so daß sie nur noch mit dem Halse und Deckel aus der

Er-

Erde raget, und sich darinnen nach und nach abkühle. Es ist aber eben nicht allemal nothwendig, die Blase, wenn man glaubt, daß der Firnis gut ist, in das Loch zu vergraben, aber man ist dabey weniger Gefahr ausgesetzt, wenn ein zu starf erhitzter Firnis Miene macht, durchzusprühen. Denn geschieht dieses, wenn die Blase gleichsam schon fast ganz in die Erde begraben ist, so können die Umstehenden die große Hitze des Firnisses noch dämpfen, wenn sie von der zu dieser Absicht in der Nähe bereit liegenden Erde, die nicht naß seyn darf, mit Schaufeln darauf werfen, oder frische nicht nasse Rasen (Wasen) darauf werfen u. dgl. so wird manchmal dadurch eine Blase voll Firnis gerettet, die schon anfängt, helles Feuer zu speyen oder den Firnis in die Luft zu treiben, welche außer dem Loche, im Freyen stehend, durch kein Mittel hätte gerettet werden können. Ein zu dieser Absicht in die Erde gemachtes Loch muß vorher gut ausgetrocknet und unten mit warmer Asche bestreuet werden. Man zündet deshalb einige Zeit vorher, ehe man die heiße und manchmal fast glühende Blase hineinzubringen gedenkt, ein Feuer darinnen an, und trocknet dasselbe dadurch aus. Wasser darf man zur Dämpfung des etwa in Brand gerathenen Firnisses oder Abkühlung der Blase ja nicht gebrauchen; dadurch würde man das Uebel schnell vergrößern und sich der größten

lebensgefahr ausseten! — Wenn man überzeugt ist, daß man zum Firnis-Sieden gutes
altes, reines und unvermischtes Leinöl bekommen, das schon ein paar oder wol gar mehrere Jahre gelegen, wodurch es sich recht abge-
klärt und aller Unrath niedergesenkt hat u. s. w.,
so wird man nicht allein bald Firnis bekommen, sondern er wird auch, wenn man das
Sieden nur gut versteht, stark und dicht werden. — Hingegen aus jungem, unreinen und
vermischten Leinöl wird man nie brauchbaren
und ächten Firnis kochen. Man hat auch
Beyspiele, daß gewinnsüchtige oder unwissende
Oelhändler dem Buchdrucker Rüböl unter das
Leinöl gemischt haben — aus welcher Mischung
wohl gute Wagenschmiere aber nie brauchbarer Drucker-Firnis zu sieden möglich ist. —
Ein Buchdrucker muß sich zu seinem Verbrauch
an bekannte rechtschaffene Oelhändler wenden,
die immer viel Vorräthe davon halten, und
von denen er nicht betrogen wird, und die ihm
nicht junges unreines Oel für altes abgeklärtes
liefern.

Wenn nun also die Blase, wie oben gesagt
worden, in das Loch gebracht ist, sich darinnen etwas abgekühlt und ohngefähr eine halbe
Stunde darinnen gestanden hat, dann hebt man
solche behutsam, vermittelst der noch durch deren Henkel befestigte Stange, aus demselben
her-

heraus, wobey von beyden Seiten von zwey Personen zugegriffen wird, und setzt solche auf den mit Asche bestreuten Strohkranz (S. die Kupfertafel, welche die Setzer-Instrumente vorstellet) denn die noch heiße kupferne Blase darf man nicht auf feuchten Boden setzen, weil man sich dadurch wieder Gefahr aussetzt; auch auf steinigten Boden darf man die noch heiße Blase nicht setzen, weil solche dadurch leicht Buckeln in den Boden bekommen und beschädigt werden kann. Hat nun die Blase außerhalb des Loches etwa eine Viertelstunde frey gestanden, und man glaubt aus guten Gründen, daß die große Hitze des Firnisses vorbey, und weiter keine Gefahr dabey sey; so fängt man an, die Lehm-Verschmierung vom Blasenhalse mit Vorsicht nach und nach abzulösen. Ist dies geschehen, so putzt man allen etwa noch am Blasenhalse, an den Seiten der Blase und am obern Blasen-Deckels sich noch befindenden Unrath rein ab, damit beym Oeffnen davon nicht leicht etwas in den Firnis hinein fallen kann. Nach diesem Abputzen also löset man die Holzkeile, womit die Stange in den Henkeln der Blase und des Deckels befestigt ist, und nimmt diese nebst der Stange heraus, hebt den obern Blasendeckel ab, und dann, mit Vorsicht, auch den innern Deckel, wenn einer vorhanden ist. Beym Hinwegnehmen des innern Deckels oder Oeffnen der Blase geschieht es, daß sich der Firnis in der Blase, wenn er noch viel Hitze hat, durch die Luft, plötzlich entzündet und aus der Blase herauslodert — wodurch unerfahrne, welche die Oeffnung verrichten, sehr erschrecken — Allein wenn dieses Oeffnen nicht zu frühzeitig geschieht, sondern erst eine halbe Stunde nach der Abhebung der Blase vom Feuer vorgenommen wird, ist von dieser Entzündung nichts zu fürchten. Manche lassen sogar den Firnis ohngefähr über eine Stunde hell brennen, und zünden ihn, wenn er etwa, wegen schon abgenommener Hitze, verlöschet, wieder an, und glauben, durch dieses sogenannte Nachbrennen den Firnis noch mehr zu verbessern, zu verdichten oder zu verstärken — Wenn man aber junges schlechtes Oel dazu genommen, wird durch dieses Nachbrennen gewiß der Firnis wenig verbessert. Hat aber das Leinöl die oben beschriebenen guten Eigenschaften gehabt, und der Drucker ist beym Sieden gehörig damit umgegangen, und der Firnis ist noch nicht so stark nach dem Oeffnen der Blase, als man ihn braucht, so kann man ihn durchs Nachbrennen noch verbessern. Man kann ihn über eine Stunde lodern lassen, wodurch er sich mehr zusammenzieht und verdichtet. Nachher läßt man den Firnis in der Blase einige Stunden an einem sichern Orte offen stehen, so lange, bis die große Hitze verflogen und der Firnis nur noch so heiß ist, daß man einen

Fin-

Finger darinn erleiden kann. Unterdessen setzet man ein leeres Farbefaß zurechte, gießt dann den noch warmen Firnis aus der Blase in daselbe, ohne jedoch den etwanigen Bodensatz aus derselben mit ins Faß zu bringen. Alsdann schüttet man guten schwarzen und reinen Ruß darunter, nimmt das Rührscheid, und fängt an, den Firnis und den Ruß nach und nach gut mit einander zu vermengen oder zu verbinden. Dabey dürfen keine Kräfte gespart werden, weil auch sehr viel aufs gute Einrühren ankommt. Gemeiniglich wechseln zwey Personen sich einander dabey ab. Sollte der Firnis, entweder wegen schlechter Beschaffenheit des Oels oder aus Versehen beym Sieden, schwach und dünner seyn als man gewünscht, so glaube man ja nicht, ihn beym Einrühren durch Hineinschüttung einer größern Menge von Ruß zu verstärken — dadurch wird derselbe im Druck nur noch mehr abschwärzen und nicht stärker werden In Ansehung der Menge des in den Firnis zu rührenden Rußes, muß man sich nach der Menge und Beschaffenheit des Firnisses richten — starker Firnis nimmt etwas weniger Ruß auf als schwächerer. Ist nun der Firnis mit dem Ruße gut durch einander gearbeitet und mit einander verbunden, so wird auf die nunmehrige Druckfarbe etwa ein paar Zoll hoch reines Wasser gegossen, welches dann verhindert, daß die Luft keine Haut auf der Oberfläche der Farbe, zumal an trocknen Orten, erzeugen kann, und es

kann

kann solchergestalt auch etwa hinein fallender Staub die Farbe nicht so verunreinigen, als wenn kein Wasser darauf steht. Am sichersten verwahrt man die Farbe für Verunreinigung, wenn man gute passende Deckel mit Henkeln über die Farbefässer machen läßt, und solche in sichern ruhigen Behältnissen aufbewahrt. — Hierbey muß ich noch erinnern, daß manche Drucker vorgeben, sie besäßen ein Geheimniß, allezeit geschwind guten starken Firnis zu sieden, und lassen sich für diese ihre scheinbare Kunst von manchem Buchdrucker-Herrn theuer bezahlen — Aber man hüte sich ja für solche pedantische Schwarzkünstler! sie werfen gemeiniglich Menie, oder Silberglätte nach dem Abkreischen in die Blase, und geben vor, die Farbe würde dadurch auf dem Papier leichter trocken u. s. w. Allein man sollte bedenken, daß die Druckfarbe gar keine solchen groben mineralischen Theile verträgt. Blos sehr feine Säfte aus dem Pflanzenreiche kann man, ohne Schaden dem Firnis beymischen. Bis jetzt aber hat man im vegetabilischen Naturreich noch nichts aufgefunden, womit man das Leinöl geschwinder in guten Firnis verwandeln kann, als es durch das gewöhnliche regelmäßige Verfahren möglich ist. Durch Aspalth, oder andre irdische Dinge wird man ebenfalls den Firnis eher verschlimmern als verbessern, welches alles hier zu beweisen viel zu weitläuftig

tig seyn würde, ob ich gleich sehr wünsche, über diese Gegenstände mehr sagen zu können — — die Gränzen zu diesem Handbuche aber waren mir zu enge vorgezeichnet! —

Einige Drucker reiben auch die ordentliche Druckfarbe, vor dem Auftragen, auf einem geraden glatten Reibestein gut ab, wodurch selbige freylich etwas feiner wird; nur ist nicht allemal dazu Zeit übrig. Wenn die Farbe sonst gut beschaffen ist, wird ein guter Drucker auch eben so guten Druck damit hervorbringen, als wenn sie abgerieben ist; und ein schlechter maschinenmäßiger Drucker wird auch mit der feinsten abgeriebensten Farbe schlechte Arbeit liefern! —

Vom Drucken mit rother Farbe.

Dieses kommt noch öfters bey Calendern, auf Titeln von Schul- und liturgischen Büchern u. s. w. vor; daher wir hier davon auch noch kürzlich reden müssen. Zur guten und schönen rothen Druckfarbe nehme man guten Zinnober, reibe ihn auf dem Reibestein so fein als möglich ab, und gieße guten Druckfirnis darauf, und reibe dann beydes gut durch einander, fasse davon auf die besonders zum rothen Druck gemachten und bestimmten Ballen, und verfahre weiter wie es die Regeln und die Klugheit dabey vorschreiben.

Da nun der Firnis gemeiniglich den Zinnober verdunkelt, so muß der Drucker ihn mit etwas venetianischem Bleyweiß erhöhen, nachdem solches dazu vorher sehr fein abgerieben worden. Einige nehmen auch feinen Safran unter den Zinnober, um ihn dadurch wieder zu erhellen, welches aber kostbarer ist.

Sollen Zeilen oder Wörter auf Titeln, oder da und dort in den Formen, roth gedruckt werden, so werden solche vom Setzer in der Forme vorher gleich und verhältnißmäßig unterlegt, so daß alle in der Forme roth zu druckende Wörter gleich hoch stehen, und alle, nach dem Klopfen, oben eine gerade gleiche Fläche bilden. Dann verkleistert der Drucker, nachdem er die Forme in der Presse ordentlich zugerichtet, das dazu bestimmte Rähmchen gänzlich mit weißem festgeleimten Papier, trägt roth auf, und richtet sich dabey, im Anhalten mit den Ballen, allezeit nach der größern oder kleinern Zahl der auf der Forme stehenden roth zu druckenden Zeilen; hernach macht er einen Abdruck auf den ganzen weißen Bogen, womit das Rähmchen verkleistert ist, auf welchem nun die rothen Wörter erscheinen. Alsdann nimmt er ein scharfes spitziges Federmesser, und schneidet die rothen Abdrücke der Wörter aus der Verkleisterung accurat und geschickt, doch nicht gar zu knapp, heraus, so daß die

durch

durch das heraus geschnittene Wort entstandene Oeffnung etwas weniges geräumiger wird, als das abgedruckte Wort eigentlich erfordert. Ist das Rothe durch die Auflage abgedruckt, dann wird die Forme mit kochender guter Lauge recht rein gewaschen, und abgespühlt dem Setzer wieder überliefert. Dieser nimmt alsdann die nun roth abgedruckten Wörter oder Zeilen aus der Forme heraus, und steckt an deren Statt Quadraten hinein, schließt diese Stellen damit accurat aus, und schließt dann die Forme wieder zu. Nun hebt der Drucker solche wieder in die Presse, richtet sie sehr accurat zu, und druckt das, was schwarz gedruckt erscheinen soll, regelmäßig ab u. s. w. —— Das roth und schwarz Drucken auf einem Bogen erfordert einen geschickten und accuraten Drucker, der sich dabey im Zurichten gut zurechte weisen kann, sonst wird in den Abdrücken oft das Rothe halb ins Schwarze, und das Schwarze halb ins Rothe gedruckt! —— In den meisten Druckereyen aber wird, z. E. bey Calendern, das Schwarze zuerst zugerichtet und abgedruckt, und dann das Rothe, wozu aber die Columnen zum Rothen auch besonders gesetzt und nach dem Schwarzen passend justirt werden müssen. —— An manchen Orten muß der Drucker das Rothe selbst unterlegen —— daher muß ein Druckerlehrling auch was vom Setzen wissen. —— —— Soll mancher Gelegenheit etwa

dies

dieses oder jenes mit andern bunten Farben gedruckt werden, so muß der Drucker dazu keine harten groben mineralischen Farben wählen, sondern entweder Farben aus dem Pflanzenreiche, oder feine bunte Erdfarben. Diese müssen vorher so klar und fein als nur möglich, abgerieben werden. Dann werden solche mit gutem reinen Firnis vermischt, auf dem Reibestein nochmals gut abgerieben, auf die allemal besonders zu jeder Farbe gemachten Ballen gefaßt, auf denselben gut gerieben, vertheilt und damit aufgetragen u. s. w. Der Platz erlaubet mir nicht, in diesem Buche über das, was die Drucker angeht, ein Mehreres zu sagen, so gern ich mich auch hier über diese Materie weiter ausbreiten mögte — zumal da noch kein praktischer typographischer Schriftsteller davon etwas gesagt hat. Denn was Geßner davon so wohl in dem Buche: „die so nützliche als „nöthige Buchdruckerkunst ꝛc. und in dem „der „in der Buchdruckerey wohl unterrichteten Lehr„junge ꝛc." hinterlassen, ist viel zu unbedeutend, unbestimmt und unzulänglich, als daß ein angehender Drucker-Lehrling daraus einen beträchtlichen Nutzen ziehen könnte. Wißbegierige Lehrlinge werden indessen in einem andern Werke, das ich bald bekannt machen werde, hiervon mehrere nützliche Sachen finden. — Das Wesentlichste für Anfänger davon glaube ich hier gesagt zu haben.

Ausmessung der Buchdrucker-Instrumente,

ihre ordentliche Größe, nach den leipziger Schuh oder Elle, dabey zu merken, daß 24 Zoll die Elle gerechnet, und jeder Zoll in 4 Partikelchen oder Theilchen getheilt ist.

	Elle	Zoll	Thl.
Regal, darauf der Kasten ruhet, vorn die Höhe	1¼	—	—
hinten ist solches hoch	2	6	—
Der Raum vorne unter dem Kasten bis an das erste Fach	—	14½	—
Die drey Fächer, worein in jedes ein Kasten geschoben wird, jedes Höhe	—	4¼	—
Der Kasten, darinnen die Schrift liegt, dessen Länge	1¼	—	—
die Breite	1	2¼	—
ein Fach ist tief, worinn die Schrift liegt,	—	2¼	—
des Kastens Dicke mit dem Boden ist	—	3	—
Regal zu den Formen, dessen Höhe	1¼	4	—
Breite	¼		
Länge			
jedes Fach von einander		¼	—
Setzbret, die Länge	1	—	—
Breite	—	10	3
Höhe von der Leiste auf den Seiten	—	2	3
Ahle, des Stachels Länge	—	2	3
des Hefts Länge	—	2	3
Tenakel, dessen Länge	—	15	—
Divisorium	—	12	

Buchdr.   P   Schiff

	Elle	Zoll	Thl.
Schiff, zu Quart-Format, die Länge ohne Grif	—	10	—
die Breite	—	9	—
Schiff zu Folio, ohne Grif, die Länge	—	16	—
die Breite	—	$10\frac{1}{2}$	—
Des Grifs Länge	—	4	—
Winkelhaken, zu Folio und groß Quart	—	12	—
zu ordinärem Format	—	9	—
Leuchter, hat in der Peripherie	—	8	—
die Höhe ohne Tille	—	$2\frac{1}{2}$	—
Corrigir-Stuhl, dessen Höhe	$1\frac{1}{2}$	$3\frac{3}{4}$	—
Die Scheibe oben in der Runde	$1\frac{1}{4}$	2	—
Schließnagel, dessen Länge	—	$4\frac{1}{2}$	—
Klopfholz, dessen Länge	—	5	—
Breite	—	3	—

Drucker-Instrumente.

	Elle	Zoll	Thl.
Ballhölzer, haben in der Peripherie	—	$23\frac{1}{4}$	1
der Stiel	—	5	—
Bengel, in der Länge	1	$14\frac{1}{4}$	1
Rahme, ordinair lang	1	—	—
breit	$\frac{3}{4}$	$2\frac{3}{4}$	—
in Lichten hat sie	—	$1\frac{1}{2}$	—
die Dicke	—	1	—
Rahmeisen, deren zwey, so von Schrauben angerieben werden, das vorderste ist lang	—	$21\frac{3}{4}$	—
Seiten-Theil ist lang	—	$17\frac{3}{4}$	—
die Breite derselben	—	—	2
die Dicke	—	—	1
Schraube in Rahmen, lang	—	4	—
Dicke			

Ausmessung der Buchdrucker-Instrumente.

	Elle	Zoll	Thl.
Deckel, ist lang	1	6	1
breit	—	23	1
dick	—	1	1
Rähmchen, so von Eisen, lang	1	2	3
Breite oben	—	20	1
Breite unten mit dem Gewinde	—	22	3
$1\frac{1}{2}$ Messerrücken dicke			
Esel, dessen Länge	—	8	—
dessen Dicke	—	$4\frac{1}{2}$	—
die untere Dicke	—	$3\frac{2}{3}$	—
Farbeeisen, die Länge mit dem Stiele	—	8	—
die Dicke 2 Messerrücken			
Farbestein, dessen Länge	$1\frac{1}{2}$	—	—
Breite	—	13	
Waschbret, dessen Breite	—	19	3
Länge	1	—	1
Büchse, ins Quadrat hoch	—	8	
Dicke jeder Seite	—	$5\frac{1}{2}$	
Spindel, das Gewinde oben	—	8	
unten	—	9	
in der Peripherie	—	10	
die Dicke, worinnen der Bengel steckt	—	$12\frac{1}{4}$	
die Höhe an den Ort	—	3	
jedes Loch hoch	—	$1\frac{1}{4}$	—
breit	—	1	—
Zapfen, dessen Dicke ins Quadrat	—	1	1
Die Mutter, in der Runde			
Höhe			
Walze, das Holz	—	$8\frac{1}{2}$	—
in der Peripherie	—	$15\frac{1}{2}$	—
das durchgehende Eisen lang	—	$14\frac{2}{3}$	—
Das, was von diesem Eisen vorn heraus ragt, oder die Gorbel	—	6	—

	Elle	Zoll	Thl.
Laufbret, dessen Länge =	1¼	3	—
die Breite =	¼	—	—
die Dicke ;	—	1	2.
Klammer am Laufbret, unten ohne die Löcher gerechnet, an beiden Enden ;	—	3	1
Punctur, einen Messerrücken dick			
die Gabel daran, deren Länge	—	2	—
des Stifts Höhe =	—	1	—

Verhältniß
der gewöhnlichsten Schriftkegel gegen einander.

19 Text-Zeilen betragen 24 Tertia-Zeilen

24 Tertia-Zeilen, betragen 29 Mittel-Zeilen.

29 Mittel-Zeilen, betragen 32 Cicero-Zeilen.

32 Cicero-Zeilen, betragen gegen die sogenannte Rheinländer Schrift 35 Zeilen.

35 Rheinländer-Zeilen, betragen 38 Corpus-Zeilen.

38 Corpus-Zeilen, betragen 48 Petit-Zeilen.

Ende des ersten Theiles.

Praktisches Handbuch der Buchdruckerkunst.

Zweyter Theil.

Inhalt

des zweyten Theils des praktischen Handbuches der Buchdruckerkunst.

1) Typographisches Wörterbuch, zum bequemen Nachschlagen für Anfänger, nach dem Alphabet eingerichtet — — Seite 1.

2) Von der Orthographie oder der Rechtschreibekunst — — — — S. 67.

3) Reden bey der Aufnahme eines neuen Mitgliedes in die Buchdrucker-Gesellschaft S. 87.

4) Von den Gebräuchen, Gewohnheiten oder der Observanz der Buchdrucker in Teutschland S. 99.

5) Vom Setzen in fremden Sprachen. S. 102.

6) Kurzer Bericht vom Stempelschneiden und Schriftgießen — — — S. 104.

Inhalt des zweyten Theils.

7) Beschreibung der dritten Kupfertafel, welche die Setzer-Instrumente vorstellt.   Seite 109.

8) Verzeichniß von Wörtern, welche von manchen fehlerhaft geschrieben werden, wie solche, nach den neuesten und besten Sprachlehrern, richtig gedruckt werden müssen.   S. 110.

Typographisches Wörterbuch

zum

bequemen Nachschlagen für Anfänger,

nach dem Alphabet eingerichtet.

A.

Abbreviren, abkürzen der Wörter, ist im Druck seltner als im Schreiben gebräuchlich. Der Setzer darf ohne Noth kein Wort, das unter seiner abbrevirten Gestalt nicht allgemein bekannt ist, im Druck abgekürzt darstellen, es sey denn, daß irgendwo in der Correctur ein oder einige Wörter ausgelassen, und alles auf demselben Bogen gerade so enge gesetzt wäre, daß es der Setzer, ohne viele Umarbeitung, nicht hineinbringen könnte, so ist es wohl manchmal erlaubt, ein Wort verständlich und regelmäßig zu abbreviren. Der Corrector muß Acht haben, daß der Setzer, wenn er manchmal abgekürzte Wörter setzt, oder dergleichen öfters abzukürzen genöthigt ist, allemal von den künftigen noch fehlenden Sylben wenigstens den ersten Buchstaben noch mit anzeige, z. E. : Wir reden hier von d. Königl. Bedienten. — die sämmtl. Kaiserl. Truppen — eine ausführl. Beschreib. u. dergl. Zum Zeichen, daß ein Wort abgekürzt ist, setzt man im Druck ein Punct, nie aber ein Colon, wie es manche noch von Alters her im Schreiben zu thun gewohnt seyn. — Im griechischen Druck bedient man sich heutzutage der von den alten Bücherabschreibern, um der Zeitersparung willen, erfundenen Abkürzungen nicht mehr, sondern der Setzer muß solche in vorkommen-

den Fällen ordentlich mit Buchstaben ausse=
tzen, es müßte denn, gewisser Ursachen we=
gen, vom Autor oder Herausgeber verlangt
werden, daß die Abbrevaturen gesetzt wer=
den sollen, welches aber heutzutage sehr sel=
ten geschehen wird. Ein hierinn unerfahrner
Setzer und Corrector kann die hier auf einer
in Kupfer gestochnen Tabelle verzeichneten
griechischen Abkürzungen, wie solche in alten
gedruckten Büchern vorkommen, nebst ihren
Erklärungen in einem solchen Falle zu Rathe
ziehen.

Abbrechen muß der Schriftgießer die Gieß=
zapfen, welche sich, nachdem der Buchstabe
gegossen aus dem Instrumente gekommen,
noch unten an demselben befinden, welche ge=
sammelt und hernach wieder mit in die Gieß=
pfanne geworfen und mit eingeschmolzen wer=
den. Das Abbrechen verrichten in den
Schriftgießereyen gemeiniglich angehende
Lehrlinge, Kinder oder dazu angenommen
Tagelöhner, oder alte betagte Schriftgießer=
gesellen, welche nicht mehr ordentlich zu ar=
beiten vermögend sind, es wird denselben ge=
meiniglich das 1000 mit 4 bis 6 Pfennigen
bezahlt, je nachdem es in einem Orte ge=
wöhnlich ist.

Ablegen ist diejenige Verrichtung des Schrift=
setzers, wenn er die Buchstaben, womit die
Formen gesetzt worden, nach dem Abdrucke
der bestellten Auflage, einen nach dem an=
dern wieder in sein gehöriges Fach des
Schriftkastens einlegt, um wieder andere
Wörter und Zeilen damit zu setzen. Es ist
gut, wenn sich der Setzer bey seinem Arbei=
ten jedesmal so einrichtet, daß er, nachdem
er sich abgelegt hat, etwas anders dazwi=

schen thun kann, z. B. corrigiren, schließen, umbrechen u. d. gl. damit unter der Zeit, in welcher er etwas anders thut, das ebenfalls zu seinen Functionen gehört, die abgelegte Schrift trocken wird; denn es läßt sich hernach besser fortsetzen als gleich nach dem Ablegen, wo gemeiniglich die Buchstaben noch naß sind, und daher leicht wieder beym Ergreifen aus den Fingern fallen, und schlüpfrig anzugreifen sind, zumal wenn die abzulegenden Formen oder Schriftstücken vorher, entweder aus Versehen oder aus Unwissenheit, gar zu naß angefeuchtet worden. Wenn der Drucker dem Setzer die ausgedruckte und gewaschene Forme zum Ablegen überliefert hat, so muß der Setzer solche, ehe er sie anreißt, oder das Format abschlägt und zum Ablegen anfeuchtet, vorher erst genau betrachten, ob solche rein gewaschen, oder ob sich besonders etwa noch feiner Sand oben auf den Buchstaben, in den Tiefungen derselben, oder zwischen den Zeilen befindet? Ist dieß so, so muß er den Drucker, welcher die Forme nicht rein gewaschen oder nach dem Waschen nicht mit reinem Wasser rein genug abgespühlt hat, herbeyrufen, ihm solches zeigen, und sorgen, daß er eine solche noch unreine Forme nochmals reiner wasche und abspühle. Befindet sich aber nur oben, auf oder in den Buchstaben blos noch einiger weniger feiner Sand, und die Forme ist übrigens rein gewaschen, so muß der Setzer selbige, falls solche der Drucker bey der Ueberlieferung aufgeschlossen hätte, wieder zuschließen, jedoch eben nicht sehr fest, und dann eine Kehrbürste nehmen, und damit den in den Buchstaben oder zwischen den Zeilen noch befindlichen Sand mit Vorsicht herausbürsten, so daß er dadurch nicht etwa die feinen Schraffirungen der Buchstaben oder dünnen feinen Accente im Griechischen, Hebräischen u. s. w. durch zu scharfes Abbürsten beschädigt. Ist dies geschehen, so wird die Forme hernach wieder aufgeschlossen, und mit einem Schwamm etwas angefeuchtet, dann die Rahme abgenommen, das Format abgeschlagen, und bis zum nächsten Gebrauch an einem ruhigen Ort aufbewahrt. Alsdann nimmt der Setzer sein Vortheilschiff zur Hand, und hebt in selbiges alle diejenigen Quadratzeilen, Columnentitel und andre Sachen der gewaschenen Forme, welche er beym künftigen Fortsetzen gewiß wieder brauchen kann, ordentlich in selbiges, und setzt dann solches ebenfalls wieder an seinen bequemen Ort. Nun schiebt er alle die Zeilen oder Columnenstücken auf dem Waschbret zusammen, und fängt an, abzulegen, und kann nun ruhig dabey bleiben, da er vorher schon alle Vortheilzeilen gehörig in Sicherheit gebracht und aufbewahret hat, wo solche dann nicht leicht umgeworfen oder aus Versehen wieder in Unordnung gerathen können. Man muß beym Ablegen nie zu große und schwere Griffe, oder nie zu viel Zeilen auf einmal auf den Ablegespan nehmen oder unnöthig auffassen, sonst läuft man Gefahr, währendem Ablegen, wobey sich der Körper erschüttert, zumal wenn geschwind abgelegt werden muß, daß es dann leicht geschehen kann, daß der auf der linken Hand liegende zu schwere Griff wackelt und sich spaltet, und ganz aus der Hand des Setzers zur Erde fällt! — und wie mühsam ist es nicht, die nun ganz untereinander gefallenen Buchstaben von der Erde wieder aufzulesen, solche wieder vom Staube des Fußbodens, welcher sich gleich an die feuchten Buchstaben anklebt, abzuwischen, und einzeln wieder in den Winkelhaken aufzusetzen, und dann wieder in die Fächer zu legen? Legt der Setzer einen solchen Griff oder eine solche Forme, in welcher in und neben den Buchstaben und zwischen den Zeilen noch Sand klebt, ab, er sey auch noch so fein, so wird ihn dieß beym künftigen Setzen sehr aufhalten; und wenn er nicht einen jeden Buchstaben wieder abwischt, so kommt der Sand wieder zwischen die Zeilen im Schiff, und dann steht alles krumm und höckericht, dann kömmt der Abdruck schmierig und unrein zum Vorschein, welches sehr unangenehm ins Auge fällt. Eine solche gesetzte sandvolle Forme wieder rein zu machen, muß der Drucker einige Zeit vorher, ehe er sie einhebt, waschen, damit solche wieder abtrockne. Nähme er solche gleich nach dem Waschen zum Fortdrucken in die Presse, so würde ihm solches mancherley Aufenthalt und Verdruß zuziehen. Uebrigens ist hierbey das alte Sprüchelchen nicht zu vergessen: Gut abgelegt und recht gelesen, ist stets der beste Satz gewesen. — Der Setzer muß seinen Schriftkasten nie zu voll ablegen, weil er sonst beym nachherigen Fortsetzen, durch das Hingreifen nach den Buchstaben, besonders wenn er einen geschwinden Griff hat, dieselben häufig aus den obern in die untern benachbarten Fächer fallen, und Mischung verursachen, welches dann beym Fortarbeiten sehr aufhält, oder bey Setzern, die in dem Winkelhaken nichts ansehen, was sie gesetzt haben, sehr fehlervolle Correcturen verursachen.

Ablegespahn, ist ein ohngefähr ⅛ Zoll dicker kleiner hölzerner Steg, womit der Setzer den Griff zum Ablegen auffaßt. Der Ablegespan muß wenigstens ¼ Zoll breiter seyn als die Zeilen, welche der Setzer damit ablegen will, weil er sonst den Griff, beym Aufnehmen auf die linke Hand, oder die Zeilen damit nicht fest genug anfassen kann. Wenn der Setzer wechselsweise verschiedene Formate setzt oder ablegt, muß er sich auch Ablegespähne von so verschiedener Breite vorräthig halten, selbige müssen alle wenigstens ⅛ Zol dick seyn, damit sich solche beym Aufnehmen des Griffes nicht leicht biegen, und dadurch der Griff nicht so leicht zerfallen kann. Die Ecken des Ablegespahns werden mit einem Messer abgestumpft, damit sich solcher, wenn er mit dem Griff beladen ist, nicht so in die linke Hand des Setzers, als in welcher derselbe während dem Ablegen ruht, einschreibe. Auch die Unterfläche desselben muß rings herum so abgestumpft werden, die Oberfläche aber muß schnur gerade bleiben. Einige gießen sich Ablegespähne von Bley, oder altem Schriftzeug; allein dieß ist unnöthig, und unbequemer, weil solche den Griff auf der Hand nur mehr erschweren. Man macht oben durch die Ablegespähne ein Loch, damit man solche an einem ruhigen Ort neben sich, entweder an ein Regal oder sonstigen bequemen Ort an der Wand, aufhängen kann, und solche nicht leicht verlohren gehen.

Ablösen geschieht auf folgende Art: Wenn der Drucker dem Setzer die ausgedruckte rein gewaschne Forme auf das Waschbret gelegt hat, so nimmt er den Schließnagel, schließt erstlich damit alle Schrauben auf, oder wenn es eine Keilrahme ist, so treibt er mit dem Hammer und Schlögel die Keile, womit die Schiefstege fest gekeilt sind, zurück, damit die Forme locker werde; dann hebt er, bey Schraubenrahmen, mit den Fingern zuerst den Mittelsteg etwas in die Höhe, und schlägt ihn mit dem Schließnagel stark wieder nieder, damit sich die etwa an dem Steg noch fest anklebenden Buchstaben vom Prall ablösen. Gelingt dieß durch einen Schlag nicht, so muß er solchen so lange wiederholen, bis er sieht, daß sich alle kleben gebliebene Buchstaben vom Mittelsteg abgelöst haben; dann verfährt er so weiter mit den Kreuz- und den übrigen dicht an den Columnen liegenden Stegen, und muß sich dabey sehr in Acht nehmen, daß, wenn er einen Prallschlag thut, nicht etwa die Schrift, sondern allezeit den abzulösenden Steg, treffe. Das Ablösen ist eine Function des Druckers. Unterbleibt es, so trocknen die Stege und die Schrift, wenn die Forme zumal lange stehen bleibt, ohne wieder abgelegt zu werden, täglich mehr zusammen, und der Setzer hat hernach öfters viel Mühe, wenn er ein solches Format abschlagen und ablegen will, die angebacknen Buchstaben von den Stegen loszubringen!

Abnehmen muß man die gedruckten Bogen, welche nach dem Ausdrucken auf den Aufhängeboden aufgehängt waren, nicht eher, bis solche gehörig trocken sind. Würden selbige noch feucht abgenommen, zu Exemplaren gemacht, und so übereinander gepackt, und dann wohl gar in feuchten Behältnissen aufbewahrt, so laufen solche öfters an, und verderben (Siehe das Wort Anlaufen.) Beym Abnehmen ist hauptsächlich dahin zu sehen, daß die abgenommenen Bogen in gehöriger Ordnung gerade übereinander gelegt werden, so, daß die Prima-Signatur allemal obenauf zu liegen kommt, und nicht etwa der Bogen bald links bald rechts, oder Schöndruck oben bald unten zu liegen kommt, welches hernach, wenn solche unordentlich abgenommene Bogen zum Lagenmachen auf die Lagenbank kommen, große Verwirrung und Zeitverlust verursachen würden, wenn nicht vorher nachgesehen worden, ehe man anfängt aufzuheben, ob alle Bogen-Haufen auch richtig liegen, welches zu thun es manchmal an Zeit fehlen kann.

Absatz heißt eine jede Stelle eines Kapitels, Abschnitts ꝛc., wo die Zeile von vorne wieder anfangen soll, oder eine neue Periode angeht, wobey der Setzer, nach Bewandtniß der Umstände, die erste Zeile jedes neuen Absatzes entweder etwas weiter hinein oder weiter herausrückt. In Median-Oktav-Formaten wird jedesmal die erste Zeile eines Absatzes um 2 Gevierte eingezogen; in ordinair Oktav um 1 und ½ Gevierts; in klein Oktav um 1 Gevierts. In Quart und Folio gewöhnlich um 3 Gevierte, damit es dem Leser recht deutlich ins Auge fällt, daß ein neuer Satz angeht.

Abziehen heißt, von dem fertig gesetzten Bogen einen Abdruck machen, welcher für dem Corrector bestimmt ist, und demselben zugeschickt wird, damit er die vom Setzer gemachten Fehler corrigire oder anzeige. Auf welche Art und durch welche Zeichen dieses geschehen soll, lehrt ein besonderes Kapitel dieses Buches. Da das Abziehen des Correctur-Bogens eine wichtige Sache ist, so ist dabey zu merken, daß solcher allezeit recht rein und leserlich gemacht werden muß, und keine blassen Stellen enthalten darf, wo der Corrector nichts erkennen kann. Das Abziehen oder Abdrucken eines Correcturbogens wird von vielen Druckern leider als eine gleichgültige Sache behandelt, und gar nicht mit derjenigen genauen Aufmerksamkeit verrichtet, mit welcher es doch schlechterdings geschehen muß, wenn der Corrector alle Druckfehler soll entdecken können. Einige Drucker fehlen oft dabey aus Leichtsinn und Mangel an Ueberlegung, auch aus übelangebrachter Eilfertigkeit, und manche aus Unwissenheit und Mangel an Kenntnissen der Handgriffe, die dabey nöthig sind, wenn der Correctur-Abdruck gut und brauchbar werden soll. Das Abziehen geschieht an vielen Orten in den Pressen, an manchen Orten aber auch außer denselben, vermittelst einer besonders dazu verfertigten Bürste, oder auch durch das Abtreten mit den Füßen welche Arten wir anderswo beschreiben wollen. Das Abziehen in den gewöhnlichen Pressen, das unter allen das beste und sicherste ist, geschieht auf folgende Art: Wenn der Setzer dem Drucker angezeigt hat, daß er den Bogen zum Abziehen geschlossen habe, so kömmt der Drucker an den Ort, wo beyde Formen zum Abziehen auf ihren Setzbretern bereit stehen. Ehe er aber eine Forme ganz vom Brete in die Höhe hebt, probirt er erst, ob die Schrauben alle zugeschlossen, (denn es könnte treffen, daß dies der Setzer vergessen) er alles fest, und bemerkt, daß im Aufheben der Forme kein Buchstabe herausgefallen, so faßt er seine Forme auf, trägt solche in die Presse, nachdem er vorher sein Fundament von allem etwanigen Staub, Sandkörnchen oder anderm etwa darauf gefallenen Unrath gesäubert hat, und legt solche gemächlich auf demselben nieder. Alsdann rückt er die Forme möglichst gerade in die Mitte, so, daß solche der Tiegel ordentlich und so viel möglich gerade begreift. Hernach nimmt er die Ballen, vertheilt so viel Farbe, als einen Abdruck zu machen nöthig ist, auf denselben durch geschwindes Umreiben derselben, und trägt dann solche auf alle Columnen der Forme ordentlich und regelmäßig auf. Ist die Forme sehr compreß gesetzt und etwa alte schon ziemlich abgenutzte Schrift, so muß er beym Auftragen desto mehr anhalten, damit alle Theile der Buchstaben mit den Ballen berührt werden und Farbe erhalten, und dennoch ein leserlicher Abdruck entsteht, wobey aber auch im Ziehen stärker angehalten werden muß, als bey einer Schrift, die noch nicht beträchtlich abgenutzt ist. Ist die abzuziehende Forme sehr weitläuftig gesetzt, viel Raum zwischen den Zeilen, und viele frey und einzeln stehende Zeilen auf derselben, und etwa noch dazu kleine Schrift, so muß sich der Drucker hüten, daß er beym Auftragen zum Abziehen, eine solche splendid gesetzte Forme nicht zu sehr mit Farbe überhäufe, weil alsdann der Abdruck zu schwarz, und oft schmierig und daher unleserlich werden würde. Je weitläuftiger die Forme gesetzt ist, je weniger Farbe muß beym Abziehen darauf getragen werden. Je enger die Forme gesetzt, und je gröber die Schrift je mehr Farbe wird beym Auftragen erfordert. Es giebt aber auch manchmal Formen abzuziehen, welche Seiten enthalten, die aus grober Schrift, und Seiten, die aus klarer Schrift, und Seiten, die weitläuftig gesetzt sind, enthalten — Wie ist nun von diesen ein gleicher leserlicher guter Abzug für dem Corrector zu machen? Da muß sich der Ballmeister beym Farbe-Auftragen gut darnach benehmen. Er muß mit den Ballen auf denen Columnen, die enge oder mit grober Schrift gesetzt sind, besser anhalten, so auch bey Columnen von stark abgenutzter Schrift; in diese muß er die Farbe mit den Ballen mit stärkerem Händedruck, so zu reden, hineinwiegen, und bey Columnen, die splendid oder mit kleiner Schrift und dabey durchschossen gesetzt sind, währendem Auftragen etwas wieder nachlassen, weil solche nicht so viel Farbe brauchen als jene Seiten. Alsdann nimmt er die zu seinem abzuziehenden Format schicklichen Umlagen, und belegt damit den Mittel-Kreuz-Bund, und die Anlegestege rings herum, damit die Ränder an dem Correctur-Bogen nicht beym Abdrucken von der Farbe, die durch das Auftragen ebenfalls etwas mit beschwärzt werden, (welches nicht verhütet werden kann, ob es gleich nichts weniger als nöthig ist) nicht mit beschwärzt wird, denn sonst könnte der Corrector die Fehler des Setzers auf dem beschmutzten Rand jeder Seite nicht anzeichnen. Sieht der Drucker, daß seine abzuziehende Forme Vacate oder halbe Columnen oder andre beträchtliche leere Stellen im Satz enthält, welche aus dieser oder jener Ursache auf dem Abdruck weiß oder leer bleiben sollen, so muß er, ehe er die Forme abdruckt, solche gehörig, und so genau als möglich, mit geleimter Makulatur überlegen oder überdecken, und dabey sich hüten, daß er weder mit den Fingern noch mit dem Ueberlegepapier die Zeilen berühre, und dadurch die Farbe von den Buchstaben wegwischt, als welches sonst einen unleserlichen und unbrauchbaren Correctur-Abdruck verursachen würde; und eine Arbeit zweymal machen müssen, macht Herren und Gesellen Schaden. — Wenn nun die Forme möglichst in die Mitte unter dem Tiegel liegt, die Umlagen und Ueberlagen gehörig vertheilt, und das, was weiß bleiben soll, damit gehörig bedeckt ist, so legt der Preßmeister den weißen Bogen von gut geleimten Papier, worauf der Corrector gut schreiben kann, so viel als möglich, gerade darauf, so daß derselbe rings herum möglichst gleichen Rand behält, dann über den Correctur-Bogen einige Bogen angefeuchtet Papier aus irgend einem bey der Hand stehenden Haufen, und über demselben noch ein halb Buch oder etwas mehr gleiches trocknes weiches Makulatur, so daß dadurch der Zwischenraum, welcher sich vom Tiegel bis auf das auf der Forme liegende Papier noch befindet, beynahe angefüllt wird; alsdann wird der Karn mit der Forme bis zur Hälfte der Forme unter den Tiegel gefahren, und verhältnißmäßig, je nachdem es die Beschaffenheit der abzuziehenden Forme erfordert, stärker oder schwächer gezogen, und wenn dieß geschehen, so nimmt der Drucker alle auf dem Correcturbogen befindliche obere Ueberlagen oder Filz hinweg, und legt solche auf die andre vordere Hälfte der Forme, und läßt nur die paar Bogen feuchtes weiches und reines Druckpapier dicht auf dem Correcturbogen liegen, welches er von einem nahe stehenden Druckhaufen genommen, (und daher nach dem Abziehen sogleich wieder an seinen Ort legen muß; und fährt dann weiter hinein mit der Forme unter den Tiegel) und zieht nochmals gehörig, damit sich die zwepte Hälfte der Forme ebenfalls abdrucke. Ist dies geschehen, fährt er den Karn gehörig wieder mit der nun abgezogenen Forme hervor, nimmt mit Vorsicht alle Ueberlagen von dem Correcturbogen weg, legt solche zum Gebrauch bey der zwepten Forme des Bogens nahe bey sich hin in Sicherheit, und nimmt den abgedruckten Bogen allmählig von der Forme ab, legt solchen vor sich hin entweder auf seine Auslegebank, oder den auf derselben stehenden Haufen, nimmt die Umlagen von der Forme, legt sie nahe bey sich hin, und trägt die Forme wieder zum Setzer, holt die zwepte oder den Wiederdruck, und verfährt auf gleiche Weise. Einen guten Correctur-Abdruck zu machen muß sich jeder Drucker eifrigst befleissigen, und hierinn die möglichste Geschwindigkeit und Fertigkeit zu erreichen suchen, wenn er für keinen Stümper gehalten und behandelt seyn will. Der Correctur-Abdruck ist in vielerley Betracht eine sehr wichtige Sache. Der Corrector nimmt dies oft zur Ausrede, wenn Fehler stehen geblieben! Freylich wie kann er alles gut corrigiren, wenn er schlecht abgedruckte, blasse oder voll geschmierte Correctur-Abdrücke bekommt? Eben so hindert dieß auch

chen untersucht werden, wodurch er sich manchen Verdruß, manchen höckerigen bunt-schäckigen Druck ersparen, und sich Aufenthalt und Schaden verhüten wird.

Accidenz-Arbeiten heißen solche, die so zufälligerweise in Buchdruckereyen bestellt werden; dergl. sind: einzelne kleine Aufsätze, Gelegenheits-Gedichte, Disputationen, Avertissements, oder andre Kleinigkeiten, welchen die Buchdrucker nicht den Titel eines Werkes, oder Buches zu geben für beträchtlich genug halten. In Buchdruckereyen, wo viele Accidenz-Arbeiten vorkommen, ist gemeiniglich ein oder mehrere Setzer und Drucker besonders dazu angestellt und unterhalten, welche dann in solchen Officinen Accidenz-Setzer und Accidenz-Drucker genennt zu werden pflegen. Zu den Accidenz-Arbeiten, die immer sehr verschieden und abwechselnd sind, müssen allezeit solche Setzer und Drucker ausgesucht werden, die in ihrer Kunst gründlich unterrichtet sind, und leicht urtheilen können, wie dies und jenes dabey schicklich einzurichten, daß der Zweck des Autors ganz erreicht wird, oder alles dabey mit diesem harmonirt, so wohl in Ansehung der dabey etwa verlangten typothetischen Verzierung, Wahl der Schriften zu den Titelzeilen und übrigem Inhalt, der Länge und Breite des Formats u. s. w. Accidenz-Setzer und Drucker müssen Fertigkeit in ihrem Fache haben, zumal in großen Officinen, wo die Prinzipale aus Mangel an Zeit nicht alles selbst anordnen können, und deren Factore weder fertige Setzer noch gute Drucker genennt werden können. —

Anfangs-Buchstaben bey einer Dedication, Vorrede, einem Kapitel, Abschnitte u. s. w.

weg, und legt solche auf die andre vordere Hälfte der Forme, und läßt nur die paar Bogen feuchtes weiches und reines Druckpapier dicht auf dem Correcturbogen liegen, welches er von einem nahe stehenden Druckhaufen genommen, (und das er nach dem Abziehen sogleich wieder an seinen Ort legen muß; und fährt dann weiter hinein mit der Forme unter den Tiegel) und zieht nochmals gehörig, damit sich die zweyte Hälfte der Forme ebenfalls abdrucke. Ist dies geschehen, fährt er den Karn gehörig wieder mit der nun abgezogenen Forme hervor, nimmt mit Vorsicht alle Ueberlagen von dem Correcturbogen weg, legt solche zum Gebrauch bey der zweyten Forme des Bogens nahe bey sich hin in Sicherheit, und nimmt den abgedruckten Bogen allmählig von der Forme ab, legt solchen vor sich hin entweder auf seine Auslegebank, oder den auf derselben stehenden Haufen, nimmt die Umlagen von der Forme, legt sie nahe bey sich hin, und trägt die Forme wieder zum Setzer, holt die zweyte oder den Wiederdruck, und verfährt auf gleiche Weise. Einen guten Correctur-Abdruck zu machen muß sich jeder Drucker eifrigst befleissigen, und hierinn die möglichste Geschwindigkeit und Fertigkeit zu erreichen suchen, wenn er für keinen Stümper gehalten und behandelt seyn will. Der Correctur-Abdruck ist in vielerley Betracht eine sehr wichtige Sache. Der Corrector nimmt dies oft zur Ausrede, wenn Fehler stehen geblieben! Freylich wie kann er alles gut corrigiren, wenn er schlecht abgedruckte, blasse oder voll geschmierte Correctur-Abdrücke bekommt? Eben so hindert dieß auch

erfordern als die dünnen Leder. Man muß die Ballleder vorher mit dem Finger anfühlen, wie sehr trocken und hart solche sind, um sich in der Anfeuchtung darnach richten zu können. Harte dicke Leder erfordern mehr Wasser bey der Anfeuchtung als die dünnen. Abends muß der Drucker nie zu viel Wasser in die Ballen laufen lassen; denn des Nachts hängen solche ruhig an der Preßwand, wodurch sich dann das Wasser die Nacht über nach und nach in die Mitte des Balllederd niedersenkt, und in der Mitte des Ballens sich sammelt und stehen bleibt. Daher kommt es dann, daß oft die Ballleder frühmorgens am Rande herum hart und in der Mitte zu weich und zu naß gefunden werden; dann nehmen sie die Farbe nicht mehr an, und werden blau. Wenn der Drucker die Ballen angefeuchtet hat, muß er solche etwas zusammenschlagen, damit sich das Wasser recht in den Ballen vertheilt. (Siehe den Artikel Ballenmachen.)

Antreiben, siehe davon das Kapitel: Vom Formenschließen im ersten Theile dieses Buches.

Antritt bey der Presse, ist deshalb unter dem Karn an dem Fußboden befestigt, damit sich der Drucker beym Ziehen mit dem rechten Fuß dagegen stemmen kann; er darf nicht zu steil gebaut seyn, und besteht aus einem Stückchen Bret, das hinten hoch und vorn mit dem Fußboden gleich fest genagelt ist, daß es bey dem Gegenstemmen des Druckers nicht wanken kann. (Siehe Druckerinstrumente.)

Auctor oder Autor, wird vom Schriftsetzer

der Verfasser des Werkes genennt, welches er setzt. Wie der Autor sein zu druckendes Manuscript gehörig einzurichten, und was er noch dabey zu beobachten hat, darüber ist das von mir vor einigen Jahren herausgekommene Orthotypographische Handbuch für Correctoren ꝛc. (Leipzig, in der Beerschen Buchhandlung) nachzulesen.

Aufbinden, siehe: Aufräumen.

Aufdingen der Lehrlinge oder Einschreiben derselben. Dabey wird die Gegenwart des Prinzipals und der Gesellen in der Offizin erfordert, damit letztere im Druckerey-Buche, in welches alle gesellschaftliche Verhandlungen vom Herrn eingetragen werden, sich als Zeugen mit unterschreiben können, und wissen, unter welchen Bedingungen der Lehrling aufgenommen, und was so wohl von ihm als vom Lehrprincipal hierbey versprochen worden. Der Lehrling wird dabey nochmals ernstlichst gefragt, ob er nun, da seine Probezeit vorbey, noch wirklich Lust habe, die Buchdruckerkunst entweder als Setzer oder als Drucker zu lernen? Ist er dieß noch fest willens, und versichert solches der versammelten Druckereygesellschaft, so werden ihm von seinem Lehrherrn die Functionen und Pflichten vorgestellt, welche er während seiner Lehrzeit zu beobachten hat, und die Folgen, welche daraus für ihm entstehen würden, wenn er solche vernachläßigt ꝛc. Alsdann muß derselbe seinem Lehrherrn und Gesellen versprechen, sich allezeit so aufzuführen, wie es sein Stand erfordert, und alle die ihm vorgeschriebenen Pflichten gewissenhaft zu beobachten, und sich stets treu, fleißig und ehrlich zu verhalten. Beym Einschreiben oder Aufdingen eines neuen Lehrlings wird gewöhnlich den deshalb versammelten Mitgliedern derselben Offizin eine billige Vergütigung, für die ihnen dadurch verursachte Versäumniß, an Gelde gezahlt, entweder vom Lehrling oder vom Prinzipal, wenn letzterer sich zur Zahlung aller Kosten dabey verbindlich gemacht hat. An einem Orte ist so viel zu zahlen gewöhnlich, am andern wieder so viel.

Auftragen der Farbe auf die Forme mit den Ballen. Dabey muß der Drucker so zu Werke gehen, daß alle Theile einer jeden Columne ihre gehörige Farbe bekommen, und der Abdruck hernach egal und nicht ungleich, oder da sehr schwarz und dort wieder blaß und unleserlich ausfällt. Man muß sich dabey einen ordentlichen regelmäßigen Gang mit den Ballen über die Forme angewöhnen, und Acht haben, daß nie eine Stelle der Columnen verfehlt oder übersprungen wird. Man geht erst mit den Ballen über die Hälfte der Formen hinauf, und dann über die andre Hälfte der Forme mit gleichem Ballendruck wieder zurück; und so wieder rückwärts, und dabey wird der Gang und die Stärke des Anhaltens nach Beschaffenheit des Formats, oder andern Einrichtung des Satzes der Forme, eingerichtet. Siehe auch hierüber Abziehen, Seite 10 ff. dieses Wörterbuches. Beym Anfangen des Auftragens muß der Drucker seine Ballen gleich vorn an die untersten Enden der Columnen sanft ansetzen, und nicht, gleichsam mit seiner ganzen Körperlast, so schwer mit den Ballen auf die Forme fallen, als wodurch leicht die Buchstaben zu sehr vollgeschwärzt werden, zumal bey feiner und sehr kleiner Schrift und engem Satze.

Auflage heißt die bestimmte Zahl der Exemplare, welche von jedem gesetzten Bogen eines Buches abgedruckt wird. Der Verleger muß dem Buchdrucker die Auflage entweder auf dem Titelblatte des zu druckenden Manuscriptes, oder auf irgend eine andre Art, genau und deutlich anzeigen, damit dieser sich ordentlich darnach richten und die bestellte Auflage vollzählig liefern kann, welches er allemal zu thun schuldig ist, und nur die sogenannten Gerechtigkeits-Exemplare für dem Corrector, Censor, Setzer, Drucker ꝛc. abrechnen kann. Nach der Größe der Auflage richtet sich auch der Preis des Druckes mit. Die Auflage muß der Verleger dem Buchdrucker im Drucks-Contract bestimmt vorschreiben. (Siehe Drucks-Contract im typographischen Wörterbuch.) Der Buchdrucker ist schuldig, dem Verleger die bestimmte bestellte Auflage richtig gezählt zur festgesetzten Zeit abzuliefern. Fehlt bey Endigung des Werks ja etwas an der Auflage, so muß solches der Buchdrucker aus dem Zuschuß-Papier ergänzen. (Siehe davon das Wort Zuschußpapier.)

Auflösen ist mit dem Worte Ablösen in der Buchdrucker-Kunstsprache von gleicher Bedeutung. (Siehe den Artikel Ablösen Seite 8. dieses Wörterbuchs.) Nur ist hier noch nachzuholen, daß sich der Drucker auch wenn er die Buchstaben nicht leicht durch Prallschläge mit dem Schließnagel losbringen kann, sich auch eines Messer bedienen, und damit die angepreßte Schrift von denen Stegen ablösen kann; nur muß er die Messerklinge nie nach der Schrift zu halten, sondern immer herauswärts nach den Stegen zu, damit er die Buchstaben an den Rändern der Columnen nicht leicht beschädige.

Aufräumen muß der Setzer allezeit diejenigen Schriften, welche er zu einem nunmehr ausgedruckten Werke gebraucht hat, und solche dann, gehörig gereinigt und geordnet, entweder dem Herrn der Offizin, Factor, oder sonstigem Magazinarius zum sichern Aufbewahren wieder überliefern. Dieß ist eine Schuldigkeit des Setzers. Beym Aufbinden muß der Setzer nicht mehrerley Schriften in Einem Stücke zusammen aufbinden, sondern jedes nur einerley Schrift-Gattung enthalten, und nachdem es trocken geworden, eingeschlagen, und dann gehörig bezeichnet und überschrieben werden. Es gehört sich, daß der Setzer sogleich, wenn er eine Schrift nicht mehr braucht, wieder aufräume, und alles vorher Gebrauchte wieder an Ort und Stelle bringe, wenn nicht andre unüberwindliche Hindernisse ihn nöthigen, das Aufräumen zu verschieben. In Offizinen, wo die Setzer nicht ordentlich wieder aufräumen, fehlt es oft an vielen Pertinenzen; blos die Nachlässigkeit hierinn ist oft allein Schuld; wenn die Setzer alles herumstehen lassen, da fällts über den Haufen, und kostet hernach später mehr Mühe, wegzuräumen, als wenns gleich geschieht, wenn die Formen ausgedruckt und noch unbeschädigt sind. Ordentliches Aufräumen bringt für Herrn und Gesellen mancherley Nutzen, und unordentliches für beyde vielen Verdruß und Schaden.

Ausbinden der gesetzten Columnen oder aufgebundenen Schriftstücken geschieht vermittelst eines Bindfadens, der nicht zu dünne aber auch nicht zu dicke seyn darf. Ist er zu dünne, so reißt er leicht, und wenn er zu dicke ist, so verursacht dieß beym Auflösen leicht, daß Buchstaben am Rande der Columnen leicht umfallen, wenn der Setzer dabey nicht immer zeitig genug die Stege anschiebt. Wie mit dem Bindfaden dabey ein Anfänger zu Werke gehen muß, wird ihm sein Anführegespahn zeitig lernen.

Ausrechnen muß der Buchdruckerherr oder Setzer manchmal ein Manuscript, um sagen zu können, wie viel es Bogen im Druck aus einer bestimmten Schriftgattung und in einem vorgeschriebenen Formate geben wird. Die Ausrechnung eines Manuscripts ist oft deswegen nöthig, damit der Verleger sich bey Anschaffung des dazu nöthigen Papiers richten kann; und auch, damit der Setzer sagen kann, zu welcher Zeit er sein Werk aussetzen wird. Sobald er ein paar Bogen darinn gesetzt hat, weis er schon, wie viel Zeit er zu einer Forme zu setzen braucht. Manuscripte, die bald weitläuftig, bald enge geschrieben, bald mit kleinen Buchstaben bald mit großen geschrieben sind, bald mit breiten Zeilen bald mit schmalen geschrieben worden, sind schwerer auszurechnen. Es ist dazu viel Aufmerksamkeit und Beurtheilungskraft nöthig, und man muß beym Auszählen der Zeilen auf alles, was etwa am Rand geschrieben und hineingezeichnet ist, genau mit Rücksicht nehmen. Weis man nun, wie viel Seiten eines Manuscripts auf einen gedruckten Bogen gehen, so darf man nur auf die gewöhnliche arithmetische Art genau dividiren, so wird man leicht finden, wie viel Bogen ein Manuscript im Druck betragen wird.

Ausschießen oder ausschieben der Columnen, wie solches bey jedem Formate richtig beobachtet werden muß, und was dabey zu bemerken, lehrt das Kapitel: Unterricht von den verschiedenen Formaten, im ersten Theil.

Ausschließen ist diejenige Handlung des Setzers, wenn er die Zeile, nachdem er solche ausgesetzt, und sie noch nicht die gehörige Breite seines bestimmten Formates hat, vollends ordentlich ergänzt, und den noch übrigbrigen Raum, wenn er keine Sylbe oder kein Wort mehr hineinbringen kann, zwischen die Wörter derselben Zeile vollends und möglichst gleich eintheilt, bis die Zeile die Breite der übrigen erhält oder voll wird. Ein Setzer muß sich angewöhnen, alles sehr accurat auszuschließen. Ist er hierinn nachläßig und gleichgültig, so kann dies vielerley Schaden und Verdruß verursachen. Die Zeilen, welche er locker ausgeschlossen hat, fallen, nachdem die Forme zugeschlossen worden, entweder ganz oder theils heraus, sobald die Forme in die Höhe gehoben wird. Fällt nun ein oder mehrere Buchstaben etwa beym Einheben heraus, und in der Druckerey auf etwas weiches, z. B. etwa auf Makulatur, und der Drucker hört solches nicht auf den Boden fallen, wegen des etwanigen Getöses der gehenden Pressen, so bleibts hernach im Druck weg, und die Arbeit ist Makulatur, und wenn auch der Setzer alle ihm angezeigte Fehler in den Correcturen und Revidirbogen richtig verbessert hat, und das Herausgefallene nicht weis, und es also nicht wieder hinein macht. Wenn die Forme zum Einheben in die Presse aufgenommen und fortgetragen wird, muß der Drucker sehr genau nachsehen, ob nichts locker, oder ob nichts herausfällt, und vorher probiren, ob alles fest hält. Ist der Setzer zugegen, so muß er ebenfalls mit genau Acht haben, ob alles in der Forme festhält und gut ausgeschlossen ist. Siehe auch davon Abziehen.

Ausschneiden aus-Birn-Aepfel- oder Buchsbaumholz muß der Formenschneider manchmal allerley Figuren, die der Schriftsetzer mit Typen nicht darstellen kann. In Leipzig ist besonders Herr Selzam als ein geschickter Formenschneider bekannt. Herr Siegel, ein Kartenmacher, beschäfftigt sich jetzt auch mit der Formenschneidekunst.

Ausschneiden muß der Drucker das mit Maculatur von Schreibpapier verkleisterte Rähmchen, wodurch er den Bogen druckt; läßt er bey einer Columne an irgend einem Theile des Rähmchens ein Stückchen Papier kleben, wo es nicht seyn soll, wodurch dann beym Niederschlagen desselben oft Wörter und Zeilen ganz verdeckt werden, und hernach nicht mit abgedruckt sondern anstatt derselben leere Plätze erscheinen, oder sich so blaß und schlecht abdruckt, daß man es gar nicht lesen kann; so werden die also abgedruckten Bogen ins Maculatur geworfen, wobey der unachtsame Drucker allen Schaden tragen muß.

Ausstreichen der Farbe im Farbestein vermittelst des Farbeeisens, ist nöthig, damit man sehen kann, ob die Farbe rein sey. Es ist allemal besser, wenn der Drucker dünne ausstreicht, denn da ist er nicht so leicht in Gefahr, die Ballen beym Farbenehmen zu sehr zu überladen, wodurch er hernach die Forme leicht zu voll schwärzen würde.

Auszählen, siehe Ausrechnen.

Auszeichnen muß der Setzer allemal die Prime des künftigen Bogens. Er nimmt dazu gemeiniglich Rothstein oder sonst eine Schreibmasse, macht beym letzten Worte des ausgesetzten Bogens im Manuscripte einen Strich, und schreibt am Rande des Blattes dazu: Prima — pag. — damit erstlich der Setzer selbst, wenn er, nachdem er den Bogen ausgesetzt hat, und dazwischen etwa was anders macht, und vergäße, wie weit der Bogen im Manuscripte gegangen war, ihn die Auszeichnung der Prime am Rande gleich weiset, wo er damals stehen geblieben und nun wieder fortsetzen soll. Der Corrector weis dadurch auch leicht zu finden, wo ein Bogen im Manuscripte angeht, und wie dessen Signatur und erste Seitenzahl heißt, wonach er die übrigen bestimmt oder berichtigt. Es gehört sich, daß der Setzer allemal im Manuscripte genau auszeichne, wie weit der Bogen gegangen, und wie die Signatur und erste Seitenzahl des folgenden Bogens heissen müsse, richtig anzeige, damit der Corrector, wenn er den Abdruck des Bogens nebst dem Manuscripte erhält, nicht erst lange zu suchen nöthig hat, wo der Bogen in demselben angeht, oder wo er zu corrigiren anzufangen hat ꝛc.

B

Ballen, sind diejenigen Instrumente, womit der Drucker vorher die Farbe auf die abzudruckende Forme in der Presse trägt. Ihre Gestalt ist auf der Kupfertafel, welche die Druckerinstrumente vorstellet, zu sehen, und mit Nro. 46. bezeichnet. Siehe: **Druckerinstrumente.**

Ballleder, Ballenleder, werden von den Weißgärbern für die Buchdrucker besonders aus Schaafs oder auch Kalbfellen zugerichtet, woraus dann die Drucker ihre Ballleder in runder Form ausschneiden, solche auf die vom Drechsler verfertigten runden halbhohlen Ballhölzer mit kleinen Zweckchen befestigen, und solche dann mit

Ballhaaren, welches hart gesottene Pferdehaare sind, gehörig ausstopfen und formen, dann die deshalb noch am Rande gelassene Oeffnung vollends zunageln. In manchen Ländern gebraucht man dazu auch Schaafswolle, Baumwolle, Schwämme und andere elastische Dinge; aber da sind auch die Ballhölzer größer, und von denen, die in den meisten Gegenden Teutschlands gebraucht werden, verschieden gestaltet. Gut gesottene lange Pferdehaare sind immer das beste und dauerhafteste dazu.

Ballenmachen. Wenn die Ballleder durchgearbeitet sind, und zum Fortarbeiten nicht mehr taugen; so muß der Drucker selbige abbrechen, und wegwerfen. Alsdann nimmt er ein neues und gut zirkelrund geschnittenes Ballleder, welches er vorher zu dieser Absicht schon eine halbe Viertelstunde oder auch weniger, eingeweicht hat. Ist das Leder aber dünne, so erfordert es eine noch kürzere Zeit zur Einweichung. Hernach reibt der Drucker mit den Händen das Leder weich, damit les recht zähe und geschmeidig wird, und dehnt dann solches wieder in seine runde Form aus, und schlägt es, gehörig in die Rundung gefalzt, auf das Ballholz vermittelst der Ballnägel. Gemeiniglich bekommt das Ballleder beym Aufschlagen acht bis neun Falzen. Die Falzen müssen nicht zu weit aus einander, sondern verhältnißmäßig ringsherum eingetheilet, dicht ans Holz angezogen und angenagelt werden; damit beym Auftragen nicht so leicht Luft herausgeht. Man nagelt das Ballleder dann halb auf, und läßt eine geräumige Oeffnung, in welche alsdann die Ballhaare nach und nach hineingestopft werden; dabey muß der Drucker Acht haben, daß der gestopfte Ballen seine richtige halbrunde Gestalt bekommt, und nicht etwa bucklicht, eckigt, da hoch, dort tief, sondern daß er egal und nicht zu fest wird, und eine richtige halbe Rundung erhält.

Ballenknechte sind zwey runde in die Preßwand befestigte Hölzer, an welche die Ballen bey dem Arbeiten aufgesetzt werden, oder währendem Arbeiten darauf ruhen.

Ballenmeister wird diejenige Person an der Presse genennt, welcher die Farbe mit dem Ballen zum Drucke aufträgt, sich aber ums Zurichten nicht zu bekümmern nöthig hat, sondern solches dem Preßmeister überläßt. (S. Preßmeister.) Die Functionen des Ballmeisters sind besonders: die Ballen stets gehörig zuzurichten und zu besorgen, die abgedruckten Formen zu waschen, und solche wieder an den Setzer zu überliefern, und auf die Farbe im Farbestein Acht zu haben u. s. w. Jedoch ist dieses nicht so genau zu verstehen, und im Grunde beyder Drucker Schuldigkeit, die mit einander an einer Presse arbeiten, auf alle dazu erforderliche Dinge zu sehen. Aber um der Ordnung und Beförderung der Arbeit willen, übernimmt und besorgt ein jeder für sich seine besondern Functionen. Beyde aber, Ballen- und

Preßmeister, müssen für die Arbeit, welche sie mit einander machen, Red und Antwort geben.

Bengel s. Drucker-Instrumente.

Beschweren des Papiers nach dem Feuchten geschieht nicht eher, als bis das überflüßige Wasser abgelaufen ist, zumal beym Schreibpapier. Man legt einen Stein oben auf das Feuchtbret, welches über den gefeuchteten Haufen gedeckt ist. Nach der Größe des Haufens Papiers, der beschwert werden soll, richtet sich auch die Größe und das Gewicht des Steines, welchen man auf den Haufen hebt.

Buchdrucker-Wapen. Dieses wurde, nebst andern ansehnlichen Freyheiten, den Verwandten dieser Kunst vom römischen Kaiser Friedrich dem Dritten ertheilt. S. hievon Lünigs teutsches Reichs-Archiv und Siegmund von Birken in dessen Spiegel der Ehren des Erzhauses Oesterreich (Nürnberg 1668. Folio.) Die Abbildung desselben ist hier in Kupfer gestochen beygefügt. Das Buchdrucker-Wapen mit einem doppelten Adler vorzustellen ist fehlerhaft, und mit den noch übrigen historischen Zeugnissen nicht übereinstimmend, ob es gleich in den von den Buchdruckern sogenannten Leipziger und andern alten Formatbüchern sehr oft mit einem doppelten Adler abgedruckt vorkommt. — Der gelehrte D. Lesser hat diesen Fehler in seiner Typogr. jubil. 8. Leipzig, 1740. S. 242. schon bemerkt, und sagt unter andern ausdrücklich davon: „In dem güldenen Felde eines teutschen Schildes zeigte sich der einfache Adler ꝛc." Die heraldische Beschreibung des Buchdruckerwapens ist folgende: In dem goldnen Felde eines teutschen Schildes zeigt sich ein einfacher Adler mit zum Flug gerichteten Flügeln von schwarzer Farbe, mit Schweif und Waffen oder Füßen. Ueber dem Schilde steht der offene Helm mit einer goldenen Krone geziert, aus welcher ein hervorbrechender Vogel Greiff zu sehen, welcher zwey auf einander gesetzte schwarze Druckerballen in seinen Klauen empor hält. Die Helmdecken sind wechselweise silbern und roth.

Bundsteg, s. Stege.

C.

Capitälchen in den lateinischen Schriften. Sie sind in jeder Schrift wie die Versalien gestaltet, und unterscheiden sich von den letztern bloß dadurch, daß sie kleiner sind. Man bedient sich derselben zu eigenthümlichen Namen oder sonst zu Wörtern, die sich, aus mancherley Ursachen, von andern im Druck unterscheiden sollen.

Censur, ohne dieselbe darf kein Buchdrucker in vielen Oertern etwas drucken, und pflegt deshalb bey der Obrigkeit seines Wohnplatzes durch einen Eid sich verbindlich zu machen. Personal-Pasquille, Schriften wider die Religion, den Staat und die guten Sitten sind in den meisten Ländern zu drucken verboten.

Citationszeichen sieht so aus: [„] Man bedient sich desselben, wenn in einem Buche Stellen aus einem andern angeführt werden, als z. B. in Seite 23 und 24. des ersten Kapitels dieses ersten Theils.

Collationiren heißt bey der Buchdruckerey so viel als untersuchen, ob ein Buch complet ist? Man sieht die Bogen der Exemplare oder Lagen desselben, nach den Signaturen des Alphabets, genau durch, ob nicht irgendwo ein Bogen fehlt, oder außer der Reihe liegt. Finden sich dabey Defecte, muß man solche aus den Zuschuß= oder den Defectbogen zu ergänzen suchen. Siehe: Zuschuß= Buch, Defect=Bogen u. dgl.

Columnen nennen die Schriftsetzer die gesetzten Seiten in jedem Formate.

Columnentitel. ist die Ueberschrift einer jeden Seite in manchen Büchern, die den Inhalt derselben kurz anzeigt. Die Columnentitel oder Seiten=Ueberschriften müssen allemal entweder aus einer gröbern oder kleinern Schrift gedruckt werden, als die Schrift des Textes ist, und über den Columnen richtig in der Mitte stehen, so wie auch die aus verschiedenen Ursachen hiezu gebrauchten einfachen, doppelten oder verzierten Linien oder Röschen. Bey Büchern, die viele kurze Kapitel, und diese wieder vielerley lange Rubriken haben, bedient man sich oft keiner Columnentitel außer den

Columnenziffern oder Seitenzahlen, welche allezeit besser und richtiger oben am Rande der Columnen zu setzen sind als in die Mitte. Denn wenn man in einem Buche etwa eine Stelle nachschlagen will, und die Seitenzahl davon weis, so wird man solche allezeit eher aufblättern, wenn die Pagina, wie gewöhnlich, am Rande oben angedruckt ist, als in der Mitte oben über die Seite, denn da muß man allezeit die Blätter des Buches weiter aufbiegen, welches länger aufhält.

Corrector, was der zu thun, und worauf er Acht zu geben, und was er für Eigenschaften besitzen muß, und für Pflichten auf sich hat, lehret mein vor einigen Jahren herausgekommenes orthotypographisches Handbuch für Correctoren ꝛc. welches in der Beerschen Buchhandlung in Leipzig zu haben ist.

Custos, dieser steht allezeit unten rechts an jeder Seite, und in hebräischen Büchern linker Hand, und enthält allemal das erste Wort oder die erste Sylbe der folgenden Seite, und weist den Leser, nächst den Seitenzahlen, wie die Seiten auf einander folgen. Im Nothfall läßt ihn der Setzer manchmal weg, wenn er auf derselben Seite, aus verschiedenen Ursachen, keinen Platz dazu hat.

D.

Dedication, oder Zuschrift, Zueignungsschrift, diese folgt im Drucke gleich nach dem Titel, und wird aus einer gröbern Schrift gedruckt, als die Vorrede und das Uebrige des Buches, und muß sich mit einer ungeraden Columne anfangen und mit einer geraden endigen. Der Setzer muß es dabey so einzurichten suchen, daß die letzte Seite derselben nicht zu voll wird, damit die Unterschrift des Autors gehörig und nicht zu nahe an die letzte Zeile der Dedication, sondern etwas tief herunter, nach dem Custos zu, dargestellt werden kann.

Defect nennt man ein Buch, in welchem ein oder mehrere Bogen oder sonstige wesentliche Dinge desselben fehlen. Wenn ein Buch=

händler von einem andern Verleger ein Buch bekömmt, und findet beym Collationiren desselben Exemplares, daß etwas fehlt, so läßt er es sich von demselben aus den sogenannten

Defectbogen ergänzen, welche der Buchdrucker dem Verleger, nachdem die bestellte Auflage completirt und abgeliefert worden, mit zusendet, so viel als vom Zuschußpapier übrig geblieben und brauchbar ist, damit der Verleger, wenn zufälligerweise von einem Exemplar etwas beschädigt wird oder verloren geht, es aus den übrig gebliebenen und aufbewahrten Defectbogen des Buches wieder completiren kann. Der Buchdrucker liefert die Defectbogen in alphabetischer Ordnung gelegt, und besonders kenntlich beygepackt mit an den Verleger, welcher solche in gehöriger Ordnung zum etwanigen künftigen Gebrauch aufbewahrt.

Distinctions-Zeichen, deren richtigen Gebrauch lehret das Kapitel: Von der teutschen Rechtschreibekunst ꝛc.

Doppliren oder Dupliren, heißt, wenn der Abdruck durch Unachtsamkeit des Druckers gleichsam doppelt erscheint, welches denselben unleserlicher macht. Wenn der Drucker einen Correctur-Abdruck gemacht, der sich dopplirt hat, muß er einen andern machen; denn die Correctur-Bogen müssen stets rein und leserlich abgedruckt seyn, wie kann es sonst der Corrector lesen und genau corrigiren?

Drucker-Instrumente, sind auf der hier beygefügten Kupfertafel vorgestellt. Sie heißen: 1. Der Spatel, dieser wird gebraucht, wenn man den Ruß unter den gesottenen

Firniß rührt, — oder, wie man dabey zu sagen pflegt, beym Einrühren. Er ist unten etwas breit und am Griff rund und glatt; er darf nicht zu schwach seyn, damit er beym Einrühren nicht so leicht zerbrechen kann. 2. **Handsäge**, braucht der Drucker manchmal, um etwa einen Steg, der sich im Formate spannt, damit abzukürzen — oder sonst beym Preßbau und andern unbestimmten Arbeiten. 3. **Ahle**, muß der Drucker so wohl als der Setzer haben, und damit die Farbe aus den Buchstaben herausstechen, die durch diesen oder jenen Zufall verursacht worden; er muß solche immer scharf haben. 4. **Mütterchen**, diese sind, bey den Schrauben an den Rahmen so wohl als an andern Preßtheilen, wo Schrauben nöthig sind. 5. **Schließnagel**, Schrauben damit aufzuschließen, welche viereckigte Mütterchen haben. 6. **eine kleine Kneipzange**, diese braucht der Drucker beym Ballen=Abbrechen, wo er damit die Ballnägel am Rande des Ballholze herum herauszieht. 7. **Farbestein und Läufer** sind in Buchdruckereyen ebenfalls nöthig, damit man auf demselben die Farben zu etwa vorkommenden rothen oder bunten Druck klar reiben und zum Auftragen geschickt machen kann. Wenn man bunt drucken will, so muß man dazu Farben wählen, deren Bestandtheile sehr fein sind, und die nicht so viel grobe Erdtheile enthalten, sonst wird nichts reines und schönes bey einem bunten Druck erscheinen. Man muß dazu die Farben so klar und so fein als nur möglich abreiben, und solche dann verhältnißmäßig mit Druckerfirniß recht gut vermischen und klein reiben. 8. **Die Mutter** in den obern

Preßbalken, welche meistens von Messing gegossen ist; in diese greift die Spindel ein, wenn der Drucker zieht. 9. Der Schwengel, oder, wie die Drucker meist zu sagen pflegen, der Bengel, womit der Drucker beym Drucken zieht, und dadurch den Abdruck der Forme hervorbringt. 10. Farbestein, dieser steht auf dem Hintergestell der Presse, hinter der Presse so, daß der Drucker beym Arbeiten bequem dazu kommen und solchen übersehen kann. Der Farbestein muß von gutem harten Holz gemacht, und unten im Boden, wo die Farbe drinn liegt, sehr gerade und gleich seyn. Manche Drucker lassen ihn mit Messingblech unten auslegen, damit sich selbiger nicht so bald abnutzt als das Holz; allein eine solche metallene Ausfütterung muß sehr egal, glatt und flach polirt seyn, daß der Drucker die Farbe gut darauf ausstreichen kann. 11. Farbeeisen, damit faßt der Drucker Farbe aus dem Farbefaß auf, und trägt solche erforderlichen Falls in den Farbestein, wenn dieser leer geworden, und streicht währendem Arbeiten im Farbestein die Farbe dünne aus, vom hintern Winkel des Farbesteins nach der vordern Fläche desselben zu, wobey er immer mit nachsehen muß, ob die Farbe rein oder sich etwa Staub, Sand oder andrer Unrath darunter gemischt hat, welchen er sorgfältig herausputzen muß, damit er ihn beym Farbenehmen mit den Ballen nicht mit auffaßt, und auf die Forme bringt, und solche voll Putzen macht. 12. Feile, braucht der Drucker manchmal, seine Puncturspitzen wieder spitzig zu feilen, wenn er solche aus Versehen gestumpft hat u. dgl.

13. Büchse an der Presse von unten; 14. Büchse, von oben, in welcher das sogenannte Schloß an der Spindelstange befestigt ist. 14. Die Spindel an der Presse ist meistentheils von Messing gegossen; man hat aber auch eiserne. Es ist besser wenn die Spindel von Eisen geschnitten und die Mater dazu von Messing gegossen, weil solche länger dauern, und eins das andre nicht stark angreift. 15. Punctur-Zange braucht der Drucker, damit die Puncturen nach Gefallen zu rücken, oder die Spitzen derselben wieder gerade zu biegen, wenn solche etwa durch unvorsichtiges Benehmen beym Zurichten krumm gebogen worden. 16. Stellschraube, an derselben muß sich der Drucker zu helfen wissen, wenn der Tiegel nicht gerade angebunden, wenn er ihn nicht gern abbinden will, oder dazu manchmal keine Zeit hat. 17. Schließnagel, muß vorne so zugespitzt seyn, daß man ihn gemächlich in die Löcher der Schraubenköpfe stecken, und solche gut damit nach Belieben drehen kann. Der Schließnagel muß oben einen runden oder abgestumpften Kopf haben, um beym Klopfen damit auf das Klopfholz schlagen zu können. Man kann aus einer alten ausgedrehten Rahmen-Schraube leicht einen Schließnagel machen lassen, wenn nur der Kopf derselben noch ganz ist. Man läßt solche nur am Stiel nach und nach zu einer stumpfen Spitze zufeilen, so daß der Stiel in die gewöhnlichen Schraubenlöcher paßt, so ist ein Schließnagel fertig. 18. Schraubenzieher, deren hat man von mancherley Gestalt, je nachdem die verschiedenen Schrauben es erfordern. 19. Schrau-

benflügel oben an den Schrauben, oder Schrauben-Muttern mit Flügeln, diese lassen sich leichter auf- und zudrehen als die Schraubenköpfe mit Löchern. 20. Schnalle, wenn der Drucker den zu druckenden Bogen im Deckel in die Punkturspitzen gehörig eingestochen, und das Rähmchen zugemacht hat, so dreht er die Schnalle über selbiges, damit solches beym Hineinfahren des Karns nicht auffahren kann. 21. Meißel, deren muß der Drucker verschiedene an der Presse haben, damit er im vorkommenden Fall sich derselben gleich bedienen kann. 22. Esel ist ein viereckigt Stück Holz, welches auf der Auslegebank steht, und auf dem das Bret, auf welchem der Haufen, von dem der Drucker druckt, ruht, und dieses Tragens wegen ist für dieses einförmige Instrument dieser Name entstanden. Der Drucker setzt gemeiniglich den Esel nicht eher unter seinen Haufen, als bis er ihn bald abgedruckt und ihm solcher zu niedrig geworden, und er deshalb, am Deckel stehend, und die Bogen vor solchem so tief liegen, nicht bequem ergreifen kann; hat er aber den Esel untergesetzt, so wird der Haufen dadurch rechter Hand erhöht, und er braucht sich alsdann nicht mehr so beschwerlich darnach hinüber zu biegen, und kann auch mit der Hand, wenn solche der Bengel nach dem Ziehen fahren lassen, leicht über den Haufen Papier hinstreichen, um die manchmal fest auf einander liegenden Bogen mit zu lösen, daß er solche hernach leicht mit den Fingern fassen und in den Deckel einlegen kann. 23. Scheere muß der Drucker ebenfalls an der Presse haben, eine größere, um damit Spähne von Holz oder andre feste

Sachen damit schneiden zu können, und eine kleinere, die er beym Ausschneiden des Rähmchens, wenn sich etwas schneidet, brauchen, um das überflüßige Kleisterpapier hier gut aus den Ecken, Winkeln und Rändern damit ausschneiden zu können. 24. Rahmeisen, deren gehören zwey zu einer Rahme, so wie solche auch auf der Kupfertafel vorgestellt sind; sie müssen gerade gearbeitet seyn, und nicht zu dünne, damit sich solche beym Schließen nicht so leicht biegen, wenn etwa die Anlegestege bey kleinen Formaten kürzer sind, als die Rahmeisen, und beym Rahmeisen nicht ein langer durchgehender Steg angelegt worden, wie es freylich in solchen Fällen seyn sollte. 25. Zirkel, ist auch ein nöthiges Instrument des Druckers, und er wird dessen sich öfters bedienen müssen, wenn er accurate Arbeit machen will. 26. Walze ist ein Theil der Buchdruckerpresse unter dem Karn, auf welchen die Korbelriehmen beym Ein- und Ausschaeren aus der Presse auf- und abgewunden wird. 27. Korbel heißt der durch die Walze gehende eiserne Stiel. 28. Riehme von Leder oder Gurt, von Flachs oder Hanf; die letztern sind eine Arbeit der Seiler. 29. Korbelheft, ist von Holz und inwendig hohl, so daß der Korbelstiel von Eisen gemächlich durchgeht, damit sich dieselbe leichter und bequemer vom Drucker greifen und drehen läßt. 30. Karn-Untertheil, mit den darauf genagelten Klammern; bey glatten Schienen an der Presse sind die Klammern unten queer auf den Karn genagelt in gerade Linie, so daß solche beym Hinein- und Herausfahren gerade auf die Schienen passen, und auf denselben hin- und hergehen; bey hohlen Schienen aber sind die Klammern in gerader Linie, oder den langen Weg hin, auf das Untertheil des Karns genagelt, so daß solche gerade in den Tiefungen der hohlen Schienen beym Hinein- und Herausfahren des Karns mitten inne gehen. 31. **Klammern** auf dem Karn, auf welchen derselbe auf den Schienen geht. Sie sind halbrund bey hohlen Schienen, und breit und glatt bey glatten Schienen. 32. **Puncturen** sind oben und unten im Deckel durch zwey kleine Flügelschrauben befestigt, welche durch den Deckelrahmen gehen, wodurch der Drucker die Puncturschecren festschrauben kann. Auf die Puncturspitzen sticht der Drucker die zu druckenden Bogen ein, damit solche beym Drucken in ihrer gehörigen geraden Stellung bleiben. 33. **Deckelrahme**, dieser ist von Holz, die Stange aber, welche queer oben ist, wenn der Deckel aufsteht, ist von Eisen gemacht. 35. **Forme** in der Presse auf dem Fundamente liegend. 35. **Waschbret**, diese können von weichen Holz gemacht seyn. 36. **Schwamm** brauchen Setzer und Drucker zum Anfeuchten. 37. **Waschbürste**, diese müssen von guten steifen Borsten gemacht und gerade geschnitten seyn. 38. **Tiegel** an der Presse, diese sind theils von Messina, theils von Holz, die messingnen sind besser und dauerhafter. 39. **Pfännchen**, dieses ist ein accurat viereckigtes Stück Eisen, welches oben in dem Tiegel versenkt liegt, und gerade in der Mitte eine kleine hohle verstählte Tiefung hat, in welche die Spitze des Zapfens allezeit gerade hineinpassen muß. 40. **Preßhammer**,

diesen braucht der Drucker öfters beym Fest-
machen der Keile und andern nöthigen Verrichtungen an der Presse. 41. Karnrahmen, eine Einfassung von Holz, die oben
auf dem Karn befestigt ist, und die accurat
viereckigt gearbeitet seyn muß, in dieser liegt
die Forme währendem Druck, und wird in
demselben befestigt. 42. Der Zapfen unten an der Spindel, welcher erforderlichen
Falls, wenn etwa was davon abspringt,
oder die Spitze stumpf geworden ist, aus
derselben herausgenommen werden kann.
Dessen Spitze muß gerade in den Mittel-
punct des Pfännchens beständig passen,
und gut verstählt und gehörig gehärtet seyn.
43. Das Rähmchen, ist an dem Deckel befestigt, und von dünnen Eisenstücken verfertigt. Wenn man noch unverrostete eiserne
Reifen von Fässern haben kann, so lassen sich
aus denselben gar leicht Rähmchen machen;
der Zeugschmidt muß aber nicht eiserne Reifen dazu nehmen, die gar zu dünne geschmiedet sind, weil sonst die Rähmchen
beym Gebrauch leicht brechen, und sich zu
sehr biegen. Er kann auch Rähmchen aus
dicken Eisenstücken schmieden, allein dieß kostet ihm mehr Zeit und Mühe. Die Stan-
gen der Rähmchen dürfen keine Buckel oder
Erhöhungen haben, und müssen glatt und
gleich gearbeitet seyn. Wenn eine Stange
an einem Rähmchen bricht, und man findet
nicht einen geschickten Zeugschmidt, der solche gut wieder zusammen löthen oder an-
schweißen kann, daß keine Buckel in der
Stange an der Stelle des vorigen Bruchs
entstehen, so thut man besser, man läßt gleich
für die gebrochne eine ganz neue Stange

machen. 44. Drath durch die Schrauben, diesen steckt der Drucker manchmal durch die Schraubenlöcher, damit solche während dem Drucken nicht so leicht aufgehen oder locker werden können. 45. Der Deckel von Makulatur, oder der kleine Deckel, der zur Unterlage und Ausfüllung im Deckel währendem Drucken gebraucht wird. 46. sind 2 Hände vorgestellt, welche die 2 Druckerballen halten.

Durchgehends nennt man diejenigen Zeilen eines Buches, welche die bestimmte volle Breite des Formates desselben haben, oder ganz sind. Dieses unterscheidet oft den Text von den Anmerkungen, denn in den letzteren werden die Zeilen meistentheils weiter eingezogen oder schmäler als die des Textes. Jedoch kommen auch Fälle vor, wo im Texte manche Zeilen um etwas eingerückt werden.

Durchschießen der Zeilen im Satz, ist, wenn der Schriftsetzer zwischen jede Zeile der Seiten entweder Quadratzeilen, oder nach dem Format genau zugeschnittene Spähne setzt, damit, weil beyde niedriger sind, als die ordentlich gegossenen Buchstaben, mehr Raum zwischen den Zeilen kommen soll, welches freylich jeden Druck leserlicher macht, als wenn die Zeilen so enge auf einander hucken. — Um dadurch das Durchschießen der Zeilen zu ersparen, weil es mühsamer ist, bedient man sich jetzt besonders dazu so gegossener oder sogenannter hoher Schriften. S. Schriften.

Druckfehler, die, welche den Sinn der Worte ändern, werden nach Endigung des Druckes dem Buche beygedruckt. Sie sind sorgfältigst zu vermeiden, und beym Corrigiren alle mögliche Scharfsichtigkeit und Aufmerksamkeit zu deren Verhütung anzuwenden. Daß Buchdrucker dabey oft ganz unschuldig, und meist schlechte und unwissende Correctoren sie verursachen, ist Kennern vom Druckereywesen bekannt. Siehe davon die Einleitung meines orthotypographischen Handbuchs für Correctoren. Einzelne oder verkehrte Buchstaben, die den Verstand nicht verwirren, wird jeder Leser gern verzeihen, besonders der, welcher weis, wie leicht dies beym Bücher-Druck möglich ist. —

E.

Einbringen heißt bey den Schriftsetzern diejenige Arbeit, wenn er schon gesetzte Columnen wieder ändert, und so einrichtet, daß da oder dort, jedoch der Sache unbeschadet, weniger leerer Raum entstehet, als vorher daselbst war, damit er an dessen Statt noch so oder so viel Zeilen auf die oder jene Columne bringen kann, das, verschiedener Gründe wegen, manchmal nöthig ist. Dieses Platzmachen zu jener Absicht ist das Einbringen oder weniger machen, so wie das Ausbringen, Aussperren so viel heist, als: mehr machen. Siehe: Extendiren.

Einlaufen nennt man, wenn etwas im Druck, vieler Ursachen wegen, weniger wird, als es vorher gewesen, oder als man gerechnet oder bestimmt hatte. Wenn z. E. ein aus einer groben Schrift gedruckter Bogen aus einer kleinern gesetzt wird, so wirds weniger, oder lauft ein. Das feucht verdruckte Papier lauft auch ein, und wird nach und nach etwas weniges kleiner, wenn es recht trocken wird.

Einziehen oder **Einrücken** muß man oftmals Zeilen im Druck, damit sich solche von den übrigen, mancherley Ursachen wegen, unterscheiden. Die erste Zeile eines jeden Absatzes im Texte und in den Anmerkungen muß allemal verhältnißmäßig weiter hineingerückt werden, als die übrigen. Man kann auch, wenn der Satz sehr enge gehalten werden muß, die Anmerkungen so einrichten, daß die erste Zeile derselben in kleinen Formaten um ein, und in großen um 2, oder 3 Gevierte eingezogen wird, und die übrigen alle herausgehen, oder eben so breit werden als die Zeilen des Textes. Dies geschieht jedoch selten.

Enge halten muß der Setzer manchmal den Druck, wenn noch so oder so viel vom Mspte auf eine bestimmte Zahl von Seiten im Drucke gehen sollen, wozu ihn verschiedene Gründe öfters bewegen können.

Extendiren oder **aussperren**, ausdehnen muß der Setzer manchmal den Druck, wenn er mit weniger Mspte als nöthig ist, noch so oder so viel Seiten im Druck anfüllen soll. Er macht zu dem Ende an schicklichen Stellen der Columnen zwischen Rubriken, Summarien oder andern Sachen, mehr Raum als gewöhnlich, doch auch nie so viel, daß Unregelmäßigkeit, Geschmacklosigkeit oder Unverständlichkeit im Druck entsteht.

F.

Factore führen manchmal die Geschäfte der Buchdruckerherren entweder in ihrer Abwewesenheit, oder nach ihrem Tode bey deren hinterlassenen Wittwen. Jedoch ist diese Benennung auch auffer Buchdruckerey und Buchhandlung bey andern Geschäftsverwaltern gebräuchlich.

Finalstöcke sind aus Birn-Aepfel und Burbaumholze geschnittene Figuren, oder auch aus Metall. Man bedient sich zuweilen derselben auf den letzten Seiten der Bücher, oder der Abtheilungen, Kapitel ꝛc. wenn solche nicht ganz voll geworden. Der Finalstock darf nur so groß seyn, daß er nicht mehr als ¼ des noch übrigen leeren Raumes der Seite einnimmt. Die Finalstöcke sollten jederzeit zugespitzt gemacht und niemals einer irgendwo gebraucht werden, welcher oben so breit ist, als dieselbe Columne, oder der fast viereckigt ausfällt. — Die Figuren und Vorstellungen der Finalstöcke oder Vignetten müssen mit dem Inhalte des Buches harmoniren, oder in Ermangelung dessen, indifferente gewählt werden, als: Blumwerk, Muschelwerk, Laubwerk ꝛc. Man muß sich hüten, ebendenselben Finalstock, Leiste ꝛc. in einem Buche zweymal vorzubringen.

Firniß, wie dieser zu sieden, und was dabey zu beobachten, lehrt das Kapitel vom Unterrichte eines Druckerlehrlings im ersten Theile dieses praktischen Handbuches.

Formate, davon siehe das 3te Kapitel des ersten Theils dieses Handbuchs, Seite 127.

Formenschneider, dieser verfertiget für die Buchdrucker mancherley Zierrathen aus Aepfel-Birn, oder Burbaumholze, auch aus Messing oder andern Metallen, als: Leisten,

Finalstöcke, Vignetten, Einfassungen, um ganze Seiten, um einzelne Anfangsbuchstaben ꝛc., schneidet verschiedenerley verzierte grosse Anfangsbuchstaben und Bilder in Holz erhaben aus, auch mathematische und andere Figuren, die der Setzer nicht mit Typen darstellen kann oder nicht darzustellen versteht. —

G.

Gänseaugen, Gänsefüßchen, sind so gestaltet: ["] heissen eigentlich: Citationszeichen. S. Citationszeichen.

Generalsitz halten die Buchdrucker halbjährlich in Städten, wo sie stärkere Gesellschaften ausmachen. Es werden dabey alle vorgefallene Streitigkeiten ausgemacht und andere gesellschaftliche Handlungen vorgenommen, Beyträge von Herren und Gesellen zur gesellschaftlichen Casse gesammelt, welche der Vorsteher, während seines Amtes, verwahrt, und allezeit beym Generalsitz von der Einnahme und Ausgabe Rechnung ablegt. Aus der gesellschaftlichen Cassa werden arme Kunstverwandte unterstützt, Reisegelder an sie ausgetheilt, und andre gesellschaftliche Ausgaben bestritten. Beym Generalsitz präsidiren, neben dem Fiscus-Vorsteher, noch zwey Assessoren aus den Buchdruckerherren, und zweye aus den Gesellen, von letztern gemeiniglich ein Schriftsetzer und ein Druckergeselle. Herren und Gesellen werden von dem Gesellschafts- oder Fiscus-Vorsteher schriftlich einige Tage vorher zum Generalsitz eingeladen. In Städten, wo die Buchdrucker keine geschlossene Gesellschaft ausmachen, wird kein Generalsitz gehalten, und die Buchdrucker befolgen die gewöhnlichen Buchdrucker-Ordnungen und Kunstgebräuche so, wie sie mit der Observanz desselben Landes oder Provinz übereinstimmen, und richten sich dabey mit nach Localumständen, so daß jede einzelne Offizin für sich eine Gesellschaft ausmacht.

Gerade Columnen nennt der Schriftsetzer diejenigen Seiten im Druck, welche, wenn man den Bogen ordentlich gefalzt aufschneidet, oder das Buch gebunden aufschlägt, allezeit linker Hand erscheinen. Auf eine gerade Columnen-Seite darf kein Schmuztitel gesetzt werden, und die Abtheilung, der Abschnitt, das Kapitel ꝛc. muß sich, wenn es möglich, allemal mit einer geraden Columne endigen, damit das folgende sich besser und schicklicher mit einer **ungeraden** oder rechter Hand stehenden Columne anfängt. Gerade Columnen des Bogens sind die 2te, 4te, 6te, 8te, 10te, 12te, 14te, 16te, ꝛc. S. **Ungerade**.

Gespan nennt der Drucker seinen Mitarbeiter an der Presse. S. **Anführegespan**.

H.

Hochzeit, oder eine Hochzeit gemacht haben, nennt der Setzer, wenn er aus Versehen ein Wort, Zeile oder Stelle gedoppelt gesetzt hat. S. die Correcturzeichen im 5ten Kapitel des ersten Theils.

Hohe Ziffern hat man heut zu Tage fast bey jeder Schriftgattung; sie sind kleiner als die übrigen, und stehen hoch, so wie

wie folgende: als $^1, ^2, ^3, ^4, ^5, ^6, ^7, ^8, ^9, ^{10}$ u. s. w. Man bedient sich derselben öfters zur Bezeichnung der Anmerkungen im Text, so wie auch der

Hohen Buchstaben, deren hat man in verschiedenen Regeln, als: ^{a}m ^{b}m ^{c}m ^{d}m ^{e}m ꝛc.

Hudeleyen sind solche Buchdruckereyen, die nicht privilegirt sind, oder deren Besitzer die Buchdruckerkunst nicht ordentlich, nach Buchdruckergebrauch, gelernet haben.

Hurkind heißt beym Druck, wenn der Setzer eine von einem Absatz, Vers ꝛc. übrig gebliebene halbe Zeile auf die folgende Columne oder Spalte bringt, und solche damit anfängt. Dies ist wider die Regeln; siehe die Correcturzeichen im 5. Kapitel des ersten Theils, Seite 46.

J.

Inhalt eines Buches wird gemeiniglich gleich nach der Vorrede gedruckt oder gebunden, welches besser ist, als wenn er zu Ende des Werkes angehänget wird; wiewohl letzteres in manchen Fällen auch kein Fehler ist.

Jubiläum wegen Erfindung der Buchdruckerkunst in Teutschland, wird alle 100 Jahre von den Buchdruckern und Universitäten öffentlich gefeyert, solenner Gottesdienst gehalten, und dem Allmächtigen Schöpfer für die dadurch dem ganzen menschlichen Geschlechte erzeigte Wohlthaten gedankt, und sonstige vergnügte Zusammenkünfte zur Erinnerung an dieser merkwürdigen Erfindung zwischen Gelehrten und Buchdruckern angestellt ꝛc. S. die Historischen Jubelzeugnisse der Stadt Halle, 4to 1740. Und: Gepriesenes Andenken von Erfindung der Buchdruckerey ꝛc. 4to Leipzig,

1740. Die so nöthig als nützliche Buchdruckerkunst und Schriftgießerey ꝛc. 8. 4 Theile, Leipzig, 1740. Und viele andere Schriften. Im Jahre 1840 wird das vierte Jubiläum gefeyert werden.

K.

Kegel nennen die Buchdrucker die Stärke, den Umfang eines Buchstabens in jeder Schriftgattung. Die Namen der Schriftkegel sind im ersten Theile dieses Buchs, im 7. Kapitel, Seite 172. angezeigt.

L.

Lagen der ungebundenen Bücher bestehen gemeiniglich aus 6 bis 8, und nach Bewandtniß der Umstände, auch aus weniger oder mehreren Bogen. Man muß die Lagen eines Buches nicht zu dicke machen, damit sich das Exemplar besser legen und packen läßt.

Leiche, so nennt es der Schriftsetzer, wenn er im Satz etwas ausgelassen. Wenn er das Ausgelassene dann beym Corrigiren gehörigen Ortes hinein gebracht, so sagt er scherzweise: Die Leiche ist begraben. Siehe das 5. Kapitel im ersten Theile, Seite 146. auf der daselbst vorgestellten Correctur.

Leisten sind Bildnisse, die der Setzer braucht, wenn er ein neues Werk anfängt ꝛc. Er setzt solche auf die erste Columne des Textes oder der Materie des Buches obenan, und läßt zwischen der Leiste und der ersten Rubrik einen verhältnißmäßigen Platz. Die Leisten müssen so gewählt werden, daß sie auf den Inhalt des Buches passen, oder doch wenigstens nichts enthalten, was demselben widerspricht.

Linien, deren hat man in den Buchdruckereyen verschiedene Sorten, welche sich der Schriftsetzer zum Satz der Rechnungs-Tabellen und andern mathematischen Figuren bedienen kann. Man hat einfache, doppelte, dreyfache, dünnere und dickere, verzierte, längere und kürzere, und auf verschiedene Kegel gegossene, u. s. w. Man bedient sich mancherley Linien heut zu Tage häufig statt der Leisten, Finalstöcke, Vignetten, Röschen ꝛc. in Büchern, wobey, dem Inhalte nach, der gute Geschmack nicht viel Zierrathen erlaubt. —

M.

Manuscript nennt der Schriftsetzer die Originalhandschrift, wovon er absetzt. Wenn er etwas von schon gedruckten Bogen absetzt, nennt er es kurz: Exemplar. — Wie ein Manuscript beschaffen seyn muß, wenn ein guter Abdruck erfolgen soll, davon ist in meinem orthtypographischen Handbuche für Correctoren, Schriftsteller ꝛc. Seite 262 ff. gehandelt worden.

Makulatur, wenn der Drucker dergleichen durch seine Schuld verursacht oder druckt, so ist er schuldig, es zu bezahlen. Hat der Setzer oder Corrector die Schuld, so müssen diese den Schaden ersetzen. Daher heißt es: sieh aufs Buch! Es ist übrigens in den Druckereyen sehr bekannt, wodurch und wie leicht Makulatur gedruckt werden kann.

Männchen auf Männchen setzen heißt bey den Setzern, wenn sie ein gedrucktes Exemplar nochmals genau wieder so absetzen, als es vorher schon ein- oder mehrmals gedruckt worden.

Marginal s. - **Randgloſſe.**

Mönchbogen ſind blaß oder an manchen Stellen ganz unleſerlich gedruckte Bogen.

N.

Nachdruck. Dieſer iſt entweder rechtmäßig oder unrechtmäßig. Rechtmäßig iſt er nur, wenn der eigentliche Verleger das nachgedruckte Buch fehlen laſſen, oder es gar zu theuer verkauft ꝛc. Außerdem iſt es unrecht, wenn jemand einem andern Verleger ſein Buch nachdruckt. Wer hierüber ausführlich unterrichtet ſeyn will, leſe Hrn. Hofrath **Pütters Werke: Ueber den Bücher-Nachdruck;** und viele andre mehr über dieſen Gegenſtand, welche alle anzuführen hier zu weitläuftig ſeyn würde.

Noten nennt der Setzer kürzlich die Anmerkungen in einem Buche, welche allemal aus einer kleinern Schrift gedruckt werden, als der Text. Die Anmerkungen müſſen allemal etwas weiter hineingerückt, oder mit einer Linie von dem Text unterſchieden werden. Auch können die Anmerkungen, wenn man Platz erſparen ſoll, ſo geſetzt werden, daß nur die erſte Zeile einer jeden Note um ein oder zwey Gevierte, je nachdem das Format es erfordert, eingezogen, und die übrigen in der vollen Breite des Formats geſetzt werden. Dabey muß aber zwiſchen den Text und den Anmerkungen etwas Platz gemacht werden, zumal wenn im Text keine Cuſtodes geſetzt worden, damit ſich die ſo geſetzten Anmerkungen deſto leichter vom Texte unterſcheiden.

Norm, dieser steht auf jeder Prime jedes Bogens unter der letzten Zeile, linker Hand, und zeigt den Titel und den Theil oder Band des Buches so kurz als möglich, an, wenn ein Buch aus mehrern Bänden oder Theilen bestehet.

O.

Oberältester oder **Fiscus-Vorsteher** bey denen Buchdrucker-Gesellschaften, dieser wird in den meisten Orten, wo die Buchdrucker geschlossene Gesellschaften ausmachen, jährlich neu von den sämmtlichen Buchdruckerherren gewählt. Es wird dabey gemeiniglich mit auf Erfahrung in der bey den Buchdruckern gewöhnlichen Observanz, Gewohnheiten und Kunstgebräuchen gesehen. Seine Pflicht ist hauptsächlich, alle bey der ganzen Gesellschaft vorfallende Streitigkeiten möglichst gütlich schlichten zu helfen, und dabey alle Irrungen und Zwistigkeiten unpartheyisch und nach Vernunft, Billigkeit und Herkommen, oder nach den gesellschaftlichen Buchdrucker-Ordnungen beylegen zu helfen. Auch verwahret derselbe die gesellschaftlichen Cassengelder, führt über Einnahme und Ausgabe der Gesellschaft Buch und Rechnung, und hat bey dem Generalsitz das Präsidium, und der Gesellschaft vorzutragen, was von gesellschaftlichen Affairen etwa in Ueberlegung, oder nach den Grundsätzen der Buchdruckerobservanz in Untersuchung zu nehmen; und sorgt, daß sich keine Mißbräuche einschleichen, die der ganzen Gesellschaft schädlich sind, oder die der gesunden Vernunft, den Landesgesetzen, der

Billigkeit und den guten Sitten zuwider laufen. Es ist eben nicht nöthig, daß alle Jahre ein neuer Vorsteher gewählt wird. Ist die ganze Gesellschaft mit ihm zufrieden, so verwaltet ein solcher dieses Amt öfters mehrere Jahre. Es sind ihm gemeiniglich einer oder zween Assessores aus den Buchdruckerherren beygesellt, welche ihm seine Geschäfte bey der Gesellschaft mit verrichten helfen. u. s. w.

P.

Papier, Druckpapier, ist ungeleimt. Ein Ballen davon enthält 10 Rieß, das Rieß 20 Buch, und das Buch 25 Bogen, beym Schreibpapier aber das Buch nur 24 Bogen. Eine genaue Berechnung desselben so wie auch die Leipziger Papier- und Bücher-Abgaben zeigen die beygefügten Tabellen. Der

Papiermacher ist schuldig, dem Verleger oder Buchdrucker das contrahirte Papier probemäßig zu liefern, und darf nicht schlechteres, graueres, kleineres, dünneres, als bestellt worden, oder gar unter die bessern Packete schlechteres mischen, sonst kann ihn der Buchhändler und Buchdrucker zur Schadloshaltung anhalten.

Prime nennt der Setzer die erste Columne eines jeden Bogens. Auf die Prime setzt er blos die Signatur ohne Ziffer. Siehe Auszeichnen.

Primentabellen sind den Schriftsetzern und Correctoren sehr nützlich und nöthig. Sie sind hier in vier Tabellen mit beygefügt. Sie zeigen an, wie die ersten Seitenzahlen eines jeden Bogens in verschiednen Formaten und Alphabeten heißen, wornach dann die übrigen Columnenziffern auf dem Bogen berichtigt werden können. Wird aber beym Drucke eines Werkes zwischen irgend einem ganzen Bogen ein halber eingeschaltet, oder sonst etwas angedruckt, das in der Pagina differirt, und das beym Einbinden abgeschnitten werden muß, wie es manchmal verschiedener Ursachen wegen, zu geschehen pflegt; so folgen dann im Drucke die Columnen-Ziffern a n d e r s, als in den beygefügten Primentafeln — weil das auf irgend einem Bogen mit A n g e d r u c k t e gemeiniglich in den Seitenzahlen nicht mit gerechnet werden kann — wie z. B. manchmal einzelne Tabellen, Schemata oder sonstige Figuren, die der Setzer nicht auf die Columne bringen kann, vorkommen; oder wenn er auf manchem Bogen, wegen hinein zu druckender Kupferstiche ꝛc. 2, 4 oder mehrere Columnen leer lassen muß, u. s. f.

R.

Rähmchen, siehe die Gestalt desselben auf der ersten Kupfertafel, welche die Druckerinstrumente vorstellt, unter Nro. 43.

Register bey Büchern müssen aus einer kleinern Schrift gedruckt werden, als der Text desselben. Die Haupt-Wörter, welche das Register anführt oder erkläret, werden heraus gerückt, und mit einer sich von den übrigen unterscheidenden Schrift gedruckt. Die folgenden Wörter und Zeilen dabey werden weiter hinein gerückt, ✺ wie auch bey diesem Wörterbuche geschehen ist, damit die erklärten Wörter dem Leser beym Nachschlagen desto besser ins Auge fallen,

Register, Registerhalten heißt beym Druckern: Sorge tragen, daß der Abdruck der zweyten Seite des Bogens, oder der Wiederdruck, gerade wieder auf den Schönbruck, oder die erstbedruckte Seite des Bogens paßt. Ob der Drucker Register gehalten, kann man leicht sehen, wenn man den auf beyden Seiten bedruckten Bogen gegen das Licht hält, wo sich dann bald zeigt, ob die gedruckten Seiten desselben gehörig auf einander passen, oder ob eine hinter der andern hervor sieht. — S. das 9te Kapitel vom Unterrichte eines Drucker-Lehrlings.

Randglossen, Marginalien, sind kurzgefaßte Rubriken oder Summarien des Inhalts in manchen Büchern, die am Rande der Seiten stehen. Die Marginalien pflegt man aus noch kleinerer Schrift zu drucken, als die Anmerkungen in einem dazu eingerichteten Werke unter dem Texte gedruckt werden, damit sich solche von beyden gehörig unterscheiden. Man könnte öfters ein Buch auf kleiner Papier drucken, wenn der Autor eine solche Einrichtung seines Werkes gemacht hätte, daß die Zeilen, die an den Rand gedruckt werden müssen, als Rubriken, Summarien ꝛc. in den Columnen selbst schicklich angebracht werden könnten.

Revidiren muß der Setzer nochmals, nachdem der Drucker die Forme in der Presse zugerichtet, ob er alle ihm in der Correctur angezeigte Fehler richtig verbessert hat. Hat er noch etwas nachzucorrigiren vergessen, so muß er solches noch in der Forme in der Preße thun, ehe der Drucker ordentlich fortdruckt. Weis der Buchdruckerherr, daß ein Setzer zum Revidiren zu unwissend oder unachtsam ist, so thut er dieses lieber selbst. —

Revisionsbogen, Revidirbogen wird eben der erste Abdruck genennt, welchen der Drucker dem Setzer, nach dem er in der Presse alles zugerichtet hat, zum nochmaligen Nachsehen, ob alles berichtigt, übergiebt. Den Revidirbogen hebt sich der Drucker auf, theils zu seiner Legitimation, theils um der Berechnung seiner verfertigten Arbeit willen.

Röschen sind in der Buchdruckerey allerley Figuren, von verschiedener Gestalt und Größe, aus welchen der Setzer allerley Zierrathen zusammen setzt. Sie kommen heut zu Tage seltener vor. Siehe hiervon auch das 8. Kapitel im ersten Theil.

Röthel, damit pflegt der Setzer im Manuscripte die Prime auszuzeichnen, oder wo er zu setzen aufgehöret hat 2c. S. Prime. Er legt sich gemeiniglich ein zugespitztes Stückchen Röthel in ein Fach des Kastens, welches selten gebraucht wird, oder ins Röthelkästchen, welches sich unten im Tenakel befindet.

Rubrik nennt man die Ueberschrift eines Kapitels oder Abschnitts 2c. welche den Inhalt desselben anzeiget. Die Rubriken müssen zum Unterschied des Textes, entweder aus einer größern oder aus einer kleinern Schrift gesetzt werden, als der Text, je nachdem es die Beschaffenheit oder der Inhalt des Werkes erfordert.

S.

Schiff ist ein Instrument des Setzers, sehr accurat und winkelrecht von Holz gemacht, in welches er die gesetzten Zeilen hinein hebt, und darinnen die Columnen formirt und justirt. Siehe auf der 2ten Kupfertafel die Setzerinstrumente.

Schmutztitel. Diese müssen allemal durchaus, in Ansehung der Schrift=Größen, um einen Grad kleiner gesetzt werden, als der Haupttitel des Buchs. Der Schmutztitel, welcher gemeiniglich kürzer ist, als der Haupttitel, und nur das Wesentlichste desselben wiederholet, darf nicht eben gerade in die Mitte der Columne gerückt oder gesetzt werden, sondern muß eher etwas weiter hinauf nach dem Kreuzsteg zu gerückt werden. In Ansehung der Wahl der Schriften beym Satz der Schmutztitel muß der Setzer nach eben den Grundsätzen verfahren, die beym Satz des Haupttitels in Acht zu nehmen. Siehe: Titel. Wenn die Bücher alt werden, so geschieht es öfters, daß der Haupttitel entweder ganz beschmutzt oder aus Unvorsichtigkeit oder andern Zufällen beschädigt oder zerrissen werden, alsdann kann der Bücherliebhaber doch noch aus dem Schmutztitel, welcher den Haupttitel kürzlich wiederholet, sehen, was das Buch enthält ꝛc.

Schnitt nennt man die bestimmte Größe der Gestalt des Buchstabens, Kegel aber zeigt die Stärke seines viereckigten Säulen=Körpers an. Der Schnitt einer Schrift kann z. E. kleine Cicero seyn, und der Kegel kann Mittel seyn. Kleinere Schriften können auf größere Kegel gegossen werden; diese nennt man hohe Schriften, welche dann im Druck mehr Raum zwischen den Zeilen haben, als die, welche auf ihren eigenen ordinairen Kegel gegossen sind. Siehe die Schriftproben, Seite 172. ff.

Signatur, damit muß jeder gedruckte Bogen bezeichnet seyn, daß der Leser und Buchbinder leicht wissen kann, wie die Bogen in einem Buche ordentlich auf einander folgen. Die Columnen des Bogens, welche, außer der Prime, Signaturen bekommen, kann man bey der Vorstellung der Formate kennen lernen, die dem 3ten Kapitel des ersten Theiles beygefüget sind, wo solche auf den Columnen, die Signaturen haben müssen, in jedem Formate mit angezeigt sind. Die Signaturen sind Buchstaben, und laufen ordentlich nach dem Alphabet fort, nach dem A Bogen kommt der B=Bogen, ꝛc. und wenn ein Alphabet aus ist, geht das 2te an, dann ist die Signatur A a, B b, C c, u. s. f. Bey denen folgenden Alphabeten ist in der Signatur der erste Buchstabe groß und die andern klein, als: A a a, B b b, C c c. ꝛc. Die Methode, blos auf die Prime eines jeden Bogens eine Signatur zu setzen, ist nicht anzurathen, ob es gleich manche Verleger oder Schriftsteller so haben wollen. Allein dieses kann in den Buchdruckereyen mancherley Irrungen, Verdruß, Schaden und Aufenthalt verursachen, welches hier zu beweisen viel zu weitläuftig seyn würde. — Wenigstens, muß außer der Prime des Schöndrucks, auch die Tertia des Wiederdrucks, oder das 2te Blatt des Octav= oder Quart=Bogens, eine Signatur bekommen. Bey kleinern und sehr zusammen gesetzten Formaten sind die Signaturen noch unentbehrlicher. —

Schöndruck. Eigentlich nennt man die Forme, auf welcher die Prime steht, den Schöndruck, und die Forme, auf welcher die Tertia oder dritte Columne steht, den Wiederdruck. Gemeiniglich aber nennt man auch die Forme den Schöndruck, welche der Drucker zuerst eingehoben oder zuerst druckt, und die andere den Wiederdruck.

Sperren, siehe: extendiren, aussperren.

Spatia sind dünne gegossene viereckigte Körper, die niedriger sind, als die Buchstaben, womit der Raum zwischen die Wörter gesetzt wird. Wenn ein Spatium manchmal in der Forme irgendwo durch Zufall aufsteigt, und sich mit abdruckt, so nennt man dies einen

Spieß, welchen der Corrector dem Setzer in der Correctur anzeigen muß. Siehe die Correctur beym 5. Kapitel des ersten Theils.

Stege sind allerley hölzerne viereckigte Körper, die niedriger sind, als die Buchstaben. Man gebraucht solche in den Stellen der Forme, welche beym Abdrucken weiß bleiben sollen; als z. E. da, wo die Blätter, nach dem Falzen, geheftet werden, wo sie weißen Rand haben müssen u. s. w. Man hat daher Bundstege, Mittelstege, Kreuzstege ꝛc. Die Form und den Gebrauch der verschiedenen Stege wird ein Lehrling in einer Officin leicht selbst kennen lernen, dazu hat er täglich Gelegenheit.

Stock nennen die Setzer oft schlechtweg eine in Holz ausgeschnittene Zeichnung, Finalstock, Vignette, Leiste u. s. w. Siehe Finalstöcke. Seite 46.

Summarium ist eine Ueberschrift: und zeigt den Inhalt des Abschnitts oder Kapitels oder deren einzelne Paragraphen kurzgefaßt an. Die Summarien werden mit kleinern Lettern gesetzt als der Text.

T.

Tabellen-Druck, dabey muß der Setzer accurat ausschließen, daß alles gerade steht, und die Linien nicht so krumm und höckerig ins Auge fallen, und alles gehörig paßt ꝛc.

Tiegel ist ein Haupttheil einer Buchdruckerpresse. Seine Gestalt ist auf der Kupfertafel, welche die Druckerinstrumente vorstellt, zu sehen, und mit Nro. 38. bezeichnet. Man hat Tiegel von Messing, und auch von gutem harten trocknen Holze; die von Messing kosten freylich mehr, sind aber auch dauerhafter.

Titel eines Buchs muß vom Setzer so eingerichtet werden, daß er deutlich, gut und schön ins Auge fället. Zuerst muß der Setzer untersuchen, welches Wort, oder welche Wörter die Hauptzeile werden müssen, diese müssen aus einer größern Schrift gesetzt werden, als alle übrige Zeilen des Titels. Die Wörter, welche den **wesentlichsten Inhalt** des Buches anzeigen, müssen zur **Hauptzeile** gemacht werden. Hat der Setzer einmal ausgedacht und richtig bestimmt, welches die Hauptzeile und aus welcher Schrift dieselbe werden soll und muß, nach Verhältniß der Größe des Formates, so muß er sich, in Ansehung der Wahl der Schriften, beym Satz der übrigen Zeilen des Titels darnach richten. Keine andere Zeile des Haupttitels darf aus derselben Schriftgattung gesetzt werden, aus welcher die Hauptzeile gesetzt worden, und alle Zeilen, welche minder wesentliche Wörter enthalten, müssen aus einer kleinern Schrift gesetzet werden. Man muß auch beym Satz eines Titels darauf sehen, daß, so viel als möglich und schicklich, Abwechslung der Schriften herrscht. Zeilen von gleicher Breite dicht hinter einander muß der Setzer dabey zu vermeiden suchen. Wenn aber einige Zeilen dazwischen vorkommen von anderer oder verschiedener Breite, so kann wohl wieder eine gesetzt werden, die irgend einer andern auf dem Titel, in Ansehung der Breite, gleich kommt. Auf einem Titel Abkürzungen mancher Wörter anzubringen, muß sich der Setzer sehr hüten. Einige Schriftsteller wollen auch bey den Büchertiteln keine Unterscheidungszeichen leiden. Allein zur Weglassung derselben auf den Titeln findet der Spachlehrer keine hinlänglichen Gründe; und es ist auf Titeln eben so nöthig, grammatisch richtig zu distinguiren, als richtig oder orthographisch zu schreiben. Daß man auf manchen alten Inschriften auf den Ueberbleibseln des alten Roms, oder anderer merkwürdigen Kunstwerke des Alterthums, keine Unterscheitungszeichen antrifft, ist kein hinlänglicher Grund, dieselben auch jetzt auf den gedruckten Titeln weg zu lassen. Die alten Bildhauer der Griechen und Römer ꝛc. verstunden freylich die Grammatik nicht so gut, wie die neuen philosophischen Sprachforscher; zumal die Unterscheidungskunst, als welche die neuern Grammatiker erst mehr ausgebildet und vervollkommnet haben. Ein gesetzter, zumal großer und vielzeiliger Titel ist ein Beweis, daß der Setzer Beurtheilungskraft besitzt, und das versteht, was er im Buche gesetzet hat —

U.

Umſagen. Dieſes ſind aus einer guten feſten geleimten Pappe ausgeſchnittene Streifen von verſchiedener Breite, um damit beym Abziehen der Correcturbogen die Stege in der Forme zu bedecken, damit ſich ſolche beym Abziehen nicht mit auf den Bogen abſchmuzen. Nach der Breite der Stege, die damit überlegt werden ſollen, richten ſich auch die Breiten der Umlagen. Der Drucker muß ſolche immer möglichſt rein halten, und verſchiedenerley davon bey der Hand haben.

Ungerade Columnen nennt der Setzer diejenigen Seiten, welche, nach dem Abdruck des Bogens, allezeit, wenn man das Buch gebunden aufſchlägt, rechter Hand ſtehen, und daher eher und beſſer ins Auge fallen. Abtheilungen, Abſchnitte, Kapitel ꝛc. fängt man daher allezeit lieber mit einer ungeraden Columne an, wenn ſie nicht zu kurz ſind. Schmuztitel müſſen allezeit auf die Stelle einer ungeraden Columne zu ſtehen kommen. Die ungeraden Columnen auf jedem erſten oder A-Bogen eines Buches z. E. ſind: die 1ſte, 3te, 5te, 7te, 9te, 11te, 13te, 15, und ſo fort. S. Gerade.

Unterlegen muß der Setzer manchmal ein Wort, welches er aus einem niedrigern oder kleinern Schriftkegel in einen größern ſetzen muß, damit ſolches gehörig mit den übrigen Wörtern in gleicher Linie oder in der Mitte ſteht; hiezu braucht er Spähnchen oder dünne Quadrätchen. Sollen manche Wörter in der Forme roth gedruckt werden, als z. E.

bey Calendern, so muß der Setzer sich durch einen geschickten Tischler eine gehörige Anzahl Stäbchen von festem Holz machen lassen, welche genau den Kegel halten, den die Schrift der Forme enthält, in der er unterlegen soll. Von diesen schneidet er Stückchen ab, und justirt es mit einem scharfen Schnitzer aufs accurateste so, daß es gerade die Breite des zu unterlegenden Wortes bekommt; alsdann hebt er das roth zu druckende Wort aus der Zeile heraus, und steckt die Unterlage in die Oeffnung, und dann das Wort wieder hinein. Wenn alles in der Forme unterlegt ist, was roth gedruckt werden soll, dann schließt er die Forme zu, hebt solche mit dem Setzbrete in die Höhe, damit keine Unterlagen abfallen, und lehnt solche an, und unterkleistert die Unterfläche der ganzen Forme mit einem Bogen geleimten Makulatur, daß nichts ab- oder herausfallen kann. In manchen Officinen werden die Kalender-Columnen, welche roth gedruckt werden sollen, besonders abgesetzt; und genau nach den schwarzen justirt. Dazu gehört aber ein großer Vorrath von Quadraten.

V.

Verleger, ist derjenige, welcher Bücher auf seine Kosten drucken läßt, und solche verkauft, und Gelehrte manchmal zu allerley nützlichen Werken aufmuntert, und ihnen dafür verhältnißmäßige Honoraria bezahlt. Geschickte, gelehrte und active Buchhändler können dem Staate und den Gelehrten vielerley Nutzen schaffen. —

Versalien oder große Buchstaben, als; A, B, C, D, u. s. w. diese braucht man im Schreiben zu Anfange einer Periode, oder eines Substantivis. Siehe Seite 78. dieses Theils: Von der teutschen Rechtschreibekunst.

Verschoben heißt, wenn die Zeilen oder Worte, durch diesen und jenen Zufall, in Verwirrung gebracht und schiefgeschoben oder an ganz falsche Stellen gerückt worden, welches dann der Setzer mühsam wieder in Ordnung bringen muß; siehe die Correctur 2c.

Vignetten, sind entweder in Kupfer gestochene oder in Holz sauber ausgeschnittene Figuren, welche man auf leeren Plätzen der Titel, auf denen letzten Seiten der Bücher, Abschnitte, Kapitel u. s. w. zur Zierde des Drucks gebraucht. Sie sollen gewählt werden, daß sie auf den Inhalt passen.

Vorreden, diese werden allemal aus einer größern oder auch manchmal, wenn es die Umstände nöthig machen, aus einer kleinern Schrift gedruckt, als der Text eines Buches, und mit kleinerer Schrift als die Dedication. Die Vorrede folgt nach dem Haupttitel, und wenn das Buch hinter diesem eine Dedication hat, nach dieser, und dann der Inhalt, Schmutztitel, u. s. w. Vorreden müssen ebenfalls mit einer **ungeraden** Columne angehen und sich auf einer **geraden** endigen. Siehe: gerade, ungerade.

W.

Weitläuftg halten, siehe: Extendiren, aussperren. Seite 45.

Wiederdruck ist die 2te zu einem Bogen gehörige Forme, welche hernach auf den Bogen gedruckt wird. Nachdem der Schöndruck auf der einen Seite schon abgedruckt ist, so wird mit dem Wiederdruck, oder der zweyten Forme, die zweyte Seite des ganzen Bogens bedruckt.

Wurm, eine falsche Benennung, soll heißen: Norm. (Norma, Regel, Richtschnur) Siehe: Norm.

Z.

Zuschrift, siehe: Dedication.

Zuschußpapier erhält der Buchdrucker stets über die Zahl der Auflage vom Verleger, welches mit gedruckt wird, zu jedem Bogen oder 1000: Auflage 1 Buch, bey 2000, 2 Buch, bey 3000, 3 Buch ꝛc. damit er, wenn während des Drucks, Trocknens der Bogen und ꝛc. etwas verunglückt oder verloren geht, doch seine Auflage gehörig completiren und richtig abliefern kann. Was von den Zuschußbogen noch rein und brauchbar ist, wird gesammelt, und bey der Ablieferung des Werkes an den Verleger, unter den Titel: Defectbogen, in gehörige Ordnung gelegt, mit abgeliefert.

Von der Orthographie oder der Rechtschreibekunst überhaupt.

Da nur wenige Manuscripte in die Buchdruckereyen kommen, welche ganz durchgehends so richtig geschrieben, und so richtig distinguirt oder interpungirt sind, daß ein Setzer solche nur gerade so absetzen könnte, wie sie sind; so ist es für dem Schriftsetzer eine sehr nützliche und nöthige Sache, wenn er sich gründliche Kenntnisse von der Orthographie, wenigstens in seiner teutschen Muttersprache, beybringt, in welcher er gewiß am meisten zu setzen bekommen wird. Viele Schriftsteller fehlen in ihren Manuscripten aus Nachläßigkeit hierin, manche auch aus Unwissenheit ꝛc. — Wenn nun der Setzer solche Manuscripte, welche nicht orthographisch richtig geschrieben sind, aus Mangel an gründlichen Kenntnissen in der Rechtschreibekunst, auch so setzt, und der Corrector, als besserer Sprachkenner, muß ihm erst alle Fehler wider die Orthographie in dem Correctur-Abdruck anzeigen — wie sehr viel Zeit versäumt nicht dann ein solcher Setzer hernach beym Corrigiren seiner Formen? und wie viel Buchstaben werden nicht dabey von solchen unvorsichtigen Setzern zerstochen und unbrauchbar gemacht!

Freylich ist es die Schuldigkeit eines jeden Schriftstellers, sein Manuscript nicht allein leserlich, sondern auch grammatisch richtig geschrieben zum Druck zu liefern — Dieß kann jeder Buchdrucker verlangen, wenn der Schriftsteller correcten Druck haben will. Allein, die Erfahrung lehrt's leider, daß viele Schriftsteller hierin sehr ihrer Pflicht zuwider handeln, und oft so flüchtig, schlecht und unleserlich schreiben, daß solche es öfters hinterdrein selbst nicht wieder lesen können, wenn der Setzer solche manchmal um Rath fragt! — Wenn nun die Manuscripte solcher Schmierer an unwissende Buchdrucker und Correctoren zum Druck und Correctur gelangen, so kann's nicht anders kommen als, daß die Schriften derselben äußerst fehlerhaft im Druck erscheinen. Solche Verfasser sind aber auch gar nicht zu bedauren, wenn in ihren Schriften Druckfehler auf Druckfehler zum Vorschein kommen. Schön oder zierlich braucht der Schriftsteller nicht zu schreiben, aber leserlich zu schreiben ist seine Pflicht; und hat er das gethan, so kann er mit Recht klagen, wenn seine Werke fehlerhaft heraus kommen. Der Buchdrucker ist nicht schuldig, seine Zeit, die ihm eben so edel und schätzbar ist, als jedem andern vernünftigen Menschen, beym Lesen solcher gelehrter Schmierereyen mit Spindisiren und langem Nachgrübeln zu verschwenden. Ob es nun gleich eines jeden Schriftstellers Schuldigkeit ist, alles, was er zum Druck liefert, leserlich und deutlich zu schreiben, so geschieht es dennoch häufig, daß Manuscripte in die Buchdruckereyen kommen, die nicht allein äußerst schlecht und unleserlich und so geschrieben sind, daß der Buchdrucker wenig oder gar nichts davon lesen, sondern das Meiste beym Setzen aus dem Zusammenhange der Sätze nur zu errathen im Stande ist. In manchem Manuscripte herrscht nicht die geringste Ordnung und Gleichheit in der Orthographie, und in manchen eine ganz widersinnige und wider alle Sprachkunst laufende Rechtschreibung. Ein Schriftsteller fehlt hierin aus Nachläßigkeit und Flüchtigkeit, ein anderer wirklich aus Unwissenheit oder Mangel an grammatisch-richtigen Sprachkenntnissen, und öfters so sehr, daß man sich manchmal höchlich verwundern muß, wie dieser oder jener in seinem Fache wirklich gelehrte Mann, bey seinem zum Druck gelieferten Manuscripten, in der Orthographie so häufige Fehler begehen und in der Unterscheidungskunst so unwissend seyn, oder dabey so gleichgültig verfahren könnte! Wenn nun in solchen Fällen der Setzer sich beym Satz solcher schlechten oder unrichtig geschriebenen Manuscripte nicht zu helfen weis, und keine Orthographie versteht, wie kann er ordentlich fortarbeiten? und wie viel hundert Fehler wird ihm nicht der klügere Corrector dann in der Correctur anzeichnen müssen! und wie viel Zeit wird er hernach, beym Verbessern derselben in den Formen, verschwenden müssen! Daher ist es hauptsächlich nöthig und nützlich, wenn sich ein Setzerlehrling alle Mühe giebt, in der Orthographie richtige und gründliche Kenntnisse zu bekommen, und sich viele nützliche Begriffe durch fleißiges Lesen guter Bücher beyzubringen, damit er sich, wenn ihm schlecht geschriebene Handschriften zu setzen vorkommen, zu rathen weis, und nicht nöthig hat, bey seinem Arbeiten viele Zeit mit Nachden-

ken zu verschwenden; sondern stets ordentlich fortarbeiten kann. — Wir können daher in diesem
kurzgefaßten Handbuche auch das Wesentlichste
von der Rechtschreibekunst nicht unberührt lassen,
und müssen den Anfängern die Wege zeigen, die
sie nach den Grundsätzen und Meynungen der berühmtesten Sprachlehrer zu betreten haben, und
auf welchen sie darinnen weiter fort wandeln, und
sich immer mehr vervollkommnen können.

§. 1.
Von den Hauptgrundsätzen der Rechtschreibekunst.

Die ersten Grundgesetze der Rechtschreib-
kunst sind folgende:
   I. Schreibe wie du sprichst, oder rich-
      te dich im Schreiben nach der allgemei-
      nen richtigen Aussprache,
nämlich nach der, welche in Ober-Sachsen und
besonders im Meißnischen und im Churkreise,
jedoch nicht unter dem Pöbel, sondern in verfeinerten vornehmern Ständen und Gesellschaften
daselbst gehöret wird.
   II. Richte man sich im Schreiben nach
      der erweislichen richtigen Abstam-
      mung; und
   III. nach dem allgemeinen Gebrauch,
und wenn dieser nicht hinreicht,
   IV. nach der Analogie.

Man muß daher

1) alle teutsche Wörter und solche, die, so zu reden, schon das teutsche Bürgerrecht erhalten haben und allgemein bekannt sind, auch mit teutschen Buchstaben schreiben, als: der Evangelist Johannes, der Apostel Petrus, Pontius Pilatus, Kapitel und dgl. m.

2) muß man schreiben wie man spricht, und jeden Ton oder Laut mit seinem eigenen Zeichen oder Buchstaben, und nie mehr Buchstaben, als man in der richtigen Aussprache wirklich hat; daher nicht: Ambt, sambt, lamb, kombt, sondern Amt, sammt, lamm, kommt. Ausgenommen sind hier solche Wörter, die aus bekannten Europäischen Sprachen herkommen, und das Bürgerrecht im Teutschen noch nicht erhalten haben; diese müssen, um der allgemeinen Verständlichkeit willen, eben so im Teutschen geschrieben werden, als sie in ihrer Ursprache geschrieben werden, als: Cavallier, Voltaire, Journal, Chelons, nicht aber Kawallier, Woltär, Schurnal, Schalong. Aber um eben dieser Verständlichkeit willen muß man solche Wörter, die auch aus fremden Sprachen herkommen, nach der einmal bekannten und allgemein angenommenen und eingeführten Aussprache, als: Mose, Esau, Janitscharen, Ottomanen, China, und nicht Mosche, Eschau, Jenkidschäri, Otschmanen, wie solche nach ihrer Ursprache eigentlich geschrieben werden sollten.

3) Alle Wörter, welche aus der lateinischen Sprache herkommen, und im Teutschen nicht schon

das Bürgerrecht erhalten haben, schreiben jetzt die meisten richtiger nach ihrer Grundsprache, und mit einem c, als Cäsar, Cicero, Cato, Ceres, und nicht Zäsar, Zizero, Kato, Zeres. Aber die Wörter: Engel, Sklave, Zepter, Krone, Pöbel ꝛc. welche schon unter dieser Gestalt jedermann bekannt geworden, schreibt man auch so. Diejenigen Wörter, welche aus dem Griechischen herkommen, schreibt man jetzt allgemeiner und richtiger mit einem k, als: Katechismus, Kadmus, Ktesiphon, Perikles, Sophokles, Charakter ꝛc. Wörter aber, welche aus der lateinischen Sprache in die teutsche gekommen, und unter der zischenden Aussprache des römischen c unter uns allgemein bekannt geworden, müssen auch mit dem c geschrieben werden, als: Cerberus, Centauer, Cepheus, Cimon, Cypern, Thucibides, Ceremonie, Bucephalus.

4) Muß man sich im Schreiben nach der besten Aussprache richten, wie solche in Ober-Sachsen, und daselbst besonders im Meißnischen und im Chur-Kreise, in dortigen verfeinerten Gesellschaften gehört wird. Man schreibe also Knabe, Bauer, die Bauern, sauer, spät, schäfern, schwatzen, schmeicheln, golden, dürfen, spritzen, Mönch, hindern, süß, Füße, Muße (otium) u. s. w. und nicht Knab, Baur, Bauren, saur, spat, schöfern, schwätzen, schmäucheln, gülden, dörfen, sprützen, Münch, hintern, süs, Füsse, Musse oder Mußße, weil sie unter andern auch wider die allgemeine gute

der Rechtschreibekunst.

Aussprache wären. Die gute Obersächsische Aussprache unterscheidet i und ü, ei oder ey, von ai und eu und äu, ö und das hohe e, g, ch, j und k sehr genau.

5) Da aber einerley Laut oder Töne oft sehr verschiedene Zeichen haben, wie z. E. das ä, tiefe e, eu und äu, das gedehnte a, aa, und ah, das gedehnte e, ee und eh, das gedehnte i und ie, die weichen Buchstaben am Ende der Wörter und ihre harten, b und p, t und th, k und q, und c, u. s. f. so beobachte man im Schreiben in solchen Fällen die erweisliche nächste Abstammung, oder man schreibe in einem abgeleiteten Worte keine andern Buchstaben, als das unstreitige nächste Stammwort und die Ableitungssylbe erfordern. Daher schreibe man liebe, lieben, lieblich, von seinem Stammworte lieb, und nicht ohne e libe, liben, liblich, (wie der Herr Klopstock ehedem gern eingeführt haben wollte, aber natürlich keinen Beyfall erhielt) weil die Ableitungssylbe lich lautet; Gräber und nicht Greber, weil der Singular Grab lautet; adelig, untadelich, allmälig, und nicht adelich, untadelig, allmählig, oder almälig, weil die Ableitungssylbe ig und nicht lich ist; Aeltern, Aermel, Bäcker, und nicht Eltern, Ermel, Becker, weil sie zunächst von alt, arm, backen abstammen; Ernte, oder Aerndte, weil es vermittelst der Ableitungssylbe de oder te von dem veralteten arnen abstammet; Schatz, Platz, kratzen, letzten, und dergleichen, und nicht Schaz, Plaz, krazen, lezten,

oder Schaß, Plaß, kraßen, leßten, weil sie vermittelst der Ableitungssylbe zen von Wörtern gebildet sind, welche sich auf ein t endigen; hingegen schreibt man nicht Gränße, Schanße, Tanß, Herß, Schmerß, u. s. f. weil ihre Stammwörter kein t haben. Ausgenommen sind hievon 1) diejenigen abgeleiteten Wörter, welche entweder durch Vermischung der Mundarten, oder durch langen Gebrauch von ihren jetzt bekannten Stammwörtern abgewichen sind, und wo die Etymologie der allgemeinen Aussprache nachstehen muß, wie: edel, adel und adelig, Dach und decken, hoch und Höhe, fertig und fahren, Henne und Hahn, setzen, Saß, ansäßig und seßhaft, und viele andere mehr, deren nächste Stammwörter theils verloren gegangen sind, daher die noch übrigen Seitenverwandte nicht dafür angenommen und zur Aenderung der einmal angenommenen Schreibart wider die Aussprache gemißbrauchet werden dürfen. Andere haben in oder nach der Ableitung durch den Gebrauch allerley Veränderungen erlitten, welche, wenn sie einmal durch die allgemeine Aussprache bestätigt sind, nicht geändert werden dürfen; Pöbel von populus, Teufel, vermutlich von diabolus, dreyßig von drey und zug, welches leßtere in zwanzig, vierzig, u. s. f. in zig übergegangen ist. 2) Diejenigen Wörter, welche zwar nicht auf Veranlassung der Aussprache, aber doch durch den Schreibegebrauch in der Ableitung einige Veränderung erlitten haben, z. B. behende, entbehren, Innere, Heu, Geschwulst, Durst, Anstalt, Brunst, brünstig, blutrünstig, Kunst, Gunst, Gespinst u. s. f. wovon die vier ersten der Abstammung nach ein ä, die letztern aber verdoppelte n und l haben sollten, und, der Aussprache nach, haben könnten, weil sie von Hand, bären oder baren, tragen, bringen, Januar, hauen, schwellen, dürre, stellen, brennen, rinnen, können, gönnen, spinnen abstammen.

Wenn die Art, einen Laut zu schreiben, weder durch die Aussprache, noch durch die nächste erweisliche Ableitung bestimmt werden kann, so entscheidet 5) der allgemeine Gebrauch, der, so fern er von dem Gebrauche der Aussprache, der Bildung und Veränderung der Wörter noch verschieden ist, der Schreibegebrauch genennt wird. Ist dieser allgemein und entschieden, so kann er ohne Nachtheil der allgemeinen Verständlichkeit, der ersten und höchsten Absicht, so wohl des Sprechens als des Schreibens, nicht verletzet werden. Ist er aber ungewiß und schwankend, wie er es denn in vielen Fällen ist, so bleibet, wenn die übrigen Schreibegesetze zu seiner Bestimmung nicht zu reichen, es dem Willen eines jeden überlassen, sich nach der erkannten größern Wahrscheinlichkeit zu bestimmen. Zum Schreibegebrauch im engsten Verstande werden vornehmlich die Fälle gezählet, wo ein gedehnter Hülfslaut durch die Verdoppelung, oder durch ein h, oder durch ein angehängtes e, oder auch gar nicht bezeichnet werden soll, wo in Stammwörtern ein ä oder e zu schreiben, wo ei oder eſſ ſtatt finden muß, wo die vier flüſſigen Hauptlaute l, m, n und r ein h, erfordern oder nicht, wo ein t oder th geſchrieben werden muß, u. ſ. w. worunter viele einzelne Fälle ausgemacht und unſtreitig, viele aber ſchwankend und ungewiß und daher willkührlich geblieben ſind, beſonders ſeitdem der allgemeine Gebrauch durch die neumodiſchen orthographiſchen Klügeleyen mancher eigenſinniger, und öfters auch unwiſſender grammatiſcher oder gelehrt ſeyn wollender Neulinge, geſtört und unterbrochen worden iſt!

6) Hilft oft die Analogie den ſchwankenden Gebrauch beſtimmen, wenn es an andern Entſcheidungsgründen mangelt. Man würde auch ohne deutliche Erkenntniß des Ableitungslautes d, und ohne ſich an das Verbum gedulden zu erinnern, das Wort Geduld mit einem weichen b ſchreiben, weil die ähnlichen Huld und Schuld d**** haben. Wenn man weis, daß in abgeleiteten Wörtern das e des Stammwortes zwar oft in ein i, aber nie leicht in ein ü übergehet, ſo wird man nicht Würken, Gebürge und Gefülde ſchreiben, ſondern wirken, Gebirge, Gefilde, wenn auch eine fehlerhafte Ausſprache den doch ſo merklichen Unterſchied unter dem i und ü nicht bezeichnen ſollte. Wüllen und gülden für wollen und golden zu ſchreiben iſt, wider alle Analogie.

Hieraus folget: 1. die Art zu ſchreiben muß nach der allgemeinen beßten Ausſprache beſtimmt werden, nicht nach der Ausſprache mancher Provinzen, welche als Provizial-Ausſprache gut ſeyn kann, aber als Hochteutsch fehlerhaft seyn würde. Man schreibet fehlerhaft Damf, Ferd u. s. f. weil die gute Aussprache das p vor dem f sehr deutlich hören läßt. 2. Die Abstammung muß der Aussprache, so bald sie allgemein ist, nachstehen, d. i. man darf die einmal allgemein eingeführte Art, ein Wort zu schreiben, nicht ändern, so bald die allgemeine Aussprache darunter leiden würde. Man darf daher Zettel nicht in Schedel, Kirche nicht in Kürche, Helleparte nicht in Helmparte, u. s. f. verändern, wenn gleich diese Schreibarten der Abstammung gemäß sind. 3. Wenn aber die Abstammung die Schreibart bestimmen soll, so kann es 1) nur die nächste, 2) die erweisliche wahre, und 3) die allgemein bekannte thun, weil nur diese die allgemeine Verständlichkeit, die einzige Absicht der Sprache, befördern kann. Je mehr die nächsten Stammwörter veraltet sind, je dunkler und ungewisser sie sind, desto unfähiger sind sie, die Art zu schreiben zu bestimmen. Unverzeihlich aber sind alle im Schreiben vorgenommene Veränderungen, wenn sie sich auf sehr entfernte, ungewisse oder gar willkührliche und ungegründete Ableitungen stützen. 4) Der Schreibegebrauch ist ein Theil des Sprachgebrauchs im weitesten Verstande, und hat mit demselben einerley Rechte, weil sie beyde nur eine und eben dieselbe Absicht haben, nämlich die leichte und allgemeine Verständlichkeit. Er folgt in den allermeisten Fällen der Aussprache und der nächsten Abstammung, schränkt aber auch beyde nicht selten ein, und herrscht in allen übrigen Fällen unumschränkt. 5) Da also einzelne Glieder der Gesellschaft nicht befugt sind, den Sprachgebrauch eines Volkes zu ändern; so haben sie auch kein Recht, sich an den Schreibegebrauch zu vergreifen, am wenigsten aber, wenn solches aus willkührlichen und unrichtigen Grundsätzen geschiehet.

Die Freyheit, von der gewöhnlichen Art zu schreiben abzugehen, darf sich nur auf folgende Fälle erstrecken: 1. Wenn von einem Worte ein bisher verkanntes unmittelbares, wenigstens höchst wahrscheinliches noch nicht veraltetes Stammwort aufgefunden, und durch die Aederung die Aussprache nicht verletzet wird. 2. Wenn ein Wort aus Unachsamkeit oder Unwissenheit anders geschrieben wird, als die allgemeine gute Aussprache es erfordert. 3. Wenn selbst der Schreibegebrauch schwankend und ungewiß ist, da man sich denn wohl nach einer entfernten Abstammung, oder andern wahrscheinlichen Gründen bestimmen kann.

§. 2.
Von der Rechtschreibung einzelner Buchstaben.

Große Anfangsbuchstaben braucht man 1. zu Anfange eines Satzes, oder nach einem Punkte, auch nach einem Frag- und Ausrufungszeichen, wenn die zwey letztern einen Satz beschließen, oder an statt eines Punktes stehen. 2. In distributiven Sätzen, und machmal nach einem Colon,

einzelner Buchstaben. 79

wenn die Sätze mit Zahlfiguren bezeichnet sind.
3. Eigenthümliche Namen und die davon abgeleiteten Adjectiven. 4. Bey allen Substantiven, oder allen andern als solche gebrauchten Wörtern; aber nicht, wenn bey einen Adjectiv das Substantiv verschwiegen ist, und dies aus dem Zusammenhange leicht errathen wird. Wenn ein Substantiv als ein Adverbium stehet, wird es nicht mit einem großen Buchstaben geschrieben. 5. Pronomina, wenn sich solche in schriftlichen Anreden auf die angeredete Person beziehen. Manchmal geschiehts auch, daß man im Schreiben und Drucken Wörter, auf denen ein besonderer Nachdruck liegen soll, mit Versalien anfängt, wenn es gleich keine Substantiven sind. Jedoch bedient man sich in solchen Fällen im Druck lieber einer gröbern und manchmal noch der Schwabacherschrift. Ofters aber ist in einer Druckerey diejenige Schriftsorte, womit ein solches Wort hervorstechend dargestellt oder von den übrigen unterschieden werden soll, nicht bey der Hand, oder gar nicht vorhanden ꝛc., so geschiehts manchmal, daß der Setzer oder Autor bey einem Worte, worauf ein besonderer Nachdruck liegt, sich zum Anfange desselben eines großen Buchstabens bedienet, und wenn es auch kein Substantiv oder kein als ein solches gebrauchtes anderes Wort ist. — Man bedient sich aber doch in solchen Fällen lieber einer gröbern oder der Schwabacherschrift.

§. 34.

Von der Interpunction oder den im Schreiben gebräuchlichen Unterscheidungs-Zeichen.

Die Abtheilungszeichen, welche die Glieder einzelner kleinerer und größerer Sätze von einander unterscheiden, und theils auch den Ton der lebendigen Sprache anzeigen, sind folgende:

1) das **Comma** unterscheidet die kleinen Glieder, welche nicht unmittelbar mit einander verbunden sind, und wird allemal da gebraucht, wo man mit der Rede einen kleinen Absatz macht. Es stehet folglich: 1. vor und nach einem eingeschobenen Worte oder Satze: Komm, lieber Freund, begleite mich. Ja, sagte er, das thue ich. 2. Vor einer Apposition mit ihrem Casu: die Nacht, des Todes Freund. 3. In copulativen, circumscriptiven, kurzen restrictiven, proportionalen und partitiven Sätzen. In allen Sätzen, deren Glieder von keiner beträchtlichen Länge sind, wo folglich das bloße Comma schon Unterschied genug gewähret. 4. Vor allen relativen: Den Apfel, welchen ich fand. 5. Zwischen mehrern kurzen Subjecten oder Prädicaten, und zwischen allen Bestimmungswörtern, wenn sie nicht mit und oder oder verbunden sind: Geld, Waaren, Kleider, Kostbarkeiten, alles gieng zu Grunde. Einzelne mit und und oder verbundene Begriffe bedürfen gar keines Comma, als: Der Apfel sähe gelb und roth aus; er wollte gehen und nachsehen. Wenn

aber ganze Sätze mit und verbunden werden, so müssen Comma gesetzt werden; als: ich habe diese Birnen dem Kinde gegeben, und jene Kirschen gab ich der Mutter. — ich fragte ihn, und er gab mir zur Antwort. u. b. g.

2) Das Colon (:) scheidet 1. den Vordersatz von dem Nachsatze in concessiven, conditionalen, causalen, und zuweilen auch in comparativen Sätzen, besonders, wenn sich der Nachsatz mit so anfängt; doch allemal nur, wenn die Sätze von einer beträchtlichen Länge sind. Sind solche sehr kurz, so ist ein bloßes Comma hinlänglich. Es wird ferner gebraucht 2. wenn man seine oder eines andern Worte unmittelbar anführt, und die Ankündigung vorher gehet. Z. E. Er sagte laut: mich wundert's, daß der sonst so fleißige rc. Er erzählte folgende Geschichte: Als der Churfürst rc. Stehet die Ankündigung nach einem oder einigen Worten, so bekommt sie nur ein Comma: Nein, sagte er, ich will nicht. So oft man ein Beyspiel anführet, oder eine oder mehrere Sachen gleichsam aufzählet: was ich davon sagen kann, ist folgendes: Als der rc.

3) Das Semicolon (;) unterscheidet theils mehrere Glieder eines Satzes, wenn sie von einiger Länge sind, wo folglich das bloße Comma nicht Deutlichkeit genug gewähren könnte; theils auch den Nachsatz von dem Vordersatze in continuativen, adversativen, explanativen, illativen, exclusiven, exceptiven und proportionalen Sätzen; aber immer nur, wenn sie von einiger Länge sind.

4) Das Fragzeichen (?) Dieses wird nur nach unmittelbaren Fragen gesetzt: Wer bist du? Was machst du hier? Ist es keine mittelbare Frage, oder nur Erzählungsweise, so ist das Fragzeichen dabey überflüßig: er fragte mich genau aus, wie mir die Gegend gefiel; sie wollten wissen, worinn die Regierungsform vor der andern Vorzüge hätte.

5) Das Ausrufungszeichen (!) stehet nach allen Interjectionen, wenn sie allein stehen: ach! ah! leider! oh! ꝛc. Dienen Intejectionen aber einem ganzen Satze zur Einleitung, so bekommt der Satz das Ausrufungszeichen, die Interjection hingegen ein bloßes Comma: ach, wie mich das kränkt! oh, du böses Kind! Hat der Ausruf die Gestalt einer Frage, so setzt man lieber das Ausrufungs-Zeichen: Kinder, wie glücklich seyd ihr! Beym bloßen Vocativ ist das Ausrufungs-Zeichen unnöthig, es sey denn, daß die Leidenschaft in einem Redesatze sehr heftig wäre.

6) Den Schlußpunkt (.) braucht man zu Ende eines ganzen Satzes oder einer Periode, d. i. da, wo man in der Rede frischen Athem schöpft. Er scheidet also ganze besondere Sätze und Perioden.

7) Das Theilungszeichen (=) wird gebraucht, ein Wort abzutheilen, wenn solches im Schreiben und Drucken nicht noch ganz in die Zeile zu bringen, oder in langen zusammengesetzten Wörtern, als: Reichs=Ober=Friedensrichter,

oder der Abtheilungskunst. 83

General=Kriegs=Commiſſarius. Denn wenn man dergleichen lange Subſtantiva compoſita als ein einziges Wort zuſammen zieht, und ſolche nicht vermittelſt des von den Schriftſetzern ſogenannten Diviſes, welches diesfalls das Bindezeichen genennt wird, von einander trennet, und dadurch den Begriff nicht deutlicher darſtellt, macht man das Leſen manchen unverſtändlicher. — Wer würde ſehr lange Compoſita in ein einziges Wort zuſammengezogen ſchreiben, als: Generalkriegsproviantcommiſſarius und dergleichen, wie würde dies ausſehen, und wie beſchwerlich zu leſen ſeyn? Kürzere bekannte Compoſita aber, als: Hofrath, Kriegsrath, Landeshauptmann u. ſ. f. können füglicher als ein einziges Wort gedruckt werden, weil ſolche unter dieſer Geſtalt heut zu Tage allgemein bekannt ſind.

8) Das Einſchließungszeichen, oder die Parentheſe ( ), oder Klammer [ ], iſt das Zeichen einer abgebrochenen Rede, oder ſcheidet eine eingeſchloſſene kurze Periode von den übrigen Worten eines ganzen Satzes. Der Gedankenſtrich — wird in ſolchen Fällen auch manchmal ſtatt der Parentheſen gebraucht. Oefter aber ſteht der Gedankenſtrich da, wo der Leſer über dieſen oder jenen wichtigen Satz in der Periode etwas nachdenken ſoll. Auch wird ein ſolcher Strich öfters ſtatt des Wortes bis gebraucht. Man druckt z. B. von 148 — 160. 17 — 18, welches zu leſen: von 148 bis 160. von 17 bis 18. u. ſ. w.

9) Das Anführungszeichen „ wird gebraucht, wenn Worte eines Andern angeführt werden. Man setzt dieses Zeichen entweder bloß zum Anfange oder zu Ende einer jeden aus einem andern Buche angeführten Stelle, oder auch nächstdem noch beym Anfang vorn an einer jeden Zeile derselben. Sagt indessen ein Schriftsteller ausdrücklich, daß er dies oder jenes auszugsweise aus einer andern Schrift genommen, so brauchen die Anführungszeichen dabey eben nicht mit gesetzt zu werden.

10) Der Apostroph (') ist hauptsächlich nach weichen Consonanten nöthig, wenn sie nach dem weggeworfenen e hart lauten sollten: er ras't, prüf't, verwes't. Man braucht den Apostroph auch vor dem es, als: er hat's gesagt, kränkte dich's nicht? Diese Wegwerfung ist aber nur Dichtern erlaubt. In ungebundener Rede Apostrophen zu schreiben, oder das e allemal wegzulassen, wenn sich das folgende Wort mit einem Vocal anfängt, ist fehlerhaft. Da auch die vertrauliche Sprache des Umganges das e sehr oft wegwirft, so ist der Apostroph überflüßig, als: hab ich dir das erklärt? Viele stehen in den Gedanken, das die teutsche Sprache den Hiatus hasse, und zwey in zwey Wörtern zusammenkommende Hülfslaute fliehe, und daß daher der erste allemal weggeworfen und durch den Apostroph bezeichnet werden müsse, und schreiben öfter: klein' Aussichten; sieh' ihn, statt: kleine

Aussichten; siehe ihn. Dies ist im Teutschen eine bloße unnütze Neuerung.

Anfängern im Setzen, die in der teutschen Sprachkunst gründlich werden wollen, rathe ich, sich die Werke des Hrn. Bibliothekar Adelungs über die teutsche Sprache und Orthographie, als auch die von dem gelehrten Litterator, Hrn. M. Hofmann zu Leipzig, herausgegebene verbesserte Gottschedsche teutsche Sprachlehre anzurathen; und bey leeren Stunden fleißig in denselben zu lesen, und darüber weiter nachzudenken; und sich in dieser einem Setzer so nöthigen, nützlichen und unentbehrlichen Wissenschaft immer mehr zu vervollkommnen.

Je fleißiger ein Setzer-Lehrling, bey müßigen Stunden, gute, richtig geschriebene und gedruckte Bücher lieset, nützliche Wissenschaften und Kenntnisse sammlet, je leichter wird ihm das Setzen werden, und wenn er aufmerksam setzt, je mehrere nützliche Begriffe und Kenntnisse wird er sich dabey sammeln, und dadurch gute Früchte für sein zukünftiges Leben einärndten können. — Einem Setzer ist besonders nützlich, sich, wenn er Gelegenheit dazu hat, um mancherley Sprachkenntnisse zu bewerben, damit er bey schlecht geschriebenen Handschriften beym Setzen sich eher zu rechte weisen und fleißiger fort arbeiten kann —

Auch einem Druckerlehrling kann es viel nützen, wenn er sich wissenschaftliche Kenntnisse, die auf sein Fach Einfluß haben, zeitig zu erwerben sucht. Besonders können ihm mathematische Kenntnisse bey seinen Arbeiten Nutzen bringen. Er wird sich dadurch sehr leicht in den Preßbau finden, und sich beym Zurichten allezeit besser und geschwinder helfen können, als ein anderer, welcher von solchen wissenschaftlichen Kenntnissen oder von Mathematik gar nichts weis, und alles nur so maschinenmäßig nachäfft und aufs Gerathewohl unternimmt. — Ein Drucker aber, der Kenntnisse besitzt und nachdenken gelernet hat, wird beym Arbeiten nicht so viel Zeit beym Zurichten versudeln, als mancher andere nachäffende Stümper, und einsehen, daß die Spitze des Zapfens in seiner Presse sein Hauptzentrum ist, nach dem er Tiegel, Deckel und alles andere dazu Gehörige regelmäßig einrichten muß, wenn er einen gut gedruckten Bogen hervorbringen will. —

Rede
bey der Aufnahme
eines
Neuen Mitgliedes
in die
Buchdrucker-Gesellschaft.

Rede des Depositors:

Hochgeschätzte Anwesende,
Wertheste Freunde!

Wir sind hier versammelt, ein neues Mitglied unter uns aufzunehmen; und was kann einer Gesellschaft wohl angenehmer seyn, als zu sehen, daß ihre Zahl sich auf eine zufriedene Art vermehret, ihre Dauer erhalten, und dadurch ihrem Untergange vorgebeuget wird? So angenehm aber auch dieses einer jeden Gesellschaft ist, sie sey gleich für die Welt mehr oder weniger nothwendig: um so viel erfreulicher muß es für eine solche seyn, deren sehr große Nützlichkeit und Annehmlichkeit allgemein bekannt ist; und die sich bey allen wahren Gelehrten und allen vernünftigen Menschen Liebe und Achtung erworben hat. Ich glaube, daß wir, und die Kunst, welche wir ausüben, uns dieses Glücks für vielen andern rühmen können, und unsere Freude über die Vermehrung unserer Geſellſchaft muß daher deſto lebhafter ſeyn, da ſie zugleich allemal ein neuer Beweis von der Hochachtung gegen die Buchdruckerkunſt iſt. Laſſen ſie uns daher dieſes Vergnügen nicht länger aufſchieben, ſondern denjenigen Freund näher zu uns heran treten, welcher eine Verbindung mit uns und unſerer Kunſt, oder in unſere Geſellſchaft aufgenommen zu werden wünſchet.

(Nun übergiebt des Depoſitors Gehülfe den Aufzunehmenden dem Depoſitor)

Hier iſt die Perſon, um deren Aufnahme willen wir jetzt zuſammen gekommen ſind. Da er bereits verſchiedene Jahre durch unſere Kunſt ſich bekannt gemacht, und Eifer bezeigt hat, unter gehöriger Anführung, die Kenntniſſe zu erlangen, welche zu einer nützlichen Ausübung derſelben, bey einer verſchiedenen Anwendung nöthig iſt; ſo zweifle ich nicht, daß er die Eigenſchaften beſitzet, welche erfordert werden, ein würdiges Glied unſerer Geſellſchaft zu ſeyn. Nehmen Sie ſolchen daher von mir an, geben Sie ihm von dem Urſprunge der Buchdruckerkunſt und ihrer Beſtimmung eine genügliche Nachricht, und laſſen Sie ihn von Wichtigkeit und dem Werthe der Buchdruckerkunſt, und von der nöthigen Vorſichtigkeit bey ſeinem künftigen Stande, gehörig unterrichten: damit er die Pflichten kennen lerne, die er zu beobachten hat, wenn er der Welt Nutzen, unſerer Kunſt Ehre, und bey uns ſelbſt ein zufriedenes Andenken dieſer ſeiner Aufnahme befördern will.

Der Depositor:

Sie sind es also, junger Freund, welcher eine nähere Vereinigung mit uns verlanget, und der sich der Kunst, Bücher zu drucken, nunmehro völlig und allein für künftig widmen will?

Hier sagt der Aufzunehmende: Ja!

Sie müssen uns sehr willkommen seyn, da wir sehen, daß die Liebe zu dieser Kunst durch eine Reihe von Jahren, die sie in deren Erlernung aufgewendet haben, bey Ihnen sich erhalten, daß auch die damit verbunden gewesene Dienstbarkeit sie Ihnen nicht zuwider gemacht hat, und da Sie durch Ihr Verlangen an uns zu erkennen geben, daß Sie Sich solcher für ihre Lebenszeit widmen wollen. Ehe ich aber Ihre Wünsche noch erfülle, muß ich Ihnen nicht nur die Vorzüge unserer Kunst, sondern auch die alten Gebräuche bey der Aufnahme ihrer neuen Glieder, näher bekannt machen:

Die Kunst der Buchdruckerey hat von ihrem ersten Anfange an das Glück gehabt, von jederman für nützlich und edel gehalten zu werden. Die glücklichen Zeiten, in welchen sie erfunden ward, nannten sie eine Tochter und ein Geschenk des Himmels und eine Gabe des Höchsten. Finsterniß des Verstandes herrschte damals noch in den weiten Grenzen von Teutschland, als ein glücklicher und edler Guttenberg, ein Teutscher, tausend Beschwerlichkeiten überstieg, und seinem Vaterlande die Werkzeuge gab, wodurch es nicht nur die

Quellen der Weisheit an sich ziehen, sondern solche auch, in einem großen Strom verwandelt, über ganz Europa ergießen konnte; und wir sind noch jetzt die glücklichen Werkmeister, in deren Händen diese Werkzeuge solche Wunder verrichten.

So klein, bis auf die Zeit der Erfindung der Buchdruckerkunst, die Zahl der Gelehrten war: so sehr und so schnell wuchs nunmehr ihre Anzahl zu einer großen Menge an; und die Wirkungen unserer Kunst sind auch noch itzt eben so glücklich, und haben keine Veränderung erlitten. Anstatt eines langweiligen und veränderlichen mündlichen Unterrichtes in den Wissenschaften, und anstatt einer mühseligen Fortpflanzung derselben durch fehlerhafte und sich unähnliche Abschriften, theilet unsere Kunst durch viele tausend sich überall gleiche Copien die Wissenschaften allen Ständen mit fruchtbaren Händen aus. Sie dienet der Religion und dem Staate, dem Fürsten und dem Bürger, dem Wohlstande, dem Vergnügen und der Gesundheit mit einerley Willfährigkeit, und mit einerley Stücke. Was ist es demnach Wunder, wenn sie auch von allen Ständen der Welt, und von allen Arten der Menschen geliebet und hochgeschätzet wird, und ihre Verwandten den Gelehrten an die Seite gesetzet werden, welchen sie so glückliche und nützliche Dienste leisten?

Die Rauhigkeit der Sitten ist allemal ein Kennzeichen der Völker, welchen Künste und Wissenschaften unbekannt sind, so wie im Gegentheil die Wissenschaften, jene gar bald in sanftere und empfindsamere Menschen zu verwandeln wissen. Es war daher auch die erste Bemühung der in Teutschland eingezogenen Wissenschaften, durch eine gute Sittenlehre die Menschen geselliger, sittsamer und tugendhafter zu machen. Aber bey einem Volke, das zum Nachdenken noch nicht gewöhnt war, wäre es vergebens gewesen, durch trockene Lehren diese Wirkung bald hervor bringen zu wollen. Man ersann deswegen Bilder, unter deren Gestalt man die Laster sinnlich und begreiflich und dabey zugleich die guten Sitten bekannt machte, anpries, und ins Gedächtniß brachte. Die eben angelegten Schulen der Gelehrsamkeit fiengen diese sinnliche Unterweisung bey ihren Schülern zuerst an, und erfanden die Deposition, oder die sinnliche Vorstellung der Ablegung der Unarten, der Wildheit und der unmäßigen Begierden, bey Eintretung in die höhern Schulen der Weisheit, in die Gemeinschaft der klugen und für die Welt nützlicher gewordenen Menschen. Von ihnen ist die Anwendung dieser Gebräuche auch zu uns Buchdruckern, die wir am nächsten mit ihnen verwandt sind, gekommen; und so, wie die Gelehrten diese Anmahnung zur Tugend bey ihren neu angehenden Studenten, nach zurückgelegten niedern Schuljahren, anwendeten: so thaten wir solches bey der Aufnahme neuer Mitglieder in die Buchdrucker-Gesellschaft, nach ihren zurückgelegten Lehrjahren.

Sehen Sie, junger Freund! dies waren die Bilder, wodurch unsere Vorfahren die Laster vorstellten, zu welchen die Jugend, bey erlangter

Freyheit, am meisten geneigt ist, vor welche sie sich
aber eben desto mehr zu hüten hat. Ein Hut voller wunderlicher Zierrathen, auf welchem vorn ein
paar Bockshörner, und hinten ein Fuchsschwanz
mit Schellen angefügt worden, auf dem Kopfe
des Jünglings; eine Pritsche und ein Beil aber
in den Händen des Beamten, bey der Aufnahme
desselben. Der Hut ist das Bild der Freyheit,
und auf demselben ruhen alle die Laster, zu welchen dieselbe leidet, wenn sie ungebunden und wild
ist. Der bunte und wunderliche Putz, und die
sonderbaren Zierrathen an demselben, bilden
den Stolz und den Hochmuth ab, welchen ein
junger Mensch verräth, der sich auf seine Gestalt,
Bildung, Kräfte und Muth etwas einbildet. Die
Bockshörner deuten auf die Lüste, die Geilheit
und alle die Begierden, welche dem Alter und den
Jahren des Jünglings von Natur mehr anzuhängen pflegen. Der Fuchsschwanz zeiget die List
an, welche derselbe anwendet, seine Begierden zu
stillen, und allerley Gestalten anzunehmen, solche
zu verbergen. Die Schellen hingegen sind das
Bild der Thorheit und der unverschämten Ruhmsucht, mit welcher das durch öftere Wiederholungen gestärkte Laster seine eigene Schande ausbreitet, und sich derselben rühmet.

Nach diesen bis zu uns gekommenen Gebräuchen, mußten nun die aufzunehmenden jungen
Leute, zur sinnlichen Erinnerung der darunter verborgenen Lehren, diesen Hut, als das Zeichen der
jugendlichen Unarten, tragen; sie mußten die Züch-

in die Buchdrucker-Gesellschaft.

tigungen der rauschenden Pritsche deswegen empfinden; das Beil warf endlich durch die Hand des Depositors diesen Hut von ihrem Kopfe herab, um ihnen dadurch zu verstehen zu geben daß, so, wie durch dieses Herabwerfen sie von dem Sinnbilde der Laster befreyt worden: sie auch eben so völlig von den Lastern selbst sich los machen sollten. Zuletzt wurden sie mit einem Backenstreiche, der bisherigen Unterwürfigkeit, zu welchen die Lehrlinge und Ausgelernten angewiesen sind, entlediget, in Freyheit gesetzt, und dadurch nun künftighin sich selbst und ihrer eigenen Leitung überlassen.

Wir glauben, daß wir dieser sinnlichen Anmahnung zur Tugend nunmehr überhoben seyn können, und wir unterlassen sie mit desto größerer Sicherheit, je mehr wir überzeugt sind, daß unsere Zeiten vor jenen rauheren unwissendern, einen großen Vorzug erlangt haben, und jetzt durch Lehren und Beyspiele der Scheideweg zwischen Tugend und Laster jedermann zeitig bekannt gemacht wird.

Ich will deswegen Ihre Aufnahme in unsere Gesellschaft nicht länger aufhalten, sondern denenjenigen Platz machen, welchen man, dieselbe zu verrichten, besonders aufzutragen beliebet hat.

Treten Sie, Herr Lehrmeister, deswegen näher heran, machen Sie, durch ihren Unterricht und Ermahnung, diesen jungen Freund, den ich Ihnen hiermit übergebe, zu seinen künftigen Ehrenstande geschickter, und vollenden Sie zuletzt, in Gegenwart der hierzu besonders erbetenen

Zeugen, diese ehrenvolle Handlung, welche zu unserer heutigen Versammlung die Gelegenheit gegeben hat.

(Der Depositor tritt ab, der Lehrmeister sammt den Zeugen treten hervor.)

Rede des Lehrmeisters:
Werthester Freund!

Ich nehme mit vielem Vergnügen den Auftrag an, welchen mir gegenwärtige Glieder unserer Kunst gethan haben. Die Ursachen der Hochachtung und die Vorzüge der Buchdruckerkunst, nicht weniger die bisher gewöhnlichen Gebräuche bey der Aufnahme neuer Mitglieder, sind Ihnen bereits bekannt gemacht und erklärt worden. Ich will Ihnen deswegen nur noch die besondern Pflichten zu Gemüthe führen, zu welchen Sie Ihr neuer Stand, den Sie heute antreten, vor andern und hauptsächlich verbindet.

Vor allen Dingen lassen Sie Sich die Liebe und Hochschätzung Ihrer erlernten Kunst auf das Beste empfohlen seyn. Sie, mein Freund! sind dieses derselben nicht allein schuldig, sondern Ihr eigener Nutzen verbindet Sie dazu. Niemals hat ein fleißiger und aufmerksamer Gärtner sein Land ohne Vortheil bearbeitet, sondern eine reiche Ausbeute ist allemal die Belohnung seines Fleißes gewesen. Glauben Sie auch nicht, daß mit dem Ende der sogenannten Lehrjahre alle Geheimnisse der Kunst entdeckt und erlernet sind. Diese Jahre eröffnen nur den Weg, zu denselben zu gelangen. Widmen Sie Sich daher ihrer Kunst ganz, und bemühen

Sie Sich, in derselben immer vollkommener zu werden, und durch neue Entdeckungen die Kunst zu verschönern und zu bereichern. Sie scheint zwar zu einer großen Vollkommenheit gestiegen zu seyn: aber wer kann ihre wahren Grenzen bestimmen, und wer kennt die Höhe, zu welcher sie noch zu steigen fähig ist? — Es sind über dreyhundert Jahre verflossen, da sie zuerst erschien, und da sie mit einem Glanze erschien, den wir noch jetzt an vielen ihren übriggebliebenen Werken bewundern müssen. Ihr Glanz und ihre Zierde aber verschwand in den nachfolgenden unglücklichen Zeiten, in welchen Krieg und Verwüstung die Künste unterdrückte; und es hat über ein Jahrhundert gekostet, ehe wir diese Zerstöhrung überwunden haben. Wir sind jetzt in den Tagen, da unsere Nachbarn sich bemühen, die Buchdruckerkunst in allen ihren Theilen vollkommener zu machen, und sowohl ihren Nutzen als auch ihre äußerliche Zierde zu vermehren. Aber nur unser Teutschland rühmt sich mit Recht der Erfindung dieser edeln Kunst, als ihres wahren Eigenthums, und wir sind daher für allen andern Völkern verbunden, uns dasselbe zu erhalten. Hier haben Sie also, junger Freund! ein weites Feld zu bearbeiten vor sich; und dies ist die erste Pflicht, die Sie Ihrer erlernten Kunst, Ihrem Vaterlande und Sich selbst schuldig sind. —

Die andere ist eben so wichtig, und betrifft die Ehre Ihrer nun erlernten Kunst. — Sie ist ein Eigenthum des Verstandes; sie hat daher ihren Ursprung, und ihr Dienst ist diesem allein gewidmet. Sie arbeitet zum Nutzen und Vergnügen des Geistes, entreißt alle andere Künste und Wissenschaften dem Untergange; sie unterrichtet in den Grundsätzen der Religion und der Sitten; und sie verewigt edle Handlungen redlicher Männer in allen Ständen. Sie stiftet also sehr viel Gutes; und diese Früchte, welche sie hervor bringt, beweisen den unschätzbaren Werth derselben. Aber sie thut dieses nur in der Hand eines rechtschaffenen Mannes, und in der Hand eines Bösen ist sie eben so fähig, Böses zu stiften. Sie kann eben so leicht die Grundsätze der Religion untergraben als fortpflanzen, eben so leicht gute Sitten verderben als befördern, eben so leicht Schandsäulen als Ehrensäulen setzen. Und daher ist es ein Unglück für dieselbe, wenn die Unwissenheit sie regieret, und eine Schande, wenn sie von der Bosheit gemißbrauchet wird.

Ich empfehle Ihnen, ja ich lege Ihnen diesen guten Gebrauch, diese nützliche und vortrefliche Anwendung unserer Kunst deswegen so nachdrücklich an das Herz, daß, wenn Sie künftig die Vorsehung zu der Führung einer eigenen, oder auch fremden Werkstätte ausersehen haben sollte, Sie Sich dessen desto eher wieder erinnern, und Sie Ihren Dienst nur den Künsten und Wissenschaften, nur der Religion und dem Staate, nur den guten Sitten und der Ehre widmen; dann werden Sie auch desto gewisser den Zweck, nach dem Exempel der berühmtesten, verdientesten und

in die Buchdrucker-Gesellschaft.

redlichsten Männer unsers Ordens, inkünftige sowohl die Ehre der Buchdruckerkunst zu befördern, als auch durch dieselbe Gutes zu stiften, nicht verfehlen. Kurz, vergessen Sie alsdann die Ehre ihrer Pressen nie, so wird es Ihnen auch nie an Gutem für die Kunst, nie an Ehre für Sie selbst fehlen.

Wir alle hoffen dieses, um so viel mehr von Ihnen, da wir nicht zweifeln dürfen, daß Sie von der Wahrheit dessen, was ich gesagt, überzeugt sind, und Sie die Kunst selbst hochschätzen und lieben; und ich will deswegen nicht länger anstehen, die Aufnahme in unsern Orden an Ihnen zu vollziehen. Vorhero aber fodere ich Sie, werthe Freunde, welche die Gewogenheit gehabt haben, sich als besondere Zeugen dieses meines jetzigen vorzunehmenden Geschäftes erwählen zu lassen, auf, mir die Versicherung öffentlich zu geben, daß Sie jederzeit, wenn es von Ihnen verlangt werde, Ihr redliches Zeugniß von der Rechtschaffenheit gegenwärtiger Handlung, gegen jedermann, abzulegen nicht anstehen wollen.

Die Zeugen sagen zusammen, oder einer in aller Namen:

Dieß Zeugniß, werden wir nicht allein mit allem Vergnügen, sondern auch aus Pflicht jederzeit zu geben willig seyn.

(Der Lehrmeister setzt den Kranz auf.)

Ich setze Ihnen demnach das Zeichen Ihrer nun völlig erlangten Freyheit und Ehre auf, und erkläre Sie, im Namen der ganzen hier versammelten Buchdrucker-Gesellschaft, zu einem würdigen Mitglied der Buchdruckerkunst; empfangen Sie zugleich einen Denkspruch, dabey Sie Sich dieser Aufnahme allezeit erinnern mögen.

Der Denkspruch wird gegeben.

Wir wünschen Ihnen alle zu Ihrem neuen Stande Glück; seyn Sie künftig ein nützliches Glied der menschlichen Gesellschaft, williger und glücklicher Diener und Beförderer der Wissenschaften, eine Zierde unserer Kunst, die Freude redlicher Kunstverwandten, und so unser aufrichtiger Freund als wir der Ihrige sind.

Der neue Geselle sagt dann:

Hochgeehrteste Herren!

Ich danke Ihnen allerseits für die gefällige Aufnahme in Ihre geehrte Gesellschaft, und Ihnen besonders, die Sie eine persönliche Bemühung bey dieser Erfüllung meiner Wünsche, gehabt haben. Ich werde mich bemühen, durch mein künftiges Betragen zu beweisen, daß die guten Lehren und Anweisungen, welche Sie mir dabey gegeben, Wurzel gefaßt, und Sie daher nichts anders von mir zu erwarten haben, als was zur Beförderung und zur Ehre der Buchdruckerkunst, und der Gesellschaft, unter welchen ich aufgenommen zu werden, heute das Glück und die Ehre gehabt habe, gereichen wird. Ihnen aber, werthgeschätzte und geehrteste Anwesende, bin ich sehr verbunden, daß Sie uns mit Ihrer schätzbaren Gegenwart beehret, und diese Handlung dadurch noch ansehnlicher gemacht haben; ich empfehle mich und unsere Kunst zu Dero beständigem geneigten Wohlwollen.

Von den Gebräuchen, Gewohnheiten
oder der Observanz der Buchdrucker.

Die Buchdrucker haben in den meisten Provinzen Teutschlandes, für ihre bürgerliche Verfassung, selten besonders von dem Landesherrn vorgeschriebene sogenannte Gesetze, deren Befolgung Ihnen oblägen. Sie richten sich in Ansehung ihrer gesellschaftlichen Handlungen und in Abmachung der unter ihnen vorkommenden Streitigkeiten nach einer allgemeinen Observanz oder dem Herkommen, das sie unter sich selbsten privatim freywillig beobachten. Wir wollen hier doch kürzlich das Wesentlichste der Buchdrucker-Observanz, Anfängern zu gefallen, anführen.

Wenn ein Jüngling ein Buchdrucker werden will, so wird er in derjenigen Officin, in welcher er als Setzer oder Drucker lernen soll, gewöhnlicherweise vier Wochen auf die Probe angenommen. Binnen dieser Zeit muß er sich mit allen Verrichtungen oder dem, was er künftig dabey lernen soll, bekannt machen, und bey sich erforschen, ob er dazu fähig ist, und ob ihm diese Kunst gefällt u. s. w. — Ist seine Probezeit vorbey, und er hat wirklich Lust, diese Kunst zu lernen, und ist dazu ernstlich entschlossen, alsdann wird er aufgedungen oder eingeschrieben.

In dieser Absicht versammelt der Herr der Buchdruckerey alle Gesellen in seiner Officin, macht denselben die Bedingungen bekannt, unter welchen der Jüngling zu lernen aufgenommen worden, zeigt an, wie lange er lernen soll, und was überhaupt zwischen ihm und dem neuen Lehrlinge contrahirt worden ist, welcher dann der versammelten Druckerey-Gesellschaft vorgerufen, und dabey nochmals vom Herrn ernstlich gefragt wird, ob er wirklich entschlossen, die Buchdruckerkunst zu lernen, und die Pflichten, welche einem Lehrlinge dabey obliegen, und die ihm erklärt werden, erfüllen, und sich während der Lehrzeit so aufführen will, wie es einem ehrlichen und rechtschaffenen Menschen zusteht ꝛc. Ist nun der Jüngling ernstlich und fest entschlossen zu lernen, so muß er dieses mit Ja beantworten, und alle die Pflichten, die er dabey zu beobachten, genau zu erfüllen versprechen, nachdem ihm solche vorher von dem Herrn oder der versammelten Druckerey-Gesellschaft bekannt gemacht und erkläret worden. Ist nun seine Lehrzeit vorbey, und der Lehrling hat sich ordentlich, ehrlich und pflichtmäßig verhalten, so wird er ebenfalls bey versammelter Druckerey-Gesellschaft losgesprochen. Zum Einschreiben und Lossprechen der Lehrlinge hält jeder Buchdruckerherr ein Buch, in welches dergleichen gesellschaftliche Handlungen eingeschrieben werden, die allemal die Gesellen, welche dabey gewesen, als Zeugen, mit unterschreiben. Nach dem Lossprechen tritt der gewesene Lehrling in einen Stand, den die Buchdrucker den Cornuten-Stand nennen, oder er heißt ein Cornutus, oder auch Cornelius, und ist noch kein sogenannter Geselle. Wenn er eine beliebige Zeit als Cornelius in der Officin gearbeitet hat, alsdann kann er sich als Geselle in die Buchdrucker-Gesellschaft aufnehmen lassen, wenn er die dabey vorfallenden Kosten zu zahlen im Stande ist. Wie bey der Aufnahme eines neuen Mitgliedes in die Buchdrucker-Gesellschaft gewöhnlich hier in Leipzig verfahren wird, ist aus der hier vorgedruckten Postulate oder Reden ꝛc. zu ersehen. Ich habe diese Reden nicht in der Absicht hier mit abdrucken lassen, daß solche andre Drucke-

oder der Observanz der Buchdrucker.

reyen gerade so von Wort zu Wort nachahmen sollten, sondern lasse gern hierbey einem jeden Buchdrucker seine Freyheit, zu thun, was ihm gut oder besser dünkt. Nur will ich damit sagen, daß dies ohngefähr das Wesentlichste ist, was eine solche Depositio Cornuti typographici enthalten soll, welche jedoch, nach Beschaffenheit der Umstände, abgeändert, erweitert und verbessert werden kann. In den ältern Zeiten kam dabey manches Unschickliche und Ungesittete mitunter vor, das sich für freye Künstler, die viel mit Gelehrten umzugehen haben, und mit gelehrten Arbeiten sich beschäfftigen, gar nicht schickt. In den neuern Zeiten aber hat man in vielen Druckereyen angefangen, aus der Deposition oder denen Postulatreden alles Rohe, Plumpe und Ungesittete zu verbannen, und an deren Statt vernünftigere und zweckmäßigere eingeführt. Das Uebrige, was hierbey etwa noch zu erinnern, ist aus dem Inhalte der hier vorgedruckten Postulatreden selbst zu erkennen. Sobald ein Cornelius durch den gewöhnlichen und observanzmäßigen Weg Geselle geworden, oder, wie man zu reden pflegt, postulirt hat, alsdann genießt er alle gesellschaftliche Rechte, Freyheiten und Vortheile der Gesellschaft, und kann allen gesellschaftlichen Handlungen, als: Postuliren, Einschreiben und Lossprechen der Lehrlinge u. s. w. beywohnen, und kann allezeit, wenn er Gelegenheit und Vermögen dazu besitzt, sich eine eigene Officin anschaffen, und Buchdruckerherr werden u. s. w.

Ueber alle Gebräuche, Gewohnheiten und die Grundsätze der ganzen Buchdrucker-Observanz hier ausführlich zu reden, erlaubt der Platz nicht, wird aber in einem andern Bande geschehen, der vielleicht bald erscheinen wird.

Vom Setzen in fremden Sprachen.

Wenn einem Setzer Bücher in fremden Sprachen zu setzen vorkommen, die er nicht versteht, so ist es freylich schwer für ihm, darinn zu arbeiten! Wird eine ihm fremde Sprache mit Buchstaben gedruckt, die ihm bekannt sind, und das Manuscript ist deutlich, rein und accurat geschrieben, so kann er wohl, wenn er aufmerksam und scharfsichtig ist, darinn setzen, ohne viel Fehler zu begehen, und ohne die Sprache zu verstehen. Viele europäische Sprachen werden mit lateinischen Buchstaben gedruckt, als: die französische, englische, spanische, portugiesische, italienische, holländische, ungarische, auch polnische u. a. m. Die böhmischen Slaven, welche in Ungarn wohnen, drucken mit deutschen Lettern, so wie man auch im Königreich Böheim die böhmische Sprache mit deutschen Lettern druckt. Die Letten, die in Livland und Curland wohnen, drucken ihre Sprache mit deutschen Lettern, so wie auch die Schweden und Dänen meistens mit deutschen Lettern drucken. Die Russen haben ihre eigenen oder slavonischen Lettern.

Da dieses Buch keine Universalsprachlehre seyn kann und soll, aus welcher ein jeder eine jede Sprache grammatisch-richtig lesen lernen soll, und ich auch weder ein solcher Philolog seyn kann, der ein solches Unternehmen allein gründlich ausführen könnte, und wozu viele Bogen Platz nicht hinreichen würden; so ist nur nöthig, dem Setzer-Lehrlinge zu sagen, wie er sich helfen soll, wenn er in fremden Sprachen setzen muß, die er nicht versteht. Dabey nun muß er sich vorher entweder vom Autor selbst im Lesen einer ihm unbekannten

Sprache unterrichten laſſen, wenn er bey der Hand iſt, oder muß ſich über eine ſolche Sprache eine gute Grammatik anſchaffen, daraus die Buchſtaben derſelben Sprache kennen lernen, und ſich aus derſelben die nöthigen Kenntniſſe beybringen, die ihm beym Satz derſelben Sprache nützlich und nöthig ſind. Kurz, je mehr ſich ein Lehrling Kenntniſſe von fremden Sprachen beyzubringen ſucht, je beſſer und nützlicher iſt es für ihn. Hingegen mit Erlernung von Sprachen die Zeit zu verſchwenden, die in manchen Gegenden äußerſt ſelten zu ſetzen vorkommen, iſt einem Lehrlinge nicht anzurathen. Beſſer iſt's, wenn er ſich mehr mit neuern oder lebenden Sprachen bekannt macht, als daß er viel Zeit mit Erlernung von todten oder alten Sprachen verdirbt, in welchen mancher Setzer vielleicht in ſeinem Leben keine Seite zu ſetzen bekömmt. Welches die beſten und gründlichſten Grammatiken in dieſer und jener Sprache ſind, kann ein Buchdruckerlehrling leicht bey Gelehrten erfahren, deren er viele kennen zu lernen Gelegenheit hat.

Kurzer Bericht vom Stempelschneiden und Schriftgießen.

Wie der Künstler bey Verfertigung der sogenannten Buchstaben=Stempel zu Werke geht, müssen wir hier, um der Anfänger willen, ebenfalls kürzlich anführen.

Die Buchstaben=Stempel verfertigt er aus gutem reinen Stahl. Der englische und steyrische wird dazu für den besten gehalten. Die Stäbchen, auf welche er den Buchstaben schneidet, sind 2 oder auch 2½ Zoll lang, je nachdem es der Stempelschneider für nützlich und nöthig findet. Die Oberfläche des Stahlstäbchens feilt und schleift er ganz glatt und gleich. Auf dieselbe zeichnet er sich den Buchstaben oder die Figur, die er ausschneiden soll, und arbeitet solchen mit allerhand Feilen und Grabsticheln gut aus. Die in den Buchstaben vorkommenden Tiefungen schlägt er mit gut gehärteten dazu aptirten stählernen sogenannten Contrapunzen in die Oberfläche gehörig ein. Wenn nun der Stempel die richtige und völlige Gestalt des Buchstabens hat, dann wird er gehörig gehärtet, und in kleine Kupferstückchen accurat senkrecht eingeschlagen, welche man hernach Matrizen (matrices) nennt. Diese sind dann gleichsam die Förmchen, aus welchen die Buchstaben im Gieß=Instrumente abgegossen werden. Die Instrumente, welche der Schriftgießer braucht, sind auf der beygedruckten Kupferplatte vorgestellt, die wir hier nach einander anführen wollen.

Das Gieß=Instrument besteht aus zwey Hälften, welche mit Nro. 27 und 28. bezeichnet sind. Und diese Hälften bestehen aus vielen Stücken, welche durch 15 Schrauben zusammen befestigt sind, jedoch so, daß selbige, so oft ein

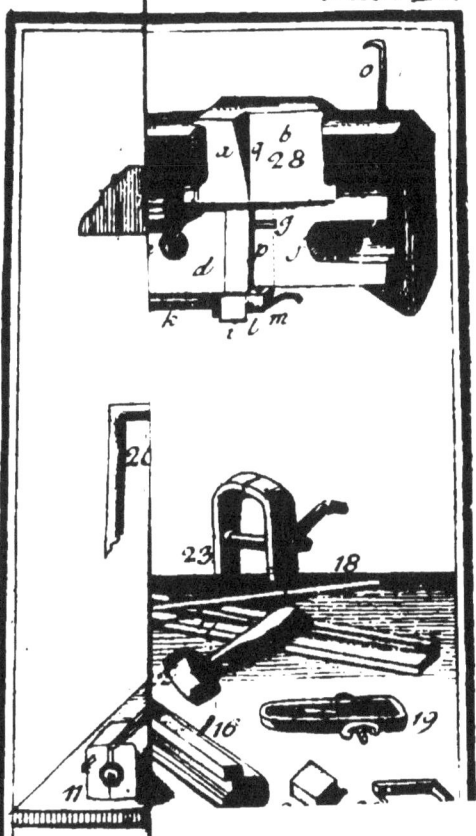

anderer Buchstabe oder eine andere Figur gegossen werden soll, selbiges dazu leicht eingerichtet, verändert oder aptirt werden kann. Wenn ein Buchstabe aus dem Instrumente gegossen werden soll, werden alle zwey Hälften ordentlich zusammen gehalten, und alsdann sieht das Gieß-Instrument so aus, wie bey Nro. 11. zu sehen. In dasselbe wird aber in das Gießloch das fliessende Metall hineingegossen, wodurch dann der Buchstabe gebildet wird. Nachdem dieses geschehen, werden die zwey Hälften des Gieß-Instrumentes wieder von einander genommen, und dann fällt der gegossene Buchstabe heraus, oder wird mit dem am Instrumente befindlichen Haken am Gießzapfen ergriffen, und herausgelangt. Die zwey Hälften des Gieß-Instrumentes, die einander sehr gleich seyn, und gut an einander passend justirt seyn müssen, bestehen aus vielen Theilen, die wir hier nach einander anführen wollen. Nämlich die Güsse a. b. —; die Bodenstücke f. —; die Wände i. —; die Kerne d. —; das Böcklein c. —; der Sattel k. —; der Drath, oder die elastische Feder r. f. — welche an die Mater unten angesetzet wird. Diese Stücken nun machen das eigentliche Gieß-Instrument aus, und sind alle aus Messing sehr accurat verfertigt. Ueber dieselben, oder jede der zwey Hälften des Gieß-Instrumentes ist eine Einfassung von Holz, vermittelst einer Schraube befestigt, weil das Messing gar zu bald heiß wird, und sich dann das Gieß-Instrument nicht lange in der Hand würde halten lassen. Oben an der einen Hälfte des Instrumentes ist ein eiserner Haken in die hölzerne Einfassung eingeschraubt oder befestigt, womit der gegossene Buchstabe nach vollendetem Guß beym Gießzapfen ergriffen, und aus dem Instrumente heraus gehakt wird. Dieses Instrument giebt also dem Buchstaben eigentlich seine wahre richtige Gestalt, und formet ihn dergestalt, daß ein jeder für sich mit seinem eigenen Charakter und allen übrigen eine vollkommen gleiche Proportion habe, damit solche vom Setzer ohne Schwierigkeit zusammengefügt werden können. In der kupfernen Matrize aber, die unten an das Instrument vermittelst eines Bindfädchens angebunden, und im Zusammenschlagen der beyden Hälften desselben gefasset, und worauf der elastische Drath gesetzt ist, der die Matrize unten an dem Instrumente währendem Hineinfließen des Metalls festhält, bekömmt der Buchstabe seine eigentliche Gestalt oder Figur. Die Matrizen werden vorher sehr accurat gleich gemacht, dergestalt, daß der eigentliche Charakter des Stempels oder Buchstabens gleich tief, und eben so höchst accurat in gleicher Distanz des obern Endes, und auch eben so gerade oder genau senkrecht in Kupfer eingesenkt oder eingeschlagen stehe. Diese Arbeit nennt man das Justiren der Matern. Die Kerne im Gieß=Instrumente sind beweglich, und so geformt und beschaffen, daß sie sich nach Belieben, so wohl näher an einander als auch von einander, oder ein= und auswärts treiben lassen. Ist z. E. itzt ein Buchstabe gegossen, und das Instrument zum Guß eines breiten Buchstabens zugerichtet, und dergleichen daraus gegossen worden, als nämlich m, und nun sollen schmälere, als kleine i gegossen werden, so werden die Kerne im Instrumente einwärts getrieben. Sollen hernach wieder a, n, ch u. s. w., oder wieder breitere Buchstaben gegossen werden, so müssen die Kerne auswärts getrieben werden. Durch diese Kerne wird eben der sogenannte Kegel (Siehe Kegel in typogr. Wörterbuche im 2ten Theil, Seite 56.) einer jeden Schrift bestimmt. Denn so lang z. E.

in einer Schriftgattung das lange f, f, h. und dergleichen ist, gerade so hoch muß auch der Kegel aufs wenigste seyn, auf welchen dieselbe Schrift gegossen wird. Daher kommen die Benennungen der **Schriftkegel**, z. E. auf Cicero = Kegel, Mittel = Kegel, Corpus = Kegel u. s. w., deren Namen wir im ersten Theile dieses Handbuchs Seite 172 nach ihrer gewöhnlichen Aufeinander= folge angeführt haben. Diese **Kerne** geben aber auch den zu gießenden Buchstaben seine bestimmte **Höhe**. In Ansehung der Höhe der Buchstaben kann sich eine jede Buchdruckerey eine besondre erwählen, und eine jede ihrer Schriften von derselben gießen lassen. Mehrerley Schrift=Höhen aber in Einer Buchdruckerey einzuführen ist schädlich. Siehe davon Seite 66 f. f. des ersten Theils.

Die groben oder großen Schriften oder Buchstaben werden selten in Stahl und meistens in Messing geschnitten, weil dies leichter ist, und solche seltner zu gießen vorkommen. Es muß aber ein jeder gegossener Buchstabe nachher noch verschiedenemale durch die Hände des Schrift= gießers gehen, und von ihm wohl besehen und berichtiget werden, ehe die ganze Schrift an den Buchdrucker geliefert werden kann. Die Materie, oder Masse, wie es die Buchdrucker und Schrift= gießer nennen, der **Zeug**, wird hauptsächlich aus **Bley**, **Spießglas** (Antimonium) und **Eisen** zusammengesetzt und zusammengeschmol= zen. Nimmt der Schriftgießer zu viel Bley dazu, so werden die Schriften bald stumpf. Der Schriftgießer muß hierin gewissenhaft ver= fahren, und sich dabey keiner wissentlichen Betrü= gerey schuldig machen, und sorgen, daß seine gegossenen Schriften nicht allein schön ausfallen, sondern auch dauerhaft sind, welches ihn gewiß

bey jedem verständigen Buchdrucker, der Kenner
ist, von selbst empfehlen wird. — Von einem
jeden gegossenen Buchstaben muß der Gußzapfen
oder Guß erst abgebrochen werden; alsdann
wird der Buchstabe auf allen Seiten geschliffen,
dann in Menge in Winkelhaken aufgesetzt, das
Rauhe unten am Fuße ausgehobelt, besehen und
untersucht, ob sich nicht etwa untaugliche oder
nicht gut ausgegossene Buchstaben mit darinnen
befinden, die ausgeworfen werden. Alsdann
werden sie in Stücken gesetzt und ausgebunden,
eingepackt und an den Buchdrucker abgeliefert.

Die Werkzeuge der Schriftgießer, die
auf der beygefügten Kupfertafel vorgestellt sind,
wollen wir hier nach einander namentlich anführen: 1. Das Beseheblech. — 2. Das Kreuzmaaß.
3. Ein anderes Beseheblech. 4. Kernmaaß. 5.
Eiserne Zugröhre am Gieß=Ofen. 6. hölzernes
Tischblatt. 7. Gießpfanne. 8. Gießloch. 9.
Gießlöffel. 10. Schnitzer. 11. Das Gieß=Instrument. 12. 13. verschiedene Schmelztiegel.
14. Schleifstein. 15. Bestoßzeug. 16. Hobel.
17. Winkelhaken. 18. Fertigmacheisen. 19.
Handschraubestock. 20. Abzieheklötzchen. 21.
Justorium. 22. Hammer. 23. großer Schraubestock. 24. Keil im Bestoßzeug. 25. Windloch. 26. Winkelmaaß. 27. Eine Hälfte eines
Gieß=Instrumentes von innen. 28. Die
andre Hälfte eines Gieß=Instrumentes von innen.
29. Eine große Kohlenzange. 30. Ein Korb mit
Kohlen. 31. Eine eiserne Kohlenschüppe, und
einige andre bekannte von weniger Bedeutung, die ein Buchdruckerlehrling leicht zu sehen
und kennen zu lernen Gelegenheit haben wird.

Tab. III.

Verzeichniß
von
Wörtern, welche von manchen fehlerhaft geschrieben werden, wie solche, nach den neuesten und besten teutschen Sprachlehrern, richtig gedruckt werden müssen.

A.

Der Aal, ein Fisch. Aar, ein Vogel. Die Ahle, eine Pfrieme. Das Aas. er aß, von essen. Acht, Zahlwort. achtzig. Agat, Edelgestein. Ao, ein Fluß. Adelich. Agtstein, Bernstein. äffen. öffnen, von offen. Amen. Amme. nachahmen. ähnlich. die Achse, die Art. die Aehre an den Feldfrüchten. die Ehre, oder Würde. die ältesten, seniores. die Aeltern. ändern. Veränderung. allhier. allmächtig. die Almosen. allmählig. allesmal. als. also. allbereit. der Altar. das Alter. der Ambos. das Amt. die Anfuhrt. anfänglich. der Anger, die Weide. ahnden. Ahnherr, von Ahnen und Herr. anherkommen. der Anker, am Schiff. ein Anker, ein Weinmaaß. der Apotheker. die Arche, Ka, der arge oder böse Mensch. der Arm. die Ame. der Arme unvermögende. die Armen. die Armee. die Art. der Artikel. der Athem. die Stadt Athen. auf. die Auffahrt. das Auge. die Aue. auch. aus. äußerlich. veräußern. eisern, ferreus.

B.

Dieses muß nicht überflüssig gesetzt werden: man setzt daher: um, Amt, sammt und nicht umb, Ambt, sambt. der Baal, Abgott. das Bad, er badete, er bat, von bitten. das Bath, ein Maß. der Pathe. der Bal, ein Tanz. der

Ball. der Ballast, grober Sand. der Pallast, groß Gebäude. bar, Endsylbe, z. E. dankbar. baar Geld. die Bahre, Todtenbahre. barfuß. das Paar. die Bäche. ein Becher. Pech. das Band. Verbindung. die Bahn. er bahnt. bald, geschwind. das Baltische Meer. Ballet. der Bann, verbannet. Pan, der Hirten-Gott. der Balg. der Balke. bang, anxius. die Bank. Barbe, ein Fisch. der Bart. die Barte, Hellebarte. Base, Muhme. baß, wohl, besser. Baß, Stimme in der Musik. der Paß, paßiren. der Bast am Holze. es passet wohl. sich berden, die Geberden. das Becken. die Böcke. bequem. der Bär. die Beere. entbehren. das Beil. die Beule. beichten, bekennen. sie beugten, von beugen. beräuchern. bereichern. bereitet, bereuet. bereiten, beritten von reiten. bescheren, mit dem Messer oder der Scheere. bescheeren, die Gaben. besäen, mit Samen. besehen, mit Augen. der Besen, die Bösen. bethen. bitten. die Betten. die Beete im Garten. Bete, rothe Rübe. betagt, alt. bedacht, von bedenken. Arbeiten. Erbeuten. betrügen, von Betrug. die Beute. beyde zugleich. bewährt, tüchtig erkannt. bewehrt, mit Waffen. bewegen. erwägen. erwähnen. bezähmen, bändigen. bezäumen, ein Pferd. bezäunen, von Zaun. das Bier. die Gebühr. die Biene, Imme. die Schaubühne. der Bissen. büßen, leiden. bieten. bitten. verbinden. die Binde. billig. bis. bisher. der Biß von beißen. der Bischof, bischöflich. blaß die Blase. blank, helle. die Planke. das Blatt. die Platte. blöken, die Zähne. ein Blinder. Plündern. blöcken, von Block. die Blüthe. das Geblüte. der Bock. die

Pocken. der Boden. das Boot. der Bothe. er bot mir an. die Bohle, ein Bret. die Pohlen, ein Volk. das Pollwerk. bohren, mit dem Bohrer. geboren werden. der Bord des Schiffes. der Port, Hafen. die Borte, am Kleide. er bohrt ein Loch. die Bosheit. boshaftig. der Brach-Acker. er brach. Prag, die Stadt. der Brand. Brandopfer. er brannte. Braten am Feuer. Bret. der Broden oder Dunst. das Brodt. die Brodte. der Beryll, Edelgestein. die Brille. ich brülle. die Brunst. die Brücke. Bricke, ein Fisch. der Brief. die Briefe. ich prüfe. ausbrüten. der Bube. die Puppe. die Bude. die Butte. der Bürger. das Gebirge. ein Bürge. Bürde, Last. der Bund. das Bündniß. bunt, mannigfärbig.

C.

Die Casse. der Cederbaum. die Churwürde. die Cur. curiren.

D.

Da, mehrentheils vor einem consona, z. E. davon, daher, dawider. Dar, vor einem vocali. z. E. daraus, darinnen, schreib also in der Abtheilung, dar-aus, nicht da-raus. das Dach. der Tag. der Takt in der Musik. der Dachs. die Dachsfelle. der Tax, die Taxe. taxiren. mich däuchte, sonst auch dauchte, von dünken. er tauchte, von tauchen. er taugte, von taugen, zu etwas nütze seyn, davon tauglich. das (Articulus) daß (Conjunctio) dauen, verdauen, dauern, eine zeitlang. es thauet auf, (das Eis.) die Datteln. tadeln. der Daum. taumeln. der, (artic.) der Theer. denn (Conj.) den (artic.) denen, denenselben. dehnen, ausdehnen. die Dänen, ein Volk.

fehlerhaft geschrieben werden.

die Demmerung. des (Genitivus Articuli) desfalls, deswegen. der Diebstahl. dick, die Tücke. dichte. ich diene. dünne. die (zu gut) dürre. das Ding. die Dinge. dingen, den Arbeiter. düngen, den Acker. tünchen, die Wand. die Dinte. dünken. dies für dieses. diesfalls. der Donner. die Tonne. das Dorf. der Torf zum brennen. dort, daselbst. verdorrt. der Tort, Verdruß. der Dotter im Ey, ein Todter. dränken. tränken. der Drang. Gedränge. der Trank. Getränke. der Dreck, Koth. treten, ziehen. dreist, kühn. es verdrüßt, sonst: verdreußt mich. der dritte. die Tritte. dräuen oder drohen. dreyen. die Treue. der Draht. er trat. drucken, unterdrücken. drücken, pressen. dulden, die Geduld. dunkel, finster. tunken, eintunken oder eintauchen. durchgängig. Durchlauchtigster.

E.

Edel. Wohledler. ehrbar. ehelich. der Eifer. eigen. Eiche, ein Baum. eilen. die Nachteule. der Eimer. das Eisen schmieden. der Eiter, in der Wunde. Ekel, Abscheu. elend. die Elle. das Oel. empfangen. ich empfing. das Ende. die Ente. entbehren. entwerfen. eräugnen. ergetzen. die Erkenntniß. ärnten, die Aernte. erwägen. erwählen. der Eid. die Eiber. Er (ille) Majestähr. Epha, Kornmaaß der Hebräer. das Erz, die Aerzte. Euter an der Kuh. euer, euere, von euch. Eyer, von Ey.

F.

Das f muß nicht allezeit verdoppelt, sondern einzeln geschrieben werden, z. E. auf, aufopfern, hüpfen, der Brief, Grafen, liefern. Es sey denn, daß der Laut zwiefach sey, oder das Stammwort doppelt ff habe, z. E. schiffen, Hoffnung von hoffen, raffen. fähig. der Fähnbrich. die Fahne. die Fahrt, Wohlfahrt. fallen, hinfällig. Falte, an Kleidern. Falze, eine Runzel. die Pfalz, Landschaft. Farr, ein junger Ochs. Pfarr, Pfarrherr, Prediger. das Fell. der Fehl. Fehler fangen, ich fing Faulheit, von faul, nachläßig, träge. Fehde, Krieg, Streit. Fehlen. die Feilen von Eisen. der Pfeil, den man schießet. es ist feil, zu verkaufen. der Fächer, Luftweher. die Fächer, von Fach. Fäulniß, Fäule. die Feder, der Vetter. die Väter, von Vater. ein fetter Mann. Feyer. Feyertag. das Feuer. das Fest. die Festung. sie fielen. von fallen. fühlen, empfinden. er befiehlet, gebeut. der Finger. der Finke. fing, von fangen. Fittige, soviel als Flügel, die Fläche. die Flagge. pflegen, ich pflegte. Flechsen, Sehnen. Flächsen, von Flachs gemacht. fließen. die Flüsse. der Fluch, von fluchen. der Flug, von fliegen. der Pflug, von pflügen. die Fracht der Fuhrleute. er frage nach, von fragen. freuen. freyen um ein Weib. der Frevel. das Faß. die Fässer. frey, liberus. der Frohndienst. ich fühle. die Pfühle. Viele. die Fülle. das Fuder. das Futter. für, vier, Zahlwort. die Fuhrt, Anfurth. fürbaß. weiter fort.

G.

Geh du. jäh, abschüßig. gähnen, oscitare. die Gans. ganz. gänzlich. gätlich, bequem. göttlich. gäten. gäng und gäbe. gar. gänzlich. das Jahr. gebären. die Geburt. sie gebieret. es gebühret sich. das Gebiete. der Gefährte. das Gefilde. gefrieren. es gefror. das Gehege. Geheiß, Befehl. Gehäuse, von Haus. Geifer, Speichel. gehen, ich ging. Geis, Ziege. Geißel. die Geissel, Pfand, Peitsche. geleert, ausgeleert. gelehrt, der wohl studirt hat. Gelag, Gastmahl. Gelache, Gelächter. das Geld. die Gelte. gellen, klingen. vergällen. das Geläute der Glocken. das Geleite, Begleitung. Geliebte. Gelübde, von geloben. das Gemälde, von malen mit Farben. der Mahler. Gems, eine wilde Ziegenart. gemäß. gemessen. die Gemeine. gerade, gleich aus. gerathen. Geren, Rockzipfel. das Gerüchte, von ruchtbar. das Gefäß. das Gesetz. das Getraide. das Gewand. er ist gewandt. gewahr werden. gewähren. Gewährleistung. das Gewehr. Gewinnst. das Gewissen. bewiesen, von beweisen. gewöhnen. gleißen, schimmern. Gleißnerey, falscher Schein. Glum, oder trübe. Grad, Stufe. das Gras. der Greuel. Kreuel. Gabel. gräßlich. eigentlich, gräuslich. das Grausen. groß. Größe. größer. die Gülden, eine Münze. gib, gibt, von geben. Gilde, Zunft. gültig. das Gitter, Gatter. die Güter, von Gut. der Grieß, steinigter Sand. grüßen, von Gruß. gröber, von grob. Gräber, von Grab. Gunst. die Güte. der Jude oder Jude.

H.

Dieses ist überflüssig in Bluth, Guth, Labsal ꝛc. aber der starke Gebrauch erfordert es in den Worten Noth, Muth ꝛc. die Haabe, Güter. der Haken an der Angel. die Hacke, womit man hacket. der Haber, Zank. Hain, ein Wald. Hähne, von Hahn. die Hälfte. helft von helfen. die Halle, Vorhaus. Heerlinge, saure Weintrauben. die Häuser. heiser, heisch. hangen, ich hing. das Haus. haussen, draussen. die Hefen von Biere. hehlen, verhehlen. die Höfe, von Hof. die Hölle. die Höhle, Grube. hell Wetter. der Hafen. Haber. (Hafer) heute. der Heide. die Häute. Haide, Wald. heilig. das Heil. der Heiland. heilen, gesund machen. heulen, sehr weinen. die Härte, von hart. die Heerde. der Herd. hehr, so viel als schrecklich. das Heer. höher von hoch. her. höre du. ich hieb, von hauen. hilf du. die Hilfe. der Hirte. die Hürde. hohl, inwendig leer. holen, bringen. Hühner. die Hütten. die Hüte. Hut. Hoffnung, von hoffen.

J.

Jachzornig, Jähzorn. jene, jener. der Jenner, Januarius. der Gönner, Patron. die Jagd. er jagt. jemals. jetzo. Ihm, ihn, pronom. im und in. irdisch. Ihre. der Irrthum, ich irre.

K.

Das k braucht man nach einem consona. z. E. der Balke, der Anker, die Stärke. Das ck nach einem vocali, z. E. wacker, der Stecken, schicken, locken, schmücken, die Kammer,

fehlerhaft geschrieben werden.

Schlafgemach. der Kaiser. kehren. köre n.
erkoren. die Chöre, von Chor. der Keil. die
Keule. der Keller. der Köler, von Kolen.
kennen, ich kannte. können, ich konnte. der
Kiehn, Holz. das Kinn. kühn, verwegen. der
Kiel, womit man schreibet. kühl, etwas kalt.
Kies, Sand. kindlich. kündlich, bekannt.
die Kiste, der Kasten. die Küste, Seeküste.
Seeufer. er küßte, für küssete. der Küster,
Glöckner. die Kirsche. der Kürschner. klein.
die Kleye. der Klee. der Kloß. kneipen. der
Knabe. knapp. der Knappe, Mühlknappe.
der Kohl, Kraut. die Kole. der Koth. die
Krähe. krähen. krächzen. Kreide. Kräu-
ter. die Krüge. kriechen. kriegen, Krieg
führen. Kunst.

L.

Lachen, sie lagen. die Lache, Sumpf.
die Lage, von legen. lahm. das Lamm. Lake,
Heringslake. laß, träge. er ließ, von lassen.
sie lassen. läuten, mit der Glocke. leiten,
an der Hand. leiden, ich litte. die Leute.
läutern, klären, erklären. die Leyen, gemeine
Christen, so nicht Priester. leihen, verborgen.
der Löwe, ein Thier. der Lauch, ein Gewächs.
die Lauge, zu waschen. Laib Brodts, ein ganzes
Brodt. der Leib, Körper. Leute, Menschen.
Leid, Ungemach. leider. adv. die Leiter.
die Laube, Sommerlaube, oder Laube. ledern.
leicht, nicht schwer. leichter. der Leuchter.
leihen. leicht. erleichtern. die Leuchte,
Laterne. das Licht. er liegt. leeren, ledig machen. lehren, unterrichten. der Leimen, besser
Lehm. verleumden, Leumund machen, in der
Leute Mund bringen. die Leinwand. lecken, mit

der Zunge. lecken, springen (löcken) die Lenden am Leibe. länden, anländen. lesen. lösen. auflösen. leise, sachte. Läuse von Laus. löschen, leugnen. liegen, auf der Erde. lügen. mentiri. die Lüge, mendacium. Lügner. Iß du. er ließ, von lassen. die List. listig. die Lüste, wohllüstig. los, die losen Leute. gottlos, schablos. das Loos. loslassen.

M.

Das Mahl, Mahlzchen. mal, Zahlwort, einmal. dermaleins rc. das Mahl, Abendmahl, Mahlzeit. malen, der Maler. mahlen in der Mühle. die Magd, die Macht, Stärke. er macht. machen. mählig. der Magen. die Mandel, XV. die Mandeln im Halse. der Mantel. der Markt, das Mark. die (der) Marder, ein Thier. die Marter, Pein. mehr, noch mehr. die Mähre, Stute. Mährchen, Fabel, Histörchen. die Möhre, gelbe Rübe. das Maul. ein Maulesel. das Meer. das Maß. die Masse. mäßig. die Messe. mancher, mannigmal. die Mäuse, Ungeziefer. die Meise, ein Vogel. Meißel, das Tischler-Instrument. das Mehl, das Gemälde. mein, mein Buch. meynen. die Meynung. Mehlthau. miethen. die Mitte, in der Mitte. gemieden, von meiden. müde, ermüdet. das Gemüth. die Mutter. miß, z. E. der Mißverstand, der Mißbrauch. missen, vermissen. müssen. der Mohn, Gewächs. das Moos. der Most. mögen, ich möchte, ich habe vermocht, möglich. der Monat, der Mond. das Muß. Gemüse. er muß. die Muße, Ruhe.

fehlerhaft geschrieben werden.

N.

Der Name, er nahm. die Nähe, ich nahe. die Nacht, er nagt, von nagen. der Nächste. die Naht. die Nässe. die Nase. Neffe, Enkel. nein. neun, der Neunte. ich verneinte. die Nessel, Kraut. das Nößel. die Noth. die Note.

O.

Obwol. der Odem, auch Athem. Oede, wüste. Eden, wo das Paradies gewesen. der Ofen. offen. öffnen. das Oel. der Orden, an allen Orten.

P.

Packen, ein Paquet. backen, Brodt. das Papier. das Paradies. der Parder, Pantherthier. der Parther, aus Parthien (gebürtig). die Pein. das Bein. der Pfahl. fahl, die Farbe. das Pfand. pfänden. ich fand, von finden. Elephant. pfeifen. der Pfennig. das Pferd. die Pfrieme. der Gefährte. die Pforte. fort. pochen, trotzen. der Pfuhl. prahlen, prallen. der Preiß. Preis, Ruhm. preißen. Preussen, Königreich. der Prügel.

Q.

Die Quaal. es quoll. die Quelle. quälen. die Handquehle. die Quittung.

R.

Der Rahm auf der Milch. der Rahmen am Fenster. berahmen, anberaumen, d. i.

bestimmen. das Rad. der Rath, davon Räthsel. raunen, heimlich reden. räthlich. ruhmräthig. redlich. röthlich. die Ränke, Betrug. ich renke, verrenke. der Raub. die Raupe. räumen, ausräumen. Reimen, Reime machen, ungereimt. der Räuber. von rauben. der Reiber, von reiben. räudig. rechnen. regnen. das Recht. er regt. ich recke, reiche her. die Röcke, von Rock. die Rede. Röthe. Röthelstein. der Reiher, ein Vogel. die Reihe, Ordnung. die Reue. rein. der Rheinstrom. der Kaiserrain. reiten, der Reuter. (Reuterey) ausreiten, ausrotten. reisen. zerreißen. die Reußen, Russen. die Ribbe. das Gerippe. die Rüben. rügen, ruchtbar machen. der Riehmen, sich rühmen. der Riese. ich risse. die Rinde. die Ründe. Rundung. das Rieß, Rieß Papier. der Riß. das Roß. die Rose. Rothe Farbe. die Rotte. er ruht, von ruhen. die Ruthe.

S.

Muß nicht verdoppelt werden, wo es nicht der Laut oder das Stammwort, welches man oft aus dem Genitivo erkennen kann, erfordert, z. E. reisen, Nüsse, niesen, die grossen, groß, die losen, los. der Saal, die Sale. der Saame. die Saat. satt. sachte, langsam. die Sache. ich sage, er sagte. säen. die Seen, von See. sehen. er siehet. die Saite, Saitenspiel. die Seite, rechte oder linke. die Seide. der Säufser. die Seife. säugen, tränken. seigen, etwas durchseigen. die Seuche, Krankheit. sammlen. insgesammt. Sangen, gesengte Kornähren. die Schaar, ein Haufen. die Pflugschaar. ich scharre. schaffen. der Schaffner. das

fehlerhaft geschrieben werden.

Schaaf. schal Bier. die Schale. der Schall. schälen. scheelsichtig. schielsichtig. sich schämen. scheeren. bescheren. Scheermesser, er schlägt. schlecht. die Schlacht. ihr schlagt. schäckicht. der Schedel. der Schein. die Scheune. scharf. die Schärfe. der Scherf, eine Münze. scheuchen, Scheu machen. scheußlich, davor man Scheu hat. schief, das Schiff. der Schild. er schilt. die Schleife, ein Schlitten. die Schleuse, ein Knoten. ich schliesse zu. die Schlüsse, von Schluß. der Schlüssel. der Schleim. der Schlämmer. der Schleyer. die Schleuder. schleifen. schlüpfrig. schmal. das Schmeer. schmecken. der Schmid. schmieden. die Schmiede, des Schmiedes Werkstatt. schneiden. geschnitten. Beschnittener. schnitzen. Schnitter. schnäuzen. Schnur. des Sohns Frau. der Schöpfer. Schöppe, Scabinus. der Schooß, gremium. der Schoß, tributum. Schösser. Schranken, eingeschränkte Laufbahn. schrecken. erschrecklich. schroten. Schrot. das Schwere. der Schwär oder Geschwür. schwer. die Schwermuth. schwatzen. die Schwämme, von Schwamm. schwören, einen Eid ablegen. schwärmen. der Segen. die Segel. der Seckel. sich sehnen. die Sennader, Senne. die Söhne von Sohn. sella. die Seligkeit. senden. ich sandte. das Seil. die Säule. sein, pron. seyn, verb. sich, se. siech. krank. Siegen. der Sieg. sieden, gesotten. Sipschaft, Verwandtschaft. Süden, gegen Mittag. die Sitten. ich soll, er soll, ich sollte. ich spreche, praes. ich spräche, imp. sprich du. die Sprüche. spielen, die Kinder spielen. spühlen, ein Glas ausspühlen.

spritzen. spüren. ich springe. Sprünge.
der Staar, im Auge. starr, steif. der Stab.
der Staat. die Stadt, die Städte. anstatt,
die Stätte. der Stahl. er stahl. der Stall,
die Ställe. die Stelle, der Ort. stäupen. der
Staub. stehlen, Diebstahl begehen. verstäh-
len, von Stahl. stets, stetig, es steht. stecken.
einstecken. der Stiel. die Stähle. stille,
ruhig. er stiehlet, von stehlen. er stillet. be-
ruhiget. stöcken und pflöcken. der Strahl,
strenge. die Stränge, Stricke, womit man
bindet. der Streich, Schlag. die Sträucher,
von Strauch. der Strohm. der Stuhl der
Streit. er streut, von streuen.

T.

Tannenholz. die Tenne, zum dreschen.
täuschen. die Teutschen. Tartschen. große
Schilde. der Teich, für die Fische. der Teig,
zum backen. der Theil, theilen. theuer.
Tacht. Tocht. der Takt. das Thier. die
Thüre. der Thon, thönern. der Ton, tö-
nen. tüchtig. dichten. der Tod. der todte.
die Tracht, Kleidung. träge. faul. die Tröge,
von Trog. trennen von einander. die Thränen. träufeln. trefflich, von treffen. treten.
der Tritt. der Trieb, die Triebe. trübe,
nicht helle. betrügen, betrüglich. tummeln.

V. U.

Verbrannt. verdollmetschen, in eine
bekannte Sprache auslegen. verhehlen. ver-
heeren, verwüsten. verhören, vernehmen.
vermählen. Ehegemahl die Verse, Ge-
dichte. die Ferse, am Fuße. vielleicht. völlig.
fällig. gefällig. der Vorwand. verwandt.

fehlerhaft geschrieben werden. 123

Das Ufer. die Uhr. ur, der Urheber, der Urlaub. der Vierte, ich führete. um, z. E. umgeben, darum. umbringen, umgeben. unbändig. der Unflat. unflätig. unter, untergeben.

W.

Die Waage. abwägen. der Wagen. die Wache. etwas wagen. gewagt. wegen. erwägen. die Waare. wahr. die Wahrheit. wahrlich. er war. die Wahl. der Wall. die Wälle. wallen, wandeln. Wandel. ohne Wandel. ohne Fehl. wandelbar. wälzen. der Werth. wärts, z. E. Abendwärts. währen, dauren. sie wären, essent. wehren, verhindern. weben, sich regen. wählen. die Wellen. weiden, Weidwerk. die Weide. die Weite. Waid, zum färben. weihen, entweihen. Weihnachten. die Waise. der weise Mann. die Weisheit. die Weise, Art. die Weiße, weiße Farbe. ich weis. von wissen. der Weihrauch. weiland. wölkigt. verwelken. wen, pron. interrogat. wenn, adverb. wenden, ich wandte. die Wände. der Werder. Friedrichswerder. der Wärter. Wärterin. das Werk. wirken. das Werg vom Flachs. der Wider. wieder. wider (contra) ich will, er will, ich wollte. der Wille. wühlen. die Witwe. der Witwer. wölben. das Gewölbe. wüten, die Wut. wohl, bene, so wohl. als. wol, obwol, gleichwol. es ist wol gut. die Wonne. ich wohne. die Wohnung. worden. geworden. mit Worten.

Z.

Das z wird gesetzet nach einem consona, z. E: der Schmerz, im Herzen, gänzlich, wälzen, das tz nach einem vocali, z. E. der Kitz, ich sitze, der Schatz. das Netzen. zäch, zähe Leder. die Zehe am Fuß. zehen Menschen. der Zehnte. die Zähne. die Zahl, zählen, erzählen. die Zähren, Thränen. zehren, verzehren. zeigen, weisen. Zeugen. Zeugniß geben. die Zeichen. zeichnen. aufzeichnen. das Verzeichniß. zeihen, überzeugen. der Zeuge. das Zeugniß. nimm deinen Zeug, (Instrument) die Ziegen, in letzten Zügen. der Ziegelstein. der Zügel am Pferde. es ziemet sich. das Zimmer. der Zimmet. ziemlich. der Zierrath. das Zinn, zinnern. die Zinne, Spitze. zünben. zürnen. zwerg, krumm. der Zwerch, kleinere Mensch.

Ende des zweyten Theils.

Folgende Druckfehler beliebe der Leser zu verbessern:

Seite 1 im ersten Theile, lese man in der Ueberschrift statt Erster Abschnitt: Erstes Kapitel.

Seite 87 im 2ten Theile in der ersten Zeile, statt Rede, lese man: Reden.